一个出版人的自述：

历史回望纪事
1927~2013

方厚枢 著

中国书籍出版社
China Book Press

图书在版编目（CIP）数据

一个出版人的自述：历史回望纪事（1927—2013）/方厚枢著.
— 北京：中国书籍出版社，2016.12
（口述出版史）
ISBN 978-7-5068-5953-0

Ⅰ.①一… Ⅱ.①方… Ⅲ.①出版工作-中国-文集
Ⅳ.①G239.2-53

中国版本图书馆CIP数据核字（2016）第271929号

一个出版人的自述：历史回望纪事（1927—2013）
方厚枢　著

责任编辑	许艳辉
责任印制	孙马飞　马　芝
封帧设计	宁成春　胡长跃
出版发行	中国书籍出版社
地　　址	北京市丰台区三路居路97号（邮编：100073）
电　　话	（010）52257143（总编室）　（010）52257153（发行部）
电子邮箱	eo@chinabp.com.cn
经　　销	全国新华书店
印　　刷	三河市顺兴印务有限公司
开　　本	787毫米×1092毫米　1/16
印　　张	24.5
字　　数	285千字
版　　次	2017年10月第1版　2017年10月第1次印刷
书　　号	ISBN 978-7-5068-5953-0
定　　价	78.00元

版权所有　翻印必究

"口述出版史丛书"编委会

顾　　　问：宋木文　刘　杲　石　峰　袁　亮
编委会主任：魏玉山
编委会副主任：郝振省　黄晓新　荣庆祥　范　军
　　　　　　　刘拥军　张　立　董毅敏　王　平
编委会成员（按姓氏笔画为序）：
　　　　　于秀丽　王　扬　丘　淙　冯建辉　刘成芳
　　　　　孙鲁燕　李文竹　李晓晔　杨　昆　杨春兰
　　　　　杨　涛　张羽玲　陈含章　武　斌　尚　烨
　　　　　赵　冰　查国伟　黄逸秋

收集鲜活史料　知古鉴今资政

——"口述出版史丛书"总序

党的十八大以来，以习近平同志为总书记的党中央高度重视对党的历史的总结和运用。习近平总书记曾强调指出，历史是最好的教科书。学习党史、国史，是坚持和发展中国特色社会主义、把党和国家各项事业继续推向前进的必修课。这门功课不仅必修，而且必须修好。这一重要论断，为我们进一步学习和研究党史国史，继承和发扬党的优良传统和工作作风，坚定中国特色社会主义道路自信、理论自信、制度自信，推动各方面工作健康发展，指明了前进方向，提供了基本遵循。

从某种意义上说，中国共产党领导下的当代出版史是党史、国史的一个缩影。出版史与一个国家的社会发展史有着深厚的渊源，这一判断至少包含如下三层意思：作为一种实践活动，出版活动本身是人类社会活动的重要组成部分；作为一种传播载体，出版行为具有记录历史、传承文明的功能与作用；作为文化领域的重要分支，伴随着人类社会历史车轮的缓缓前行，出版业也在创造和书写着自身的行业发展史。

孔子曾称赞其弟子子贡为"告诸往而知来者"，意思是告诉你以前的事，你就能够举一反三、知道未来。这说明反思历史是未来发展的必要借鉴。没有历史的未来，亦犹无源之水、无本之木，是不可思议的。因此，我国出版业要在新的历史起点上继续繁荣发展，恐怕也需要对一个时期以来的出版史进行反观自省，梳理过往的发展轨迹，剖析发展节点上的是非曲折，总结疏导事业发展的经验教训，等等。一个行业，倘若没有深厚的历史作为积淀，是注定走不远的。

　　研究历史，就需要有丰富的相关史料。史料包括文献史料，有史书、档案文书、学术著作等文字史料，也包括当事人或亲历者提供的口述史料等。尽管我国史学有秉笔直书的理念倡导和传统，但毋庸讳言，那种"为尊者讳""为当权者隐"的流弊却也屡见不鲜。因此，历史过程的亲历者、历史事件的当事人或目击者所提供的口述史料，就有着非同寻常、非常鲜活、非常珍贵的特殊价值。

　　几年前，北京电视台推出了一档集人文、历史和军事等题材在内的揭秘性纪实栏目——《档案》，颇受观众青睐。2011年，我看了一期《档案》节目后受到启发，觉得在我们出版界把那些当代的、珍贵的资料用音像的形式收集、记录和保存下来，很有必要、很有价值。我想，我们可以像《档案》栏目那样，去采访出版界的老领导、老职工，把当时他们对一些重大问题的决策经过、重大事件的亲身经历和处理过程，用口述的形式记录下来，保存起来。按我当时的想法，采访要原汁原味，遵守保密协议，记录者不得随意外传，受访者有什么谈什么，有不同看法，甚至涉及高层领导的意见，都可以谈，要尽可能地保持历史原貌，为后人研究我们当下的出版史，保存一批珍贵的第一手史料。

　　我把上述感想写信告诉了中国新闻出版研究院的领导，这封信受到了研究院领导班子的重视。他们专门抽调科研力量成立组织机构，并进行摸底研究，制订了采访规划，于是，"口述出版史"这个项目就应运而生了。现在回过头来看，与其说"口述出版史"的诞生，是由于我偶然间的一封信，倒不如说我的提议正好契合了研究院长期以来所关注出版基础理论的科研旨趣，更进一步讲，它也正好契合了国内各行业如火如荼的口述史理论探讨与实践探索。这大概就是唯物辩证法所讲的"偶然性事件中有必然性因子，而必然性往往通过偶然性来为自己开辟道路"吧。

我个人认为，以往中国近当代史的研究是以群体抽象为基础的"宏大叙事"模式。口述史的开展，可以在"宏大叙事"模式之外，多了一个"私人叙事"的视角，并由此收集、保存一批带有鲜活个性的、珍贵的当代史史料。这既是一种非常强烈的现实需要，同时从某种意义上说，也是一种史学研究的创新。

之所以这样说，不仅是因为口述史作为一种现代史学研究方法，对操作规程有着严格要求（它要求采访人要有跨学科的研究视角、严谨的史学素养、扎实的实务功底、严格的保密规程，等等），更是因为它所涉及的受访人大多是行业内重要政策出台的起草者、参与者、见证者，他们阅历丰富、见识高深，不少受访的老同志在退居二线前身居高位，如何与这样高层次的受访对象展开对话与交流，采访并收集到文件上所看不到的"重要事件的处理始末、重要政策的起草与出台经过"，这是一项极具挑战性的科研尝试。

然而，科学研究是不能畏首畏尾、止步不前的，而要有一种开拓创新、探寻真理的精神。我欣喜地看到，中国新闻出版研究院正在着力推动这项科研工作。随着时间的推移，它所抢救、收集到的出版业口述史料，会日益彰显其珍贵的价值。为了能早日把"口述出版史"项目所采集到的史料奉献给业界，研究院决定出版一套"口述出版史丛书"。我认为，其立意是高远的，这对于夯实当代出版史研究、弘扬出版文化、推动出版业的健康发展，都具有重要的现实意义和历史意义。因此，我欣然应允，为之作序。

日月如梭，时移世迁。当代出版史研究也需要随着时间和实践的发展而不断深化。从"三亲"（亲历、亲见、亲闻）切入，聚焦"两重"（重大事件的处理始末、重要政策的起草出台），是该丛书的基本定位。鉴于不同访谈者在不同历史事件中的参与程度不同，该丛书将以出版人物的个人访谈、出版事件的集体记忆等形式陆续推出，形式不同，但相同的是对历史真实的尊重，其学术价值颇值得期待。

常言道，众人拾柴火焰高。"口述出版史"项目的全面铺开，离不开全行业各个环节、各个方面同仁们的关注、关心甚至参与。我衷心希望借"口述出版史丛书"这样一个内容十分丰富的命题，引起业界对出版史研究的兴趣，把当代出版业放到历史的坐标系中去考察，收集更多珍贵史料，尽可能还原历史真相，最终达到抢救历史记忆、温故知新、知古鉴今的目的，为在新的历史时期继续推进我国出版业的改革发展，提供更好更多的借鉴。

石 峰
2015 年 7 月

受访人简介

方厚枢，安徽巢湖人，1927年4月8日生。1952年11月参加中国民主同盟，1956年6月参加中国共产党。

1943年4月进商务印书馆南京分馆为练习生，半年后任职员。新中国成立后，曾在中国图书发行公司总管理处、新华书店北京发行所、文化部出版事业管理局工作。1980年后，历任国家出版局研究室副主任、中国出版科学研究所副所长、《中国出版年鉴》主编等职。1987年6月经新闻出版署编辑专业高级职务评审委员会评为编审。1992—1996年先后被新闻出版署聘为署编辑专业高级职务评审委员会委员、全国出版系列高级职务任职资格评审委员会委员。

方厚枢多年从事中国出版史研究，曾任《中国大百科全书·新闻出版》卷出版学科及《中国出版百科全书》两书编委暨"中国出版史"分支学科主编，《中华人民共和国出版史料》副主编及多卷执行主编，高校专业教材《中国编辑出版史》（下册）当代部分主编之一，《中国出版通史·中华人民共和国卷》作者之一，负责两书1949—1979年各章撰稿。担任《20世纪中国学术大典》40卷中的"出版学"学科主编。

从1985年开始，参与创立年鉴学术团体，先后担任全国"年鉴研究中心"副总干事、"中国年鉴研究会"常务副会长兼学术工作委员会主任、"中国政协年鉴研究会"顾问,并任《年鉴工作与研究》(专利)1991—1994年主编。

著有《中国出版史话》(前野昭吉曾将本书译为日文在日本出版)、《中国当代出版史料文丛》《中国出版史话新编》。

1991年10月获中华人民共和国国务院颁发"为发展我国新闻出版事业做出的突出贡献"的表彰证书,享受政府特殊津贴。

采 访:丘淙
摄 像:尚烨
访谈地点:北京方厚枢家中
访谈时间:2012年8月9日—2016年6月1日
访谈录音整理:丘淙

目 录

上编　我对七十年历史的回忆

一、我的家庭历史情况 ………………………………………… 5
二、我对参加革命几位亲人的回忆 …………………………… 12
三、从基层图书发行单位的练习生起步 ……………………… 28
四、从新华书店调至文化部出版局 …………………………… 44
五、"文化大革命"十年的经历 ………………………………… 46
六、改革发展新时期的若干经历 ……………………………… 65
七、我从事出版研究的主要成果 ……………………………… 74

中编　人物与回忆

我和三联人 ……………………………………………………… 99
新中国出版事业的开拓者和见证人许力以 ………………… 107
为辞书出版事业的繁荣竭尽心力的陈翰伯 ………………… 118
关注和指导出版史研究的王益 ……………………………… 134
为出版科研作出贡献的开拓者边春光 ……………………… 146
学识渊博的编辑出版家陈原 ………………………………… 153

出版、印刷、发行工作的"通才"王仿子 …………………… 162
善编"长命书"的编辑出版家赵家璧 …………………………… 168
开创社会主义出版学,重视出版史料出版的先行者宋原放 … 173
晚年为我国现代出版史研究拼搏的赵晓恩 …………………… 181
为文学出版事业奋斗终生的编辑家王仰晨 …………………… 188
共同为我国出版事业努力的好伙伴戴文葆 …………………… 208
为我国近现代出版史作出贡献的叶再生 ……………………… 215
"无名英雄"的甘苦 ……………………………………………… 224

下编 历史回望散记

"文化大革命"初期的出版界概况 ……………………………… 241
"文化大革命"后期出版工作纪事 ……………………………… 264
我了解的商务印书馆若干史事 ………………………………… 287
"文革"中关于商务印书馆的片段回忆 ………………………… 300
请老编辑写老编辑的动人故事 ………………………………… 316
精心编校创特色 ………………………………………………… 325
编校工作琐忆 …………………………………………………… 335
新闻出版纸的历史变迁 ………………………………………… 348

附 录

《中国出版史话》序 ……………………………… 吴道弘 367
《中国当代出版史料文丛》序 …………………… 吴道弘 371
《中国出版史话新编》序 ………………………… 宋应离 375

开头的话

岁月流逝，我人生的旅途转眼已跨入八十六岁的耄耋之年。从1943年4月参加工作到1993年3月退休的半个世纪里，我从一个基层图书发行部门的营业员，逐步走到国家管理出版工作的上层机构，最终落脚于中国出版科学研究所（2010年9月更名为"中国新闻出版研究院"），五十年来工作岗位虽几经变化，但始终没有离开过出版战线，经历了从卖书、宣传书、管理书、研究书到编书、著书的漫长过程，和"书"结下了割不断的缘分。退休后的20年（1993年4月—2013年12月）我仍未放下手中的笔，继续为研究中国出版业的历史发挥余热，尽一个老出版工作者应尽的责任。

七十多年来，我走过一条并不十分平坦的路程。回望历史，我趁现在头脑还算清楚的时刻，将以往的主要经历做一番梳理，留下一点简略的记载。由于时间久远，有些往事已经淡忘，这里记下的人和事，仅就个人回忆所及和手头尚存的一些资料参考而成。

经过选择，收入这本小书里的文章和资料共计二十篇，正文分为三部分：上编为我对参加工作以来至今七十年历史的回忆；中编"人物与回忆"的十二篇文章深切怀念的人，有的是我工作时期的领导，有的是同事或师友，他们都从不同方面对我国出版事业的繁荣作出了一定的贡献，他们的高尚品质和敬业精神是我景仰和学习的榜样；下编"历史回望散记"的五篇文章是我对几项工作中经历的人和事的回忆。最后附录的三篇文章是我出版的三本出版文集的序言以供读者参考。

我从1951年9月在中国图书发行公司总管理处参加《发行工作》的编辑工作开始，直到2012年8月止，60多年来，据手中尚存的样书、报刊资料的粗略统计，我主编和参与编辑出版的图书、报刊有28种，总字数4650余万字；在书、报、刊上发表的文章、资料据手头剪贴的资料本的不完全统计，截至今年12月共有长短500余篇，总字数520余万字，其中关于出版研究的文章和资料累计有260余万字，这些文章中的小部分，是在中国出版科学研究所工作的业余时间撰写的，大部分的文章和资料都是我在退休之后的二十年内完成的。

几十年来，我虽然在我国出版史料收集和撰写出版研究著作等方面做了一些力所能及的工作，但由于个人的学识水平有限，只能算是在前人著述成果的基础上做了一些添砖加瓦的工作。内容如有不妥之处，欢迎读者批评指正。

2013年12月31日

上编

我对七十年历史的回忆

一、我的家庭历史情况

采访者： 听说方家在历史上是一个望族，能给我们介绍一下您的家庭情况吗？

方厚枢： 我的家庭籍贯是安徽省巢县（今巢湖市）烔炀镇南河方村。据我的舅父和大哥生前告知，我的祖父是个贫农，家境贫寒，终生帮人在巢湖打鱼为生。祖父生有三个儿子，我的父亲是老三。

方家在历史上曾是一个望族，到了清末、民国时期已十分败落，但老一辈人仍然保持老的传统，村内有一座祠堂，建有族谱。到我父亲这一辈名字的规定，父亲是"仁"字辈，名叫"方仁智"，生下的孩子是"厚"字辈，我的大哥叫"方厚樑"、二姐叫"方厚琴"、我叫"方厚枢"，生下的孩子是"维"字辈。实际上随着时代的变迁，我们的子女都不依照老一套的规定而任意取名字了。

（一）我的父亲、母亲

我的父亲于1893年（清光绪十九年）生于安徽巢县烔炀乡南河方村，他5岁和12岁时，父亲、母亲先后去世。他幼年只念过8个月的私塾，因家贫交不

父亲方仁智（1893—1948）

出学费就辍学就业。父亲在13岁时到合肥一家杂货店当学徒，成年后当了店员，于1921年将全家迁至合肥。

当时全国军阀混战，经济萧条，安徽人视上海为天堂，男女老少纷纷跑到上海寻找生活出路。我的父亲因为店内生意清淡，也于1926年随熟人跑到上海，在一家碾米厂做从安徽转运米粮到上海的雇员。

1933年父亲来信，叫我们全家搬到上海。这年冬天，母亲带领我们全家到了上海，和父亲团聚。

1937年7月抗日战争爆发，8月13日淞沪抗战开始，父亲因任职的"大新米厂"地处战区关闭而失业，仅靠过去家中的少量积蓄和帮助朋友办点杂事取得一点微薄收入维持家庭生活，不久将家迁至闸北火车站附近一间房租较低的亭子间居住。到1940年上半年，因物价飞涨，生活更加困难。在安徽芜湖的姨父母得知后，来信要父亲带我们回去。这年7月中旬，我们到了芜湖后，父亲由亲戚介绍，在芜湖一家"同和锅坊"管账。

1946年4月，我回到芜湖，与程绍琴结婚。1947年10月19日，我们的第一个女儿在芜湖出生，父亲高兴地为她取名维玉（小名小维，长大后改名方炜）。这年年底，商务南京分馆新建的宿舍完成，分给我一间房，我便回芜湖，将家迁至南京。

生活刚安定不久，1948年3月，突然接到芜湖亲戚来信，说我的父亲病重要我们速回，我们连忙回去才知父亲因为劝架被人撞倒，断了两根肋骨，伤势较重，没有多少天就去世了，终年55岁。我想起父亲一生走过的坎坷道路，在晚年生活稍有安定时突遭变故，大哥又远在千里之外不能见父亲一面，心中十分悲痛。

我的母亲姓李，没有名字，户籍上称作"李氏"。她1890年生于巢县离烔炀乡南河方四五里的鲍圩村。她在家排行老大，从小在地里劳动,是一双大脚(当时有钱人家的女孩都裹小脚),谈不上识字。她的父母都是雇农,家里非常贫穷。在合肥生活的十几年中,主要靠父亲每月从上海寄来的七八元到十元,勉强过着苦日子。

大哥方厚枞(右2)、我和程绍琴(左3)于1986年12月5日一同回到炯炀,在堂兄方厚裹(右3)、唐世英(左1)夫妇的指引下,到父亲的骨灰深埋处凭吊时合影留念

1933年,父亲为节省开支,同时也想给大哥找个工作,来信叫我们全家搬到上海。可是到了上海后,一直到抗战爆发,长江沿岸灾情严重,父亲任职的碾米厂生意萧条,因此家庭生活极为拮据。加上其他一些因素,母亲心情非常郁闷。她性格内向,有事都闷在心里,时间久了,就感到身体不适,逐渐严重起来。母亲坚持要回合肥养病,父亲写信将合肥的侄子叫来接回母亲租了一间小房子住下,由于经济困难,也无钱请医生治病,直到病情危急才写信叫我们回去。父亲带二姐和我一同赶回合肥,母亲于

1937年农历闰三月二十六日病逝，终年53岁。

（二）我的大哥、二姐

我的大哥方厚樑1919年5月生于安徽省巢县。1933年冬到上海后，进安徽中学住校学习，1937年8月淞沪抗战开始后，因学校处于战区关闭而辍学。在国难日深、民族危亡之际，他在参加进步青年的爱国救亡活动中受到教育，特别是读到上海复社出版、斯诺著的《西行漫记》（原名《红星照耀中国》），他通过该书对中国共产党有了较清楚的了解，尤其在书中有描写大舅李克农的内容，便决心到陕北参加革命，于1938年夏和四位志同道合的同学一起离开上海，走上革命征途。

二姐方厚琴和姐夫唐世衡合影

我的二姐方厚琴1922年生于安徽省巢县，父母由于受到重男轻女陈腐观念的束缚，始终未让她上学。她只靠自己努力自学，才粗通文字。1949年初家乡解放后，克勤二舅和姐夫唐世衡在淮南铁路通车后即到北平，在配之大舅的帮助下，唐世衡考进了华北人民革命大学学习，二姐不久也到北平进了中央直属机关办的子弟学校——华北中学初中部学习。她改名李荧琳，作为配之大舅的女儿入学。1952年转入北京师范大学女子附属中学，初中毕业后进北京市财经学校学习，于1956年1月毕业，因姐夫已从中央公安警卫二师复员转业至山西太原工作，二姐毕业后就被分配到太原矿山机器厂任会计，参加了中国共产党。二姐在太原工作多年，由于当时粗粮供应占75%，她的肠胃不适应，经常泻肚，双腿浮肿，吃不下饭，身体瘦弱。虽经多方设法调到南方或吃大米的地方均未实现。1974年我到太原开会，抽空到二姐处看望，她悲观地对我表示十分痛苦，如再不离开太原到南方去，她也活不长了。我当时也是无法可想，只能安慰她不要急，慢慢再想办法。

1975年后，我在国家出版局参与《汉语大词典》的开创工作，组织华东五省一市协作进行，多次开会时，和安徽省出版局正副两位局长熟识，我说了二姐的困难情况，想回家乡工作，请他们帮助。也是机会凑巧，安徽出版总社需要一个食堂会计，经副局长黎洪同志帮助，先将二姐调去；不久安徽黄山要办一家画社缺少会计，又将唐世衡调去，他们工作都很努力，唐世衡在70岁时还参加了中国共产党，他已于2003年11月5日在合肥病逝；二姐也于2012年5月27日病逝，终年90岁。

（三）我的童年和学生时代（1927—1943年）

我于1927年4月8日生于安徽省合肥市，由于是家中最小的男孩，父母都很宠爱。父亲在上海寄回一些中华书局出版的《小朋友》等低幼读物，是我童年经常翻阅认字、最喜爱的读物。

1932年我6岁时在合肥跟随大哥进了私塾求学，教我的老师思想比较开化，没有像别的私塾教《三字经》《百家姓》《千字文》等启蒙读物，而是读商务印书馆新出版的《共和国教科书新国文》，第一册12课的课文分别是：人，手足，刀尺，山水田，狗牛羊，一身二手，大山小石，天地日月，父母男女，红黄蓝白黑，小猫三只四只，白布五匹六匹，内容由浅入深，循序渐进，配有图画，讲的都是身边的事，易懂易记，很有趣味。

我1933年到上海一年后，越级考入市立和安小学二年级，这所学校离家较近，教学质量较好，我因家境不好，入学后努力学习，从三年级开始，每学期的成绩都在前三名之内，并担任了班级的级长，直到小学毕业。

1939年春，我在上海处于"孤岛"的环境中，考入私立肇光中学初一学习，至秋季因学校停办，转入江苏省立苏州中学上海分校初二学习。学期结束后，因父亲失业，无力供我继续升学，只能辍学在家自修。

我从1933年至1940年在上海共住了7年半，现在留下比较难忘的记忆只有以下一些：

我在少年时期受到大哥较大的影响，爱好读书和作文，在学校举办的作文竞赛中多次获奖，也是校内负责墙报编辑出版工作的积极分子。辍学后经常到位于上海福州路的商务印书馆门市部看书而流连忘返，并在该馆为孩子们举办的读书、作文竞赛中获奖，得到儿童读物和文具用品等奖品。

1940年上半年我在上海第一次主编一份小报和第一次在大报上公开发表文章，这两个"第一"让我至今难忘。

20 世纪 30 年代末和 40 年代初，上海有一位以画"牛鼻子"著名的连环画漫画家黄尧，他的弟弟黄舜也是文化界人士，想办一份给小学生看的小报，特意要从中学生中选择一名合适的人完全用孩子们的思维和爱好来编这份小报。不知他从什么渠道找到了我，我也极有兴趣地参加这项工作，约了几位同学在不长时间内就编好一期。我还模仿作家张天翼写童话《秃秃大王》的笔法，以一个七岁孩子的口吻写出反映儿童生活和童趣的日记，准备在报上连载。这份小报命名《新儿童》，16 开 8 面，创刊号印了 2000 份在书店出售。由于黄舜另有任务到香港去了，这份小报未能继续办下去，但这是我一生中第一次主编的一份小报，具有开创性的意义。

1940 年 4 月初，我和当时在广西桂林的二舅李克勤有了书信联系，在通信时曾寄给我大后方出版的几本书，其中有一本内容收有从战场上阵亡的日本士兵身上缴获的未及寄出的家信，信中反映了日本士兵的厌战、思乡情绪，我选择其中有代表性的几封信加上一些故事情节综合写成一篇题名《在大别山下》的纪实散文，投寄上海租界上出版的《大公报》副刊被采用，还在该报举办的优秀作品评选中获奖。父亲代我到报社去领回奖金十分高兴，这是我一生中第一次在一份大报上发表文章并获奖。可惜的是，发表这篇文章的剪报和《新儿童》小报后来都丢失了。

1940 年 7 月，我到了芜湖后，住在姨父母家中自修学业，经过一年努力，于 1942 年初考入芜湖一家外国教会办的内思中学初三学习。由于原文化水平底子较差，特别对数理化课程学习十分吃力，对教会学校许多限制也很不适应，而且学费也较昂贵，勉强读了一学期就停学了。

大哥自 1938 年夏离家到陕北参加革命后，父亲原来估计战争时间不会太长，等大哥回来后找份工作，能帮家里减轻经济负担，看来这一愿望已无法实现，见我逐渐长大，就把全部希望寄托在我的身上，考虑为我找一份工作就业成家。按当时情况，有可能实现的是先到一家布店或杂货店当三年学徒后成为店员养家糊口，这是当时不少亲戚的孩子所走的共同道路，至于前途有无希望，全靠个人的命运如何了。父亲做了许多努力，最后通过亲戚的介绍，认识了芜湖一家书局的宋老板，托他帮我找个工作。说来也巧，宋老板不久在路上偶然遇见抗战前商务印书馆芜湖分馆经理鲍天爵，说他正要到商务南京分馆去任经理。经宋老板推荐得到鲍经理的允诺。从此，我一生的命运得以改变。

二、我对参加革命几位亲人的回忆

（一）对两位亲舅舅的回忆

大舅李克永（后改名配之）　　　　二舅李克勤

我有两位亲舅舅，大舅原名李克永（参加革命后易名李配之），二舅始终叫李克勤。

配之大舅青年时期在家乡商店当学徒，后来受到1925—1927年大革命高潮的影响，参加过一些革命活动。当时李克农在芜湖办了民生中学当校长，是当地中国共产党的一位活跃的领导人。在大革命浪潮的高涨中，带头领导当地的学潮。李配之是李克农的堂兄，和李克农在一起工作。蒋介石发动"四·一二"反革命政变，形势急转直下，李克农转入地下工作，被国民党悬赏五万大洋明令通缉。在极端残酷的革命低潮形势下，配之大舅被国民党打散了，失业在家。到了1937年初，"西安事变"之后，国共关系和缓，克农大舅从延安到上海治眼病（他在国内战争中失去一只眼，另一只眼发炎），同时相机作抗日统战工作。配之大舅即到上海，找到克农大舅，从此他俩就一直在一起。配之大舅先后在八路军武汉、桂林办事处和贵阳交通站工作。在国民党掀起反共高潮中他在贵阳被国民党抓去蹲了几个月监狱，后经周恩来同志营救才释放出来，辗转到了延安。1947年3月，国民党军队进攻延安，他随机关撤到晋绥根据地山西临县的三交镇。当时我的大哥正患肺病住院，配之大舅从克农大舅处要来一些美国援助的鱼肝油丸给大哥，这种营养品，当时是万分难得的。令配之大舅十分悲痛的是，他的独生子在1947年陕北蟠龙战役中英勇牺牲。全国解放后，配之大舅到了北京，一直在中共中央办公厅特别会计室工作，开始住在西单京畿道，后来迁到毛家湾，但差不多每个星期日都来我家，喝几杯酒，聊聊天。我们很喜欢听他讲我们家庭过去的历史情况。我曾问他，"特别会计室"有什么"特别"之处，他没有正面回答，我知道他不愿回答，凡属于党内机密的事也不问他。（后来我从别的亲戚中了解到，他在特别会计室所做的一项工作就是管理毛主席的稿费收支工作。）他也会和我们说一些过去参加革命工作的故事，我们都很爱听。

1970年，配之大舅离休后回到合肥，当地政府按照红军时期的干部待遇安置。我几次到合肥开会，总会抽时间去看望。直到他1985年在合肥病逝。

我的二舅李克勤一直在家务农。配之大舅在桂林八路军办事处工作时，他便找去在办事处当采买（主副食方面），后来桂林撤退他就回家了。1949年春，解放大军在巢湖练兵，准备打过长江，当时百万大军住在沿江北岸，赶制木船，运送物资，战前训练，全民动员，二舅也参加一些支前劳动。北平解放后，他便到北平找到李克农和李配之，开始在外交部外交人员服务处工作，后来转到北京市百货大楼当职员，直至去世。

（二）与李克农大舅、赵瑛大舅母几次见面的回忆

我家早年与大舅李克农家保持一种特殊的关系。按照旧时家乡的习俗，在子女小时就订了婚约，而且双方大都是"沾亲带故、亲上加亲"。我大哥的婚姻就是由配之大舅撮合的，和克农大舅的二女儿李双凤订了婚约（当时李克农在江西中央苏区工作，后又参加长征，多年音讯不通，直到"西安事变"后才与家中有了联系）。赵瑛大舅母带着几个孩子，在安徽芜湖当小学教员，仅靠微薄的工资维持生活，家境十分困难。她的二女儿李双凤和我大哥订了婚约之后，李双凤上学的一切费用就由我的父亲负担，按月由上海汇去。两人长大后，都参加了革命队伍，对这种封建式的包办婚姻都一致表示反对。两人在延安和晋西北通信，互相给了对方自由，不受封建婚姻的束缚。

李双凤（后改名"李冰"）1920年生于安徽巢县，长大后曾用"李静彬"化名考进芜湖一家外国教会办的"弋矶山医院"

护校学习，1940年毕业后在医院当了护士。日军占领芜湖后，打听到李克农的女儿在弋矶山医院工作，两次到医院调查，她在地下党同志帮助下经过长途跋涉，到达广西桂林与父亲见面；1941年"皖南事变"后，又经重庆到达延安。她先在毛主席身边做医护人员，后调延安中央医院，给苏联医生当助手，学习外科手术。以后曾任医院外科副主任。新中国成立后，李冰历任中国医学科学院北京肿瘤医院副院长，肿瘤研究所副所长，卫生部医学科学委员会肿瘤专题委员会主任委员，中国癌症研究基金会副主席兼理事长等职。是中国共产党第十二届中央候补委员。周恩来总理患癌症住院治疗时，李冰是总理治疗医疗小组成员之一，直至周总理逝世。

李克农大舅1899年9月生于安徽巢县烔炀河中李村。1926年在安徽芜湖从事革命活动，参加中国共产党后，长期从事党的情报、保卫、统战、外交等方面的工作。几十年来，他从活跃在敌人要害部门的"特别小组"组长，到统一领导党和军队隐蔽斗争的"中央情报委员会"书记。经历了无数艰难险阻，赢得了许多重大胜利，既有成功，也有挫折，直到中华人民共和国成立。

1955年9月，李克农授上将军衔和三枚一级八一勋章、独立自由勋章、解放勋章后摄

我在青年时期，从父亲一辈的亲友处了解到克农大舅参加革

上编 我对七十年历史的回忆

命的事情，但对于他参加革命后的历史情况毫无所知，直到他逝世后，才从报刊、图书中的介绍逐渐加深了解。在几十年内，我和他只见过三次面。

第一次是1937年8月13日淞沪抗战开始后，中国共产党八路军在上海成立办事处，克农大舅来沪担任办事处主任。我的大哥考取的学校离办事处很近，而学校离家太远。父亲到办事处和赵瑛大舅母商量，让大哥在办事处住宿。经同意后，大哥就住进办事处，当时我的学校放假，也和大哥一起，在八路军办事处住了一个多月。我在这里第一次见到久闻其名而未见过面的克农大舅。但他的工作十分忙碌，经常早出晚归，我仅见过他一次面，和我说了几句话。办事处的秘书是刘少文同志，工作人员中有的是从红军时期参加革命的老同志，所有工作人员为了工作需要，都是西装革履，但日常生活都非常简朴。我在办事处认识的并能说上话的只有赵瑛大舅母和与我同年的表弟李润修，他当时正在上海求学，放学后都和我在一起聊天和玩耍。① 当时只见上海各界不断给办事处送来大批战备物资，如药品、器材、防毒面具等堆满了房间，分批送往前线。1937年11月，日本侵略军占领上海（不包括外国租界），八路军办事处撤到南京，大哥和我才回家。

第二次见到克农大舅是我从南京调到北京后，具体日期我已记不清了。有一天，克勤二舅带我到地安门内米粮库胡同去看望克农大舅。在路上二舅告诉我，克农大舅一家以前曾经住在朝阳

---

① 李润修于1939年参加八路军后，改名李伦。1941年先后入延安自然科学院、抗大、炮兵学校学习，解放战争时期曾担任第三野战军特纵炮十一团一营营长，参加了济南、淮海、渡江等战役。后在总后勤部工作，担任军事交通部长，1986年起任后勤学院院长，三年后晋升为总后勤部副部长，被授予中将军衔。

门内大街一处接收的房屋，当时，毛主席的儿子毛岸英在社会部工作，并在那里结了婚。

1958年李克农大舅、赵瑛大舅母与家人在米粮库家中合影

米粮库胡同克农大舅住的地方有较大的院落，种满花卉树丛，据说曾是胡适的公馆。克农大舅见到我后，问我现在哪里工作，每月工资多少，并勉励我好好工作。快到中午时，留二舅和我一起吃午餐。吃饭时坐在一张大圆桌旁，除克农大舅和赵瑛大舅母两人外，其余都是大舅下属的工作人员，吃饭中间，大舅突然问工作人员："你们对北京的自来水厂和发电厂的地址和情况掌握多少？"没有人回答，大舅说："你们平时应该注意掌握这方面的情况，一旦发生动乱，这两处首先应保证绝对安全，这是关系到人民群众生活的大问题。"此外还谈了其他一些问题，饭后为了让大舅休息，我和二舅便告辞回家。

第三次见到克农大舅是在1961年1月9日，赵瑛大舅母因患胆癌于1月6日逝世，我和克勤二舅一起于9日到西城区厂桥嘉兴寺殡仪馆参加追悼会。刘少奇、王光美夫妇，周恩来、邓颖超夫妇等送去了花圈。中共中央办公厅主任杨尚昆主祭并献花圈，总参二部部长刘少文致悼词。陈赓夫妇、廖承志、杨成武夫妇、章汉夫、徐冰、汪东兴、姬鹏飞等许多领导同志及亲朋好友200余人参加了追悼会。

会场正面挂着赵瑛的肖像，上面悬挂"赵瑛同志追悼会"的横幅，两边挂着挽联，上联是"为革命长期埋头苦干历尽艰辛三十年服务人民垂千古"；下联是"教后代永远英勇奋斗无限忠诚一家人献身革命留典范"。

克农大舅亲自操办赵瑛大舅母的丧事，他亲笔写了"母仪典范"四个字的小横幅，连同敬献的花篮陈放在赵瑛大舅母灵桌前。克农大舅面容憔悴，十分悲痛。我和二舅参加公祭后，陪同克农大舅和家人一同将大舅母骨灰恭送到八宝山革命公墓安放。

想不到赵瑛大舅母病逝一年后，克农大舅不幸于1962年2月9日晚9时在协和医院病逝，终年64岁。

2月12日，我接到李克农同志治丧委员会通知："定于2月13日上午10时在中山公园中山堂公祭李克农同志，请参加。公祭毕，并请送灵至八宝山革命公墓。"

我按照治丧委员会规定，和配之大舅一起，于13日上午9时准时到达中山堂，和克农大舅一家亲属站在公祭会场前面一侧，我看到灵堂内布满了常青盆和鲜花，上面悬挂李克农身穿上将军服的大幅遗像时，我在心中默念："敬爱的克农大舅，您一路走好。"眼泪止不住地流下来，心中十分悲痛。

公祭大会由中共中央副主席、国务院总理周恩来主祭，陈云、邓小平、董必武、彭真、陈毅、李富春、李先念、谭震林、乌兰夫、罗瑞卿、习仲勋陪祭。

公祭大会于上午 10 时开始。军乐队奏哀乐后，主祭人周恩来向李克农遗像敬献花圈，全场默念致哀。接着，中共中央委员、国务院副总理、中国人民解放军总参谋长罗瑞卿大将致悼词。参加公祭的还有全国人大常委会、全国政协、最高人民法院的领导，中国人民解放军的高级将领，中共中央和国务院各部门、各人民团体、各民主党派和北京市的负责人，中国人民解放军的将军、军官和士兵，以及首都各界人士和李克农的家属、亲友等，共 2500 多人，中山堂内全部站满，灵堂外也站了不少人。

追悼会礼成后，我和配之大舅随着克农大舅的家人、亲属一起坐上一辆大轿车，克农大舅的三个儿子、两个女儿都坐在车上[①]。当时由于大家都处于悲痛的情况下，互相没有交谈。我们坐的大轿车，跟随在习仲勋、萧华、彭绍辉、刘志坚、吴德峰的汽车后面，一直将克农大舅的骨灰盒送到八宝山革命公墓礼堂安放，大家再次鞠躬行礼，才宣告结束。

（三）大哥、大嫂参加革命后的若干经历

我的大哥于 1938 年 7 月初和四位同学离开上海，登上去香港的轮船，经广州到了汉口，大哥就到八路军武汉办事处找克农

[①] 克农大舅的五个子女，除了老三李伦我于 1938 年在八路军上海办事处见过面以外，其余 4 人，我在新中国成立后都见过几次面。老大李治曾任上海市公安局卢湾分局局长；老二李力曾任解放军总参通信部副部长；老三李伦见本文第二节的注文；大女儿李宁我于 1965 年在文化部出版局工作时，曾和局领导到陕西省调查农村读物出版工作，在离开西安的前夜应邀参加一场文艺晚会，坐在前面几排，在休息时见到李宁大姐，她邀我到休息室聊了一会儿，问我的大哥和我的一些情况。当时她担任陕西省公安厅副厅长（听说她是当时全国公安厅中唯一的女厅长），同时见到大姐夫李启明（时任中共陕西省委书记）；二女儿李冰，我在北京曾先后见过三次，1990 年我的家迁到方庄后，她的住处距我家不太远，有一天，她和二姐夫孙方（曾任中国社会科学院信息研究中心副主任）一同到我家看望过。

大舅，他事前写了一封信说明去陕北的愿望。不料刚进办事处大门，正好遇见配之大舅，说明来意后，配之大舅便拿了大哥的信去找克农大舅，当时他正在开会，匆匆在信上批了几个字，要大哥直接到武汉抗大和陕公招生处联系报考。大哥到了招生处，一个接待人员问了几个政治问题，如抗日民族统一战线是哪个政党提出来的，怎样认识当前抗战形势等等，大哥迅速回答后便算通过了。第二天，大哥再到八路军办事处找配之大舅，他留大哥吃饭，答应为大哥去领五套八路军军服，并办了一张十八集团军司令部的护照。回到旅馆后，五人都将军服穿上，佩戴上八路军的胸章、臂章。当时在武汉，清一色的都是穿草绿色的国民党军队，人们极少看见穿灰色军装的八路军，此时由于八路军在华北前线捷报频传，政治影响很大。所以大哥他们五人穿上军服，整齐地走向车站，向西安进发。大约等到晚上，才爬上去郑州的火车，乘客们看到他们佩戴的八路军符号，都十分尊敬，纷纷前来攀谈，许多人都问：朱德也是每月五块钱薪水吗？幸而大哥看过《西行漫记》的叙述，就顺口回答八路军从朱德到每个士兵都是每月五元，引起人们极大的惊叹和敬佩，认为共产党真是了不起（后来大哥真正成为八路军后，直到解放战争结束，从未发过五元钱，很长时间一文不名）。

大哥等五人经过艰苦的跋涉，终于到了西安七贤庄八路军办事处，交了介绍信，接待的同志非常热情，说明办事处招待所已住满去延安的学生，无处容身，要大哥等到外面去找旅馆住，给开了去抗大和陕北公学的介绍信，并说，西安的情况比较复杂，要他们尽快离开。第二天，大哥等就乘去咸阳的火车，到了咸阳后，又沿着公路向旬邑方向前进。当时去陕北的青年像潮水一样络绎不绝，一连走了几天，到了邠县，想休息一天，但见国民党当局贴了一张很大的布告，大意说陕北艰苦，很不自由，劝各位同学们不要前去，可到西安参加军官学校等等。顿时引起大哥的警惕，他决定吃一顿饭后立刻上路。

大哥到了旬邑陕北公学学习、锻炼，加入了中国共产党，到当年12月毕业（他将在陕北公学用的名字"路耶"改名为方唯若），想到延安报考鲁艺文学系。12月下旬，他随着抗大晋察冀分校的大队向延安进发。到了延安后，他便到鲁艺申请报考，并当面见到鲁艺副院长沙可夫申述志愿，不料此时中央有个精神，凡抗大、陕公毕业生都要到前线去，到敌人后方去开展工作，当时有一个响亮的口号叫"变敌人后方为前线"，延安学校对已毕业的学生不再收留，大哥只好随大队去晋察冀分校。在二分校校长邵式平、政治部主任袁子钦（全国解放后邵任江西省省长，袁任解放军总政治部副主任）率领下，于1939年1月初离开延安，向山西进发。

1941年，大哥从八路军120师政治处宣传部调到《战斗报》社任编辑、记者。当时《战斗报》出版非常困难，先后出过油印、石印、铅印各种版。1940年前后，晋绥地区处于严重困难的阶段。由于日军不断疯狂"扫荡"，根据地大大缩小，地区贫瘠，人民生活贫困，军队和人民均处于饥寒交迫的境地。1941年，根据地旱灾严重，粮食绝收，大哥所在的部队吃了半年的黑豆（一种给牲口吃的饲料），由于国民党的封锁，有一段时间没有盐吃，吃饭时没有菜，就着几颗盐粒已很满足。两年发一套单衣，个个补丁连身，像个叫花子。贺龙司令员有次讲话，说到部队这种艰苦情况，他连胡子都急白了。

在延安的克农大舅从晋西北来人处了解情况后，给大哥写了一封信，信中说，他已托晋绥军区情报处长周怡照应大哥，如有困难可找他帮忙。还说不日张稼夫（时任晋绥中央分局宣传部长）将回晋西北，他住林枫处（时任晋绥中央分局书记），大舅也关照了他们，如有暇，路不太远，可去看看他们。大哥收到信后，对大舅的关心很感动，但他考虑，这些领导同志都很忙，自己虽然困难，而部队的同志们都同样困难，自己应接受困难的考验，所以从未找过他们。

大哥1945年10月在绥包战役前线摄，他手中的步枪是从日寇手中缴获的"三八"式步枪

大哥1938年离家到陕北参加革命，分别14年后，于1950年在解放后的南京与弟弟初次见面时摄

大哥1960年摄于兰州

女儿方宇与儿子方群代表在北京的亲人先后到兰州看望大伯的病情。图为方群于2008年5月3日祝贺大伯的九十大寿，与大伯在病榻旁合影

唯若大哥在抗日战争时期，历任八路军120师358旅政治部宣传科干事、晋绥军区第二分区政治部干事等职。解放战争时期，历任晋绥军区第二分区政治部记者、政治部宣传科科长，西北军区政治部编辑科科长等职，西安解放后，他曾任西安市警备政治部宣教处副处长。新中国成立后，历任西北军区政治部报社副社长、宣传部干部教育科科长，兰州军区政治部宣传部副部长、部长，兰州军区政治部副主任等职。他于1955年被授予中校军衔（后任兰州军区政治部副主任时为正军职），曾荣获三级独立自由勋章、三级解放勋章和独立功勋荣誉章等，荣立三等功一次。1984年10月离职休养，2008年5月15日在兰州病逝，终年90岁。

我的大哥1938年到陕北参加革命后，长期没有音讯，直到国共和谈时期，我从军调部工作同志自北平转给我的信件中，才了解他的一些情况，我在和他的通信中，曾经关心他的婚姻情况。以后我的大嫂（已改名莫耶）给我来信，并寄来一些她写的作品，才逐渐了解她的一些情况。

我的大嫂原名陈淑媛，1918年12月出生于福建省安溪县。早年就冲破封建家庭的桎梏，走上光荣而曲折的革命道路。1937年她满怀热情奔赴革命圣地延安。在此后将近半个世纪的漫长岁月中，她一直在党的新闻、文艺战线工作，并创作了一批无愧于时代的作品。

莫耶（1918—1986）

一九三八年五月，毛主席在延安鲁迅艺术文学院作报告（照片右边穿工装的女同志就是莫耶）

1937年秋天，莫耶参加的上海救亡演剧第五队到达延安。她们是从沦陷区第一个投奔延安的文艺团体。在为中央领导同志演出节目，最后演出莫耶写的独幕剧《九一八》闭幕时，毛主席带头鼓掌，台下掌声一片。第二天，党中央和毛主席在延安机关合作社接见并设宴欢迎他们。毛主席和其他中央领导同志满脸笑容，和他们热情握手。莫耶是第五队的编剧，有幸和队长一起，坐到毛主席所坐的大圆桌旁，听到毛主席热情的讲话。莫耶当时才19岁。她在延安鲁迅艺术文学院学习期间，创作的歌词《歌颂延安》，由音乐系的朝鲜同学郑律成谱曲。几天后，在延安礼堂举行的一次晚会上，第一个节目就是由郑律成和女歌唱家唐荣枚男女声合唱的《歌颂延安》。唱完后，毛主席带头鼓掌，中央首长也鼓起了掌。第二天，中央宣传部同志来要去这首歌曲，改名《延安颂》，鲁艺秘书长拿来一张铅印的歌篇征求莫耶的意见，她高兴地叫起来："改的好！"她听说周恩来同志在中央机关礼堂也指挥大家唱《延安颂》十分高兴。从此《延安颂》的歌声传遍了延安和各抗日根据地。

1938年底，莫耶在文学系毕业，当时正好贺龙同志从华北前线回延安参加党的六届六中全会，应邀来鲁艺作报告，他最后热情动员鲁艺同学到八路军120师去，用文艺武器为革命战争服务。莫耶听完报告后就向领导报名跟贺龙去前线。不久鲁艺组织了20多人的一支到前方的实习队，由沙汀、何其芳同志带领乘着一辆大卡车，跟随贺龙奔赴华北前线去了。

莫耶到达120师后，分配到师政治部战斗剧社任编剧教员。1940年春任剧社创作组组长。在战争环境中，创作了不少剧本。同年，她代表部队文艺工作者加入晋绥边区文联，被推选为常务理事。在文联大会上，贺龙称赞说："莫耶是我们120师的出色女作家。"

1944年春，莫耶调到晋绥军区政治部《战斗报》当编辑、记者。1949年春，莫耶随《战斗报》调到西北军区，并随第一野战军进军大西北。1950年任西北军区《人民军队报》主编，后任总编辑。1955年转业到《甘肃日报》社任副总编辑，"文革"后出任甘肃省文联副主席。

唯若大哥和我一同到兰州军区总医院看望住院治疗中的莫耶大嫂

莫耶在《战斗报》和《人民军队报》长期和唯若大哥在一起工作，建立了深厚的感情，由于战争年代的动荡变化，直到1949年初才结婚。大嫂在长期艰苦的环境下患有心脏病。1984年后多次住院。1986年4月我代表中国出版工作者协会，到兰州参加甘肃省出版工作者协会成立大会，特意提前两天到兰州和大哥一起到医院看望大嫂。当时她的病情已较严重，见面后大嫂很高兴，但她一句也不提病情，而是讲她已答应某出版社要的书稿，待病情稍好时来完成。想不到这次会面，竟成为我和她的最后诀别，不到一个月，大嫂就于5月7日与世长辞，终年69岁。

三、从基层图书发行单位的练习生起步
（1943年4月—1962年7月）

（一）商务印书馆南京分馆

采访者：您走上工作岗位之后，有着怎样的经历呢？

方厚枢：1943年4月10日，16岁的我随鲍经理到了南京，开始了新的生活。商务印书馆南京分馆是抗战前商务在全国最大的分馆，抗战开始后，南京沦陷时馆舍毁于大火，门市部仅剩下一个空架子，馆中尚有不少存书放在别处由两名老职工看管。1943年初，商务领导决定在分馆原址稍加修建后恢复营业。因1938年7月后，商务被日寇列入"与国民政府有联系"的名单，沦陷区城市的分支馆只能更改店名，南京分馆更名为"南京书馆"。

1943年4月进商务印书馆南京分馆当练习生的方厚枢

按照馆规，我先在馆里做6个月练习生，作为试用期，视工作表现如何再确定为职员。我工作半年后，顺利地转任为职员。

1945年抗战胜利后，商务印书馆总管理处于1946年4月从

重庆迁回上海,"南京书馆"也恢复了"商务印书馆南京分馆"的名称。总处将商务重庆分馆经理王诚彰调任南京分馆经理,并任命了新的会计主任和营业主任,鲍天爵仍回到芜湖分馆任经理。南京分馆又陆续由上海总处等地调来近十名职工,并运来一大批图书和文具,充实分馆的货源。

参加工作以后,我和周围书店的职工有些接触,了解到一些小书铺的学徒生活,他们除了早晚上下店铺的门板、照顾店内营业之外,还要抽空为老板娘倒便桶、抱孩子,干老板家中的杂事,整天不得空闲,而工钱却很少,老板一旦不满意,随时就被"炒鱿鱼"而失业。和他们相比,我在商务印书馆的练习生待遇简直有天壤之别。我的工作除了站门市售书和文具,营业时间之外完全由自己支配,可以学习或外出参加文化补习班。南京分馆的职工除了经理、会计主任、营业主任三人由总馆选派有几十年工龄的老职工担任外,其余职工的任命则由经理全权决定。但商务毕竟是私营企业,职工之间的竞争也很厉害,从上海总馆介绍来的职工一般都有后台,有些是总馆业务部门负责人的孩子,这些人一到困难时期裁员减薪,他们都不会受到影响,其余考进来又无后台的则不保险,仅凭经理的好恶亲疏决定去留。我进馆工作后,首先向老职工学习包扎大小包件的技巧和熟练掌握打算盘的能力等基础本领,还要牢记图书分类、陈列位置和书的大致内容,对读者的询问不能出现"一问三不知"现象。为此我曾花两年多业余时间,将门市部陈列的近万种图书的书名、著译者、内容提要和书内的前言、后记熟记下来,并熟读总馆编印的有内容提要的书目等宣传资料,提高为读者服务的本领。我自知文化底子薄,虽号称"初中肄业"学历,实际在抗战初期动荡环境下读了两年多中学,并没学到多少知识,因此下决心用业余时间借助馆内各种课本和丰富的词典工具书等，自学了初、高中以及大学文科的教材，还有重点地读了一批文教、历史等方面的书。我还在附近社会上办的补习班学习了速记、打字等技术。经过几年的刻苦努力，等于上了一所"没有围墙的大学"，我的业务能力和文化水平都有了显著提高。

1941年太平洋战争爆发后，商务总经理王云五在重庆担任"国民参政会"委员，以后被选为参政会主席团成员，一直忙于政务活动。1946年5月，他受蒋介石邀请，出任国民政府的经济部长。于是，王云五向商务董事会提出辞呈，被批准。

1946年下半年，王云五到南京出任经济部长，因家未迁来，就住在商务南京分馆内，他衣着朴素，脚上穿着一双普通的胶底球鞋。因为分馆没有像样的一间大会议室，王云五就站在分馆后院空地上接见纷拥而来的记者。当时有记者请王部长发表当部长后的新打算时，王云五以充满信心的态势表示他愿意为"政府"竭尽全力搞好经济工作，不辜负"政府"和民众的愿望。

王云五在南京分馆内，他除和分馆经理王诚彰有些接触并会见来访记者之外，和分馆的职工没有接触，但他的起居行动，分馆职工都了解。当时给我印象较深的一件事是，这位以"科学管理专家"著称的王云五，连穿衣的效率也不同寻常。他穿的贴身内衣就和现在看到的"宝宝装"一样，从上衣到脚上的袜子都连成一件，早晨起床时一套，将腰带束紧，再穿上外衣，马上可以工作，分馆的阿姨将这件内衣洗净晒干后，不知道怎样才能叠平整。

1946年6月底，蒋介石悍然撕毁停战协定和政协决议，发动全面内战后，国民党统治区通货膨胀，货币贬值，物价飞涨，民不聊生。据有关史料记载，到1948年8月，"法币"流通量已达640万亿元，为1937年抗日战争前的45万倍。蒋介石接受时任财政部长王云五的提议，发行"金圆券"代替"法币"（票面1元可兑换"法币"300万元），以行政力量收存全国的金银、外汇，实行经济管制。8月19日，蒋介石发布《财政经济紧急处分令》，自即日起发行"金圆券"。原定发行限额为20亿元，但到1949年5月，"金圆券"发行总额已达到98041亿元。通货膨胀如脱缰野马不可收拾。我还记得，1948年底，商务总馆经济发生困难，通知全国分支机构必须将每日的门市收入金额全部从银行汇至总馆。有一天，南京分馆会计主任要我帮他一同将钱送到银行汇出。其实一日门市收入并不多，但金圆券却装了满满两大麻袋，两人雇了两辆人力车送到银行，可见当时的金圆券已贬值到什么程度。从金圆券发行日开始，仅仅9个月时间，就几乎成了废纸，宣告这一改革彻底失败。7月初，迁到广州的国民政府行政院又公布改革币制，宣布发行"银圆券"以取代"金圆券"。

这一时期，出版业的状况更加每况愈下。商务印书馆总馆到1949年1月，现金收支已入不敷出。新书基本不出，出售存书的钱已不够开支，不得不靠变卖闲置的机器和纸张来勉强维持。总管理处于当年3月28日以"密启函"通知各地分支馆采取"应变"措施，其中一条是"裁员减薪"。南京分馆16名职工中一次即裁员6人，每人各发三个月工资的银元遣散。我们留下的10人，每人发50元银元"应变"。大家立即到银楼去换成黄金，比留银元保值更为稳妥。

转眼到了1949年4月23日，南京宣告解放。我在地区工会共产党员同志的动员和帮助下，积极参加工会工作，先后担任南京市文化用品业工会执行委员、市新闻出版业工会出版分会委员、副主席等职，分管宣教工作。（南京市新华书店的周岩同志是我新中国成立后最早认识的共产党员之一。我们之间的友谊从南京到北京保持了六十多年。）

南京市新闻出版业工会出版分会委员欢送本会副主席周岩同志
（前排右2）调沪新华书店华东总分店工作临别前合影

1950年8月，我被商务分馆派往由新华书店南京分店领导的"秋季中小学教科书联合供应处"担任营业主任。这一机构设在新华书店内，工作人员由新华和几家私营书店的职工参加。这是解放后我第一次参加党所领导下的书店工作，亲身体会到革命队伍中的团结、平等、朝气蓬勃的新气象，给了我很大教育，因此心情十分愉快，工作也加倍努力。10月20日工作结束时，我被全体同志评选为"一等模范工作者"，这是我解放后受到的第一次奖励，感到过去在商务印书馆分馆工作一贯勤勤恳恳，有时甚至比这里的工作还要劳累（特别是春秋两季教科书发行时的劳动量最大），但从未受到领导的任何奖励。现在工作稍有积极主动，就获得如此的荣誉,受到很大的鼓舞,思想境界也有了新的变化。

10月,在出版总署的推动下,生活·读书·新知三联书店、中华书局、商务印书馆、开明书店、联营书店五家将各自的发行部门分出来联合组成公私合营性质的"中国图书发行公司"(简称"中图公司")。各地分支机构先组成"联席会议",待条件成熟后改组为分公司。南京中华、商务两家联席会议建立后,调我担任秘书,负责和总公司联系等工作。中图公司总处成立后,创办了店刊《发行工作》,我成为积极写稿的作者之一,并担任了通讯员,及时报道南京地区的发行情况。

当时,我在商务分馆负责图书宣传工作,对于公司总处驻沪办事处服务科编印的《新书快报》是我重视的一份宣传品。我读了五期后,出于期望它编得更好的愿望,便将五期中发现的错字、漏字以及定价、著作人名写错等问题举出50多处,并提出六点改进意见,写了一篇《我对〈新书快报〉的一点意见》投寄《发行工作》编辑部。这篇近4000字的文章很快在《发行工作》7月31日出版的第4期上和《快报》编者写的《关于第一期<新书快报>的再检讨》同时发表,文后并加有"编者按",提出:"……《新书快报》每期印5万光景,需费近千万(旧币),在读者、同业间亦起着较大的影响,因之我们要求负责编印的同志,今后能以更认真、更严肃、更负责的态度来做好这一件工作。""至于方厚枢同志这样仔细、精密地对待事物的态度,以及何培曾同志诚恳、坦率地进行自我批评的态度,我们认为也都值得表扬。"

1951年8月底,中图公司总管理处给商务南京分馆来函,调我到北京总处工作。

（二）中国图书发行公司总管理处

我于1951年9月国庆节前夕到北京中国图书发行公司总管理处报到，被分配在人事处，级别定为二等办事员，每月工资174个折实单位，约合旧人民币99万元（合新币99元）。

我在人事处分配的工作就是参加《发行工作》的编辑、出版工作。我发现这册16开每月一期近6万字的内部刊物，实际上就是人事处教育科主任并兼任《发行工作》主编王仰晨同志一个人在独立支撑，我来后成为他唯一的助手。我由一个对刊物编辑工作十分陌生的基层书店营业员突然进入这个新岗位，困难之大可想而知，但我十分珍视这一难得的机遇，下决心从零开始，发奋努力。我从来稿登记、下厂校对、买纸、取书、打包、寄发，到刊物通联工作和结算稿酬等等杂事，什么都干，接着开始熟悉编辑应具备的基础知识。起初我连铅字大小几号都分辨不清，拿到稿件后不知从何下手。我至今仍然记得并深深感谢王仰晨同志手把手地教我启蒙。他编好一期稿件发排后，就让我到印刷厂，熟悉工人师傅从捡字、拼版、改版到印刷、装订成册的全过程。我基本熟悉了印刷工序后，他就开始教我如何做编辑工作。他拿出一篇来稿先让我试改，然后耐心地指出我哪些地方改得好，哪些地方改得不妥，应该怎样改才好等等（至今已过去60多年，当年我做编辑工作改的第一篇稿件的稿名和作者至今仍未忘记）。看我基本上熟悉了各道程序并可以进行正常工作了，他就鼓励我大胆工作，使我从起步走阶段进入开步向前走的新阶段。经过不长时间，我便能胜任所担负的工作。这一段时间的全面锻炼，打下了我从事编辑工作的基础。

时隔不久，王仰晨同志奉调国际书店总店工作，《发行工作》

的编辑、出版工作就由我独立负责做下去。我和王仰晨同志一起工作的时间仅有两年半，但作为我的编辑工作启蒙老师，他踏实细致的工作作风和严肃认真的工作态度，对我后来长期从事编辑工作的成长有重要的影响。我们之间的师友之情一直保持了半个多世纪，直到他于2005年6月12日逝世。[①]

（三）新华书店北京发行所

1954年1月，中图公司总处和新华书店华北总分店的业务部门合并，成立了新华书店北京发行所。我先在办公室担任秘书工作，1956年被任命为宣传科科长后，首先广泛收集国内外编印的多种书籍宣传品进行观摩、研究，并专门到华东各省市基层新华书店调查了解情况，还专门到上海学习新华书店上海发行所宣传科的工作经验。当时各出版社每年通过京沪两个发行所向全国基层新华书店免费赠送读者的各种书籍宣传品多达六七百万份。由于多种原因，许多宣传品有浪费现象，而有些内容编得较好的如《文学书刊介绍》《美术书刊介绍》等则供不应求，不少真正需要的读者难以每期拿到。有读者建议，有些编得较好受到读者欢迎的宣传材料能否收取少量成本费在书店公开出售。经过一段工作后，我逐渐萌发了革新书籍宣传工作的设想。

我选择了报刊上发表的书评和作家谈写作经过等文章，试编了一辑《多读好书，多读反映现实的作品——推荐一批优秀文学作品》的宣传小册子，很受青年读者的欢迎。

这类书籍宣传小册子一共编了四本，全部采取收少量成本

[①] 王仰晨1956年调入人民文学出版社工作近50年，成为一名资深的文学图书编辑，作出很大贡献。1987年4月，在首届中国韬奋出版奖评选时，他成为得票最多的获奖者。

费的办法在全国新华书店门市部分开出售（每册16开32页至64页，双色印刷，分别收费一角至二角左右，基层书店完全按定价出售，无折扣收入），由于事先通过店刊向基层书店作了广泛宣传，介绍了各辑的内容，《多读好书》第1辑全国报回订数24万册，因纸张限制，不得不按订数减半分配，初重版仅印了12万册，四本小册子总计共印47.3万册，均在较短时期内售缺。

我在北京发行所宣传科和业务办公室工作期间，还主编和编印了《1957年周历》《部队图书介绍》等宣传品，并创办了《出版消息》报，由于内容丰富、形式新颖，集知识性、业务宣传和实用性于一体，受到广大读者和基层书店的欢迎。

我在新华书店北京发行所宣传科主编的6种图书宣传品共发行88万多册，收回成本费7.8万元，这些宣传材料对推动全国青年职工和青少年阅读现代优秀文学作品和加强思想教育工作，扩大好书发行数量等方面起了较好的作用。

1961年6月，新华书店总店为了培训书店干部的需要，成立了图书发行教材办公室，调集书店部分业务干部编写业务教材。我被调入负责编写《书籍学》，向基层书店业务人员介绍了解图书的基础知识。这个办公室就设在新华书店北京发行所内，那里有一个较大的样本书库，收藏中央一级出版社的全部新书样本，相当于一所藏书丰富的中型图书馆，我们可以任意从书库中取书，看书十分方便。我的书稿大约用了一年多的时间写成交卷。因为几部教材完成初稿后还要送请有关专家审阅，最后再经总店领导审批付印，由于各种原因，延迟到1965年下半年，《中国图书发行事业简史》等几部教材才最后定稿。结果"文化大革命"到来，所有的教材书稿在动乱中全部散失。但我在这一时期读了大量的各类图书，边学习边研究、写作，无异进了一次短期培训班，为日后的出版研究工作奠定了基础。

（四）我对书籍宣传工作的回忆

1956年我在新华书店北京发行所担任宣传科科长以后，为了做好这项工作，我开始广泛收集各种书籍宣传品（当时对外仅能看到少量香港和苏联出版社的宣传品）进行观摩、研究。为了了解基层书店分发使用书籍宣传品的情况和读者的反映，专门到山东、江苏、安徽、上海等地基层新华书店调研，还到新华书店上海发行所宣传科学习他们的工作经验。当时，各出版社和发行所编印的各种书籍宣传品，每年通过京、沪两个发行所发到全国基层新华书店免费赠送读者的数量多达六七百万份。由于多种原因，许多宣传品未能充分发挥作用，存在不少浪费现象。而有些内容编得较好的如人民文学、人民美术出版社编印的《文学书刊介绍》《美术书刊介绍》等则供不应求，许多十分需要的读者难以每期拿到。因而有读者建议，有些受欢迎的宣传材料可否收取少量成本费在书店公开出售，使真正需要的读者能够买到。经过调研后，我萌发了革新书籍宣传工作的设想，并逐步付诸实施，其中有两项革新收到较好的效果：

（1）编印《1958年图书台历》。1957年我们组织全国95家出版社编印了《1958年图书台历》，内容除日历外，还有我国出版事业发展概况、书的知识、全国出版社简介、书店业务介绍，以及中外著名作家及作品介绍、读书小故事、短诗、名人读书语录、美术作品、每个周日刊有益智游戏、谜语等，答案在下周日刊出。这份台历以72开胶印，近400页，三分之一为图片，三分之二为文字，每份收取部分成本费8角，在新华书店出售。向全国征订后，报回订数14万份，因编好付印已到10月中旬，只印了9.2万份，发行后很受欢迎，在短期内就售缺。直到30多年后，还有读者记得它。如1991年9月6日《新闻出版报》发表一位读者的文章中说："我不是台历收藏家，但我却珍藏着一本1958年的台历，它是'图书台历'，也确似一本书。我一直将它作为一本书来读，而且不止一次。……它印刷精美、高雅、清新，内容丰富，有情趣。只可惜将版权页丢了，不知是哪家出版社的珍品。"

（2）编印《多读好书》等4本宣传书籍的小册子。1958至1959年间，北京、上海等地在青年中开展了群众性的读书活动。这一时期前后，《青春之歌》《红日》《红旗谱》《林海雪原》《革命烈士诗抄》《跟随毛主席长征》《我的一家》等一批优秀文学作品和革命回忆录陆续问世。为了帮助基层新华书店配合读书活动向读者宣传好书，我先后编辑了《多读好书》等4本宣传书籍的小册子，内容除选辑报刊上发表的书评外，还同时收辑了被推荐书的作家谈写作经过的文章，并配以辅导青年读书的文章，以及名人刻苦读书的故事、诗歌，读书格言、警句和美术作品等。由于这项工作密切配合当时社会上大力提倡青年多读反映现实的优秀作品和加强青年思想工作的需要，因而得到各方面的重视和大力支持。1959年6月初，我在报上看到全国人大常委会委员长朱德同志关心青年读书的报道后，便试着写了一封信，说明我们宣传好书的意图，请求他题词，想不到朱德同志6月26日就专门写了"认真读书"的题词，给了我们极大的鼓舞。全国文联主席郭沫若同志接受我们的书面请求，先后为《多读书多读反映现实的作品》和《多读好书》题名；曾任文化部部长的沈雁冰同志对我们的工作很支持，以茅盾笔名先后为《多读好书》写了《推荐好书还须好文章》和为介绍苏联优秀文学作品的专辑写了《推荐的话》，并写了一大段题词；巴金和老舍同志复信同意转载他们写的文章并手书了文章题目和署名；臧克家同志写了《读好书像交了益友》的诗篇，热情讴歌读好书的益处；早年在湖南第一师范和毛泽东同志一同学习，新中国成立后曾任湖南省副省长的周世钊同志应约写了《毛泽东同志青年时期刻苦学习的二三事》长文，介绍了毛泽东同志青年时期自读自修收获大、顽强刻苦的学习精神和多读多写多想多问的读书方法等感人事迹，在《多读好书》第2辑刊出后，曾被《光明日报》等多家报刊转载。

《多读好书》第一辑书影。郭沫若题刊名，茅盾撰文（代发刊词）（1959年3月）

全国人大常委会朱德委员长为《多读好书》题词（1959年6月26日）

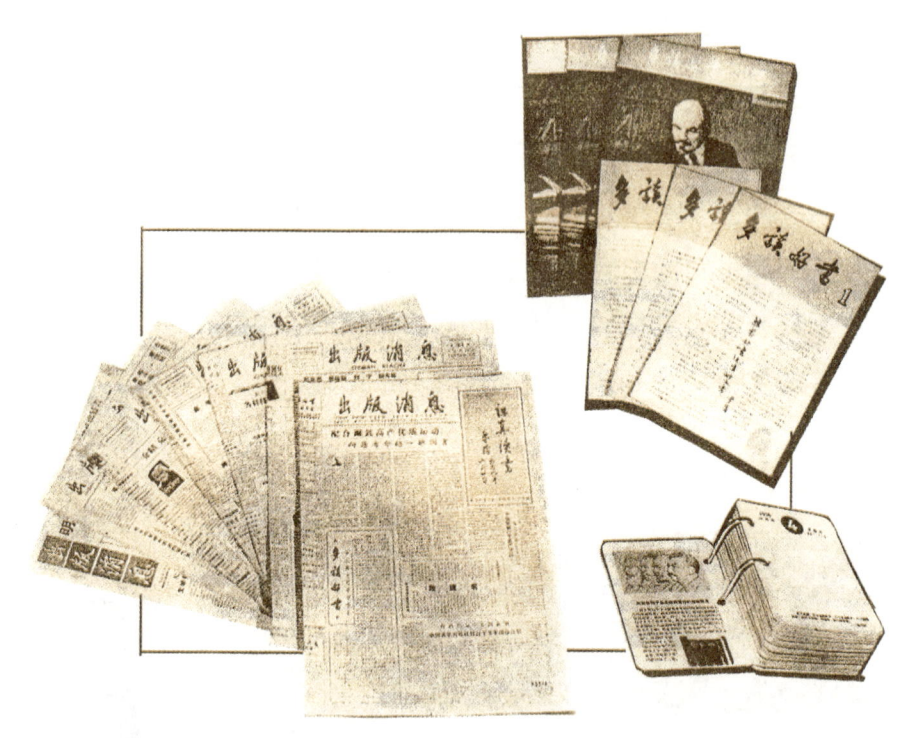

1958、1959 年在新华书店北京发行所工作时主编的《多读好书》《出版消息》《图书台历》

《多读好书》第一辑名称叫《多读好书，多读反映现实的作品——推荐一批优秀文学作品》，内容全部选辑《文艺报》《中国青年》《人民日报》《中国青年报》等报刊上发表的书评和作家谈写作情况的文章。第二辑易名为《多读好书》后，逐步增加了直接向作家或通过出版社组稿，推荐的书仍以优秀的文学作品为主，同时也推荐一些优秀的革命回忆录和青年思想修养读物。

茅盾同志在为《多读好书》写的《推荐好书还须好文章》的文章中说：

《多读好书》打算以服务于读者的精神，向广大读者推荐最近出版的好书。（这第一辑的内容都是文学作品，则好书云者，实即好的文学作品。)

推荐好书，是一件好事；我希望这件好事不会办坏，能够得到真正的好效果。

怎样才能够获得真正的好效果？

第一，必须做到这里所推荐的好书是真正的好书；第二，还必须做到这里的推荐文章也是好文章，也就是说，真能扼要地、分析地推荐一本好书，而不是广告式的赞扬，也不是"盲人摸象"式的估价。

要做到上面说的第一点（这里推荐的书，必须是真正的好书），大概不难；要做到上面说的第二点（既非广告式也非"盲人摸象"式的推荐），那就不是那么容易了。可是，我们必须努力把两点都做到，然后算是完成了发刊这本《多读好书》的任务。

写书评，实在不是轻而易举的，不但要有眼光，也要有学问，我盼望这里的推荐文章都能够既有眼光，也有学问。但是，总还难免不够全面、不够深刻的地方，因此，更盼望广大的读者也把这本《多读好书》当作自己的园地，以百家争鸣的精神充沛它的内容。

我们在稿件的选择上，都努力遵照茅盾同志在文章中所提的要求，力求介绍的书是好书，推荐的文章也是好文章。从此后由于新书比例逐渐增加，有的书刚刚出版，还未经过读者的检验和专家的定评，仅凭出版社和书店少数人选定就统统以"好书"冠名不太合适。因此，在编了两辑后即停用《多读好书》名称，而改为按专题定名编辑。几本小册子虽然名称不同，但无论从编排形式到内容均保持一致，做到丰富多彩，图文并茂。

《多读好书》发行后，受到各级共青团组织和许多学校师生的欢迎，为读书活动提供了一份有用的辅导读物。《人民日报》曾发表江苏一位师范学校教师的读者来信说："帮助青年学生选择图书是目前很重要的工作。但是教师忙于教学，不可能浏览很多的书，推荐起来也较困难……因为看到了《多读好书》，就把上面重点推荐的书各买了十多本，并且在黑板报上作了扼要的介绍，这就推动了全校的读书运动，指导同学们有计划地阅读。"恽代英烈士的夫人沈葆英同志读了《多读好书》上推荐的革命回忆录等评介文章后来信说："我读了《多读好书》后觉得比我读一年书的效果还大，对我个人的教育意义也很深，对青年一代教育意义更大"，"作为烈士家属的我，将把它代代地传给我们的儿孙，使他们永远成为向往共产主义的战士"。有的教师来信说："《多读好书》好像给我们一把开门的钥匙，它既有评论家的全面评论，也有作家的自我介绍，有了它使我们在阅读和向学生进行辅导中少走了很多弯路。"

不少优秀作品经过各方面广泛宣传，发行数量都有了很大增加。据1959年6月底统计，《我的一家》总印数达392.3万册，《在烈火中永生》285.3万册，《林海雪原》146.5万册，《青春之歌》121万册，《红旗谱》67.2万册，《红日》64.9万册，《革命烈士诗抄》41.8万册。

"文化大革命"开始后，大批优秀作家被打成"反动作家"，他们的优秀作品被批判为"毒草"而被禁售、封存。我们编印的《多读好书》等四本小册子也受到批判，被斥之为"为'反动作家'的'毒草'吹捧'"。但我始终认为当时做了一件有益于青年的工作而不后悔，并一直珍藏着这四本小册子（其中两册是我从被"造反派"扔弃的废纸堆中捡回的，上面还留有批判词句）。对于当年新华书店北京发行所编印的一份小小的书籍宣传小册子，竟能得到国家领导人朱德同志和郭沫若、茅盾、巴金、老舍等文学大师和不少作家、翻译家的关注和支持，至今想来仍使我十分感动。

关于书籍宣传工作的话题，我还想起一件往事。1983年11月和1984年4月，中国出版工作者协会在广西阳朔和四川峨眉召开全国第一、二届学术研究年会，我与中国版协副主席赵家璧同志同住一楼，有较多的时间和他交谈。当时我正负责编辑《中国出版年鉴》，我们的话题很自然地进入如何做好书籍评介和宣传上来。赵老向我谈了很精辟的见解。[①]

赵老对自己编著的书也十分重视宣传工作。1988、1989年，他为《编辑忆旧》和《书比人长寿》两本著作在《中国出版年鉴》上刊登书评事曾给我写了四封信。赵老已于1997年3月12日逝世，他生前所谈的关于书籍宣传工作的意见，我认为今天仍然值得我们出版社的同志们深思。

2000年5月，中国现代文学馆在北京开馆。听说该馆收集中国现代文学资料和作家手迹，供研究者参考。我忽然想起，我编的《多读好书》等四本小册子和赵家璧同志给我的四封信，也多少反映了一点现代文学活动的史迹，便去信询问他们是否需要，很快接到该馆常务副馆长舒乙同志的复信说："收到来信，特别高兴。一定要把四个小册子和四封赵家璧先生的原信给文学馆收藏。很重要，很合适。"于是，这四本小册子和四封信找到了它们最好的归宿。

[①] 参见本书"人物与回忆"中《善编"长命书"的编辑出版家赵家璧》。

四、从新华书店调至文化部出版局

（1962年8月—1966年4月）

1961年初，文化部出版局根据胡愈之副部长的意见，决定对新中国成立以来出版的14万多种新书进行一次重点清理，布置全国出版社将本社1949年10月至1960年底出版的新书，根据质量情况分类编制有内容提要的卡片上报，以便汇编成保留书目。结果全国共报来卡片2万多张，出版局负责此事的出版二处处长倪子明同志在物色承担编辑书目任务的人选时，看到我于1962年3月份在《光明日报》副刊上发表的几篇"知识小品"文章，认为我是合适人选。于是，1962年8月，我由新华书店北京发行所上调至文化部出版局工作，又从版本图书馆和中华书局借调两人，经过两年的努力，编成《全国图书简目》三册，收录全国精选的保留书目5232种。任务完成后，我被分配在出版局出版二处担任文学艺术等类图书的审读工作。

20世纪60年代初，随着学习毛泽东著作的热潮在全国兴起，各方面对毛泽东著作的需求急剧增长。出版局于1964年成立了"毛主席著作出版工作办公室"，由史育才副局长直接领导，有关毛泽东著作出版方面的重要事项向文化部请示，或由部领导向中央宣传部请示。1966年初，我调至这个办公室工作，当时，办公室的专职人员仅有2人，除我之外，另从新华书店总店借调一人负责对外接待工作。有关毛泽东著作出版方面的具体业务分别由局三个出版处的同志经办，我的主要任务是编辑《毛主席著作出版工作简报》，同时注意收集和积累有关毛泽东著作和毛泽东像的出版资料。

《毛泽东选集》（一至四卷）从1951年10月开始出版，到

1965年的15年间，累计印数1100余万部，由于一直实行计划分配办法，长期供不应求，在书店门市部从未敞开供应过，读者责难颇多。人民出版社1965年共收到读者来信2500余封，其中有1600余封都是指名要买《毛泽东选集》的。

1966年2月10日，文化部党委向中央写报告，说《毛泽东选集》的供需情况多年来一直十分紧张，据人民出版社和新华书店调查估算，当前至少需1100万部以上才能基本满足需要。《报告》中说："按照必须高质量印制以及纸张供应，印刷能力的具体情况，要在一年内重印《毛选》一千多万部（等于过去十五年的总印数）是办不到的，只能分批予以满足。"《报告》提出1966年重印《毛选》五百万部的安排。

中共中央同意文化部党委的报告，于2月21日将文化部的报告转发全国执行。

1962年9月，中共中央召开八届十中全会，毛泽东在会上作了关于阶级、形势、矛盾等问题的讲话，强调阶级斗争必须年年讲、月月讲、天天讲。随着对国内阶级斗争形势的估计日益严重，毛泽东对文艺界的状况愈益不满。1963年11月，毛泽东在和周扬谈话时，严厉批评了文化工作，说："文化部要管文化，现在如此，可改名'帝王将相部''才子佳人部''外国死人部'。"12月12日和1964年6月27日毛泽东对文艺界的情况作了两次更为尖锐的批示，说各种艺术形式问题不少，人数很多，社会主义改造在许多部门中至今收效甚微。批评文艺界各协会和所掌握的刊物的大多数十五年来，基本上不执行党的政策，做官当老爷，不去接近工农兵，不去反映社会主义的革命和建设。最近几年竟然跌到了修正主义的边缘。如不认真改造，势必在将来某一天，要变成像匈牙利裴多菲俱乐部那样的团体。

毛泽东的两个批示，对文艺界震动很大，文化部及文艺界各协会和文化部直属的文艺单位进行了两次整风，到1965年4月结束后，中央改组了文化部的领导班子，免去主持文化部工作的党组书记、副部长齐燕铭，副部长夏衍等在文化部的领导职务，由中宣部部长陆定一兼任文化部部长（1964年12月召开第三届全国人大，换届后的国务院，沈雁冰不再担任文化部部长），将南京军区政委萧望东调任文化部任第一副部长、党组书记，主持日常工作。在新任的九位副部长中，有两位将军，两位省、市委书记，有中宣部副部长、解放军总政文化部部长和省委宣传部长。文化部于5月成立新一届党委会，萧望东任书记、石西民任副书记。新党委成立后，萧望东要按军队政治工作的一套办法在文化系统做政治思想工作：高举毛泽东思想伟大红旗，以阶级斗争、两条道路的斗争为纲，大抓毛主席著作的学习、大抓农村文化工作，争取在五年内，把队伍锻炼成一支革命的文化队伍。萧望东还从南京军区调来44人到文化部机关和部分直属单位担任领导。

我于1965年7月，随王益同志率领出版局和直属单位的一大批干部下放到河南安阳参加农村"四清"运动，先后在崔家桥公社的两个生产队担任副组长，直到1966年6月初回到北京时，"文化大革命"已经开始了。

五、"文化大革命"十年的经历
（1966年5月—1976年10月）

1966年5月，中共中央政治局扩大会议于16日通过中共中央通知（以后被称为"五·一六通知"）。同年8月，中共八届十一中全会于8日通过《关于无产阶级文化大革命的决定》（简称"十六条")。这两次会议的召开，标志着"文化大革命"的全面发动。

我从安阳参加"四清"运动返京后，文化部新党委每一个司、局各抽出一人担任联络员。我被出版局抽出，到由解放军为主组成的"文革"工作队材料组，集中在天安门中国历史博物馆三楼，担任出版系统的联络员，主要负责出版系统各单位交来的揭发和交代材料的整理工作，大约忙了一个多月后仍回到出版局，参加1964年成立的"毛主席著作出版工作办公室"工作。

"文革"开始后，全国许多地方掀起了学习毛泽东思想的高潮，纷纷举行各种形式的学习班、经验交流会等活动。不少地方来人或来信邀请毛主席著作出版工作办公室派人前往参加，盛情难却，我就选择较近的天津市去参加。当时天津是河北省的省会，召开的会议场面较大。到会的各地代表有一百几十人。我到会场报到后，发现会议实行"革命化"的新形式：完全按军事化管理，每间宿舍住四人中，指定一人为"室长"，代表们"一切行动听指挥"，每天早晨六时吹哨起床，全体人员在院内跑步一刻钟，稍作洗漱后整队到食堂，先集体到毛主席像前鞠躬后举行"早请示"：唱"东方红"，背几条毛主席语录然后才到餐桌吃早饭。八时准时开会，先开两天小组会，大家汇报学习毛主席著作的心得、体会，接着开两天大会，各组推出一名"学习毛主席著作的积极分子"汇报经验、体会。报告的内容大同小异，大多是按着林彪推崇的"活学活用、学用结合、立竿见影"的方法，在做一件工作时遇到了困难，但当学了毛主席著作中的某一句话，经过"斗私批修"后，问题就很快得到解决了。会议一共开了四天，胜利闭幕。参加会议的代表们特别是一些年龄较大的代表还是首次参加这样紧张的活动，感到不太适应，特别在"早请示"

时因事来迟，即使是一个人来时也要先在毛主席像前唱"东方红"，背毛主席语录时，由于忘词走调而出现头上冒汗十分尴尬的场面。

出版界成为"文革"开始后被"彻底批判"的"五界"之一，最早受到冲击，也是最早被"夺权"的部门之一。

"文化大革命"开始后，大量出版毛泽东著作成为全国出版部门的首要任务。1966年6月30日，文化部新党委向中央上报《关于加速印制毛主席著作的请示报告》，《报告》说，文化部将动员全国出版、印刷、发行单位广大革命群众和广大革命干部，用集中力量打歼灭战的方法，千方百计扩大毛主席著作的印行数量。《报告》根据中央宣传部部长陶铸提出"停印可以不出的书刊大量印制毛主席著作"的指示，提出拟采取的"革命措施"是：打破过去指定少数印刷厂包印的老框框，全国凡是有一定条件可以印毛主席著作的印刷厂都可以承担印制任务；把一切可以用于印制毛主席著作的纸张全部拿出来；初版新书，凡是不应出，或可出可不出的坚决不出，再版图书暂时一律不印。各出版社要经过逐本审查，分别提出停版、修订再版或再版意见，报经主管省、市委或中央各部委审查批准，凡未经批准的一律不得重印；一般刊物性质相同的可以考虑合并，有的可减少篇幅或延长刊期，有的暂时停办，等等。《报告》提出1966年、1967年大量印制毛主席著作的具体计划。

7月12日至16日，文化部在北京召开"毛主席著作印制工作会议"，落实1966、1967年大量印制毛主席著作计划。石西民副部长在报告中提出：1966年全年书籍用纸共7.2万吨，计划用4.6万吨印制毛主席著作；全年课本用纸7万多吨，由于学制改革，课本用纸有余，也可用来印毛主席著作。全国书刊铅印生产能力现有500多万令，今年计划用50%来印毛主席著作。

8月8日，全国报纸都在头版头条位置发表《中共中央决定大量出版毛主席著作》的新华社消息。报道说：中共中央号召全国出版、印刷、发行部门的广大干部和职工立即动员起来，全力以赴，把出版毛主席著作作为压倒一切的任务。消息中宣布：《毛泽东选集》1966年、1967年两年全国计划印行3500万部；《毛泽东著作选读》甲、乙种本和毛主席著作单行本在今明两年内做到充分满足需要。《人民日报》同时发表《全国人民的大喜事》的社论，认为这是"文化大革命的又一个巨大胜利"。

12月10日，文化部党委向中央写报告请示，说根据向各省、自治区、直辖市调查，1967年全国印制《毛泽东选集》的计划可达8000万部，但目前纸张只能落实6000万部，希望中央指示有关部门设法解决，并提出拟于12月下旬召开全国毛主席著作印制工作会议。陶铸于12日批："已告中宣部把明年出版主席选集8000万部的计划定下，并争取超过。纸张拟请计委商同轻工业部予以解决，请总理批示。"周恩来总理于13日批："同意。即送富春、秋里阅办。"

1967年1月4日，周总理在北京工人体育场接见全国文艺界、教育界、体育界、新闻出版界10万人参加的群众大会上说："告诉大家一个好消息：去年《毛泽东选集》印了3000万套，今年打算印8000万套。要表扬、要感谢出版界职工们的努力。"正式宣布了《毛泽东选集》1967年印制8000万部的计划。

文化部出版局早在1966年11月即着手筹备召开全国会议，原计划会议的规模较大，主管出版工作的副部长石西民鉴于当时全国形势，认为马上开大会不合适，提出各省、市、自治区先来一人讨论1967年计划分配草案，然后回去征求意见，如做得好，再考虑开大会。国务院文教办公室于11月29日批准文化部开会。

1967年1月10日,"第二次全国毛主席著作印制计划会议"的筹备会,在北京民族饭店开始。全国除西藏外,各省、市、自治区出版部门及中央有关部门的代表40余人出席会议。这时,在张春桥、姚文元的直接策划下,上海掀起了被称为"一月风暴"的"夺权"争斗;接着,许多省、市相继掀起了向党委和各级政府"全面夺权"的高潮。这股风迅速蔓延到北京。民族饭店的会议开到第六天,印制毛主席著作的许多物资缺口问题还无头绪,会议就被人民出版社、农村读物出版社一个群众组织"造"了"反"。

对于这样一个经国务院总理和中宣部部长同意,国务院文教办公室正式批准召开的会议,"造反派"提出的"造反理由"主要有以下三条:

第一,新中国成立16年来,文化部党委从没召开过一次出版毛主席著作的工作会议,一直阻挠、抵制和破坏毛主席著作的出版。但是,"文化大革命"以来的半年时间中却召开了两次全国毛主席著作印制工作会议。这不过是个幌子,是为了给反革命修正主义文化部涂脂抹粉,对抗无产阶级文化大革命,保护自己过关。他们背着党中央非法召开这次会议,说穿了,这是个打着红旗反红旗的会议,是个政治大阴谋!

第二,开这样重大的会议,应该由出版界革命造反派来召开和主持。但是,这次会议却由顽固坚持资产阶级反动路线的颜金生和史育才[①]来领导,是可忍,孰不可忍!

---

① 颜金生是文化部副部长,史育才是文化部出版局副局长。

第三，参加会议的人员中，有局长6人，处长21人，科长10人，大部分是政治面目还没搞清的当权派，都不是从当地革命造反派中推选出来的。

由此可见，这个会议是破坏无产阶级文化大革命，对抗毛主席的革命路线，抗拒革命造反派夺取出版局的领导权。这是资产阶级反动路线的新反扑，这是当前形势下无产阶级夺权和资产阶级反夺权的斗争！……

会议在一片吵嚷声中草草收场。

1月22日，《人民日报》在第三版以半版的篇幅发表了"首都出版系统革命造反委员会、上海出版系统革命造反司令部、上海工人革命造反总司令部、首都职工革命造反总部、首都红卫兵革命造反总司令部（第三司令部）、《人民日报》遵义红旗战斗团、中共中央高级党校红旗战斗队、人民出版社、农村读物出版社遵义战斗兵团等22个群众组织的联合宣言"，大字标题为："革命造反派联合起来，夺取出版大权，担负起传播毛泽东思想的伟大政治任务。"同时发表了人民日报评论员的短评：《出版毛主席著作的大权我们掌》，评论在引用毛主席语录"天下者我们的天下。国家者我们的国家。社会者我们的社会。我们不说，谁说？我们不干，谁干？"后紧接着说："我们革命造反派一定要牢牢地掌握出版部门的大权，使它成为宣传毛泽东思想的牢固阵地。"

1月6日，文化部副部长颜金生、赵辛初二人代表文化部党委①写报告给康生，汇报文化部拟召开毛主席著作印制会议的有

---

① 文化部主持工作的副部长以及其他几位副部长，大多已被"造反派"揪走；石西民副部长已被上海的"造反派"揪走。

关情况，未见答复。1月10日会议开始后，颜金生于11日在民族饭店再次写信给康生催询。康生办公室12日上午回电话传达康生的意见：（1）会议暂时先不一定开。他很忙，抽不出时间来。（2）以后文化部的事情可以找中央文革小组，找王力，由他们那里管，印毛著的事也和他们联系，开会的事和王力商量后办。颜金生接到电话后立即向王力写信，要求安排去向他作一次简单的口头汇报。王力一直没有答复。

1月26日下午5时半，王力却在人民大会堂山东厅接见"人民、农村读物出版社遵义战斗兵团"和"北京新华印刷厂职工革命造反团"代表15人。王力问："你们是造了那个会（指文化部在民族饭店召开的全国毛主席著作印制工作会议）的反了？现在情况怎样？"人民农村读物出版社遵义战斗兵团的头头和"上海出版系统革命造反司令部"的代表作了汇报，王力对重要情节作了记录。5时50分，江青和陈伯达来到会场坐下后，王力介绍说："他们是造了那个会反的同志。人民、农村读物出版社造反的头头说，那个会是文化部颜金生指挥的。"江青说："颜金生也不是好东西！"人民、农村社的造反头头汇报了造那个反的经过说："我们已经把出版毛主席著作的大权夺过来了！现在我们要联合全国革命造反派，特别是出版界的革命造反派一起，大出特出毛主席著作，要使今天的中国成为毛泽东思想的中国，明天的世界成为毛泽东思想的世界。"江青高兴地说："你们夺权夺得好！你们的气魄很大，我们坚决支持你们！"陈伯达接着说："有气魄，支持你们！"

接着，上海出版系统革命造反司令部的代表说："轻工业部太不像话，把做鞋底的塑料放在第一位，把毛主席著作用的塑料放在第六位，我们要造轻工业部的反。"江青说："这个反应该造。"她掏出口袋里的小本子说，"没有塑料皮的都磨坏了。"她又掏出有塑料皮的《毛主席语录》说："这就坏不了。"

上海的造反派代表还说，上海一些印刷厂的走资本主义道路当权派，不叫工人印毛主席著作，每人发给一百元，让他们到北京来串连。陈伯达说："这就是经济主义。"江青说："这就是破坏生产，破坏革命！"

人民、农村读物社造反的头头在汇报时问："毛选的注释要不要改。"江青和陈伯达答复："注释重新写来不及，可以不要，但题解要保留，《关于若干历史问题的决议》这篇可以抽掉。"

江青和陈伯达要去接见另外一批造反派，在起身外出时，他们再次表示："我们坚决支持你们！我们感谢你们！"

王力留下继续谈话。清华大学"井冈山"的代表提出："我们派人到全国各地去串连，把各地出版毛主席著作的大权都夺到革命造反派的手里。"

王力说："你们应该先抓起关键作用的地方，不要平均使用力量。北京、上海出版毛主席著作的出版大权首先要掌握好。你们已经夺了权，就要行使权力，不一定派人到各地去串连，可以发号召，如果一定要派人去，也不是串连，而是正常的派出工作，行使权力。如果你们已经夺了文化部出版《毛泽东选集》的权力，你们要向全国发布命令，实行权力。下面的就要服从革命的命令，革命的指示。""凡是夺了权的地方，如山西，你们就不一定要派人去，而是要把任务交给山西革命造反总指挥部，叫他们承担起来，要他们派主要的负责人来抓毛主席著作出版工作。"

这时有人提出，我们要成立全国革命造反派出版毛主席著作委员会筹委会，并提出召开全国革命造反派出版毛主席著作会议的问题。王力说:"成立全国革命造反派出版毛主席著作委员会筹委会是可以的;全国革命造反派出版毛主席著作的会议是一定要召开的。什么时候召开要等一下,观看一下,因为全国现在正在夺权。"

有人提出要出毛选五、六卷的问题,有人提出要出毛主席诗词解释的问题。王力说:"五、六卷正在编。大家的心情是可以理解的,毛主席一直反对注解他的诗词,不要强加于他。过去胡乔木搞了一套,想强加于人,毛主席是坚决反对的。"这时大家谈到有人企图阻挠破坏我们大联合来出版毛主席著作。王力说:"不要怕,他们总是要搞鬼的,你们要坚决反对经济主义,经济主义是破坏毛主席著作出版的。你们要依靠群众,要依靠革命造反派,坚决揭露他们两面派的阴谋,粉碎资产阶级反动路线的新反扑。"

大家又谈到,文化部系统的出版单位,大部分革命造反派和我们联合起来了,文化部系统以外的出版单位还没有联合。王力说:"要向文化单位的群众做工作,要争取他们。中间派、保守派也要做工作,争取他们,反革命右派是另外一回事。"

最后,大家请中央文革给以指示,王力说:"你们搞革命不要找我们批准,大方向可以就干起来。你们气魄很大,要加强核心领导,要得到群众的支持,你们就一定能够把毛主席著作出好!"

王力最后谈到,革命造反派内部的团结问题。他说:"有的是敌人在挑拨离间,有的是队伍本身不纯,大量的是思想问题,有山头主义,有小团体主义……从明天开始,《人民日报》要陆续刊登毛主席《关于纠正党内的错误思想》和《反对自由主义》等文章,大家要好好学习。"

会议于 7 时零五分结束。

1月27日，由北京、上海26个"造反"群众组织组成的"全国革命造反派出版毛主席著作委员会筹备委员会"印发的"第一号通告"宣布，"筹委会"已于1月23日在北京成立，宣告"彻底砸烂旧文化部、旧出版局，出版、印刷、发行毛主席著作的一切大权"归这个委员会，委员会正式成立前，由"筹委会"代行职权。并称："任何人胆敢阻挠、破坏毛主席著作的出版，以现行反革命查处。"

2月11日，"筹委会"印发海报宣布即将召开"在京革命造反派出版毛主席著作誓师大会"（后未开成）。

2月12日，中共中央、国务院发布通告，决定取消一切所谓"全国性组织"。"筹委会"的头头即向王力处请示如何办。14日，王力秘书电话传达王力的意见："你们可以改变组织形式，继续工作。"并说，"机构要小一些。"关锋在旁说："我们中央文革还是小组嘛，你们是否叫印刷小组？""筹委会"的头头回答说，叫"印制小组"好一些。关锋说可以。于是"筹委会"就取消"全国"二字，更名为"革命造反派印制毛主席著作工作小组"（简称"印制小组"）。

2月下旬"印制小组"写报告要求召开全国毛主席著作出版会议，25日王力答复说："要开你们就开。"于是"印制小组"紧锣密鼓，发通知，订会场，组织接待班子，制订毛主席著作印制计划，着实大忙了一阵。同时，还给周总理写信，要求总理出席会议并讲话。

3月6日下午5时，王力的秘书突然给"印制小组"打电话，传达中央首长批示："《毛选》注释、出版、印刷一切事宜权力都属于中央，全国会议不开了，立即通知停止。"

"印制小组"接到通知后，决定停止工作，并准备从文化部出版局撤出派去的"监督小组"人员。3月7日，王力的秘书在电话中了解了"印制小组"情况后，批评小组不应"紧急刹车"，次日又到人民出版社找"印制小组"负责人，说："中央文革小组派我来了解情况。我们没有意思要你们紧急刹车。你们的日常工作不能停。"

这个"印制小组"只存在三个多月就结束了。

从4月下旬开始，"中央文革"宣传组就派人分别和首都出版系统的两大派群众组织联系，了解情况，酝酿成立一个业务班子。

4月30日晚，周恩来总理在中南海小礼堂接见中央各机关各派的代表，在讲话中提到："文教口子已经拆散。中央文革小组直接管中宣部、文化部、教育部、新华社。中央文革小组下设宣传出版、艺术电影、教育三组。出版局属出版组管，剩下卫生部另外分口。"

经过一个短时期的酝酿、磋商，"毛主席著作出版办公室"于1967年5月11日成立。

"毛主席著作出版办公室"的任务和工作范围，在"中央文革小组宣传组办公室"印发给中央有关部委、军队、新闻单位和各省、市、自治区革命委员会（筹备小组）、军管会的通知中作了如下说明："根据中央文革小组关于旧文化部出版局及所属单位归中央文革宣传组管理的决定，为了使原出版局一些急需办理的业务、行政工作照常进行，暂定由'毛主席著作出版办公室'代行原出版局的领导职权。"

毛主席著作出版办公室工作人员合影（缺四人另有任务在外工作未到）（后排左一为办公室行政负责人常工，前排右三为工人、解放军毛泽东思想宣传队负责人王济生，右一为本文作者）（1969年5月摄）

参加"毛主席著作出版办公室"的工作人员前后略有变动，参加工作时间较长的有13人，分别来自下列单位：国家计划委员会文教局、轻工局各1人（朱大林、张安定），文化部办公厅、出版局各1人（苗淑德、方厚枢），人民出版社3人（常工、安长春、吴承婉）；以下单位各1人：科学出版社（李英才）、中国印刷公司（佟庆福）、纸张供应站（陈明勋）、新华书店北京发行所（崔福海）、北京新华印刷厂（翟泽东）、人民教育印刷厂（左英明）。1968年12月底，"首都工人、解放军毛泽东思想宣传队"5人进驻办公室，人员分别来自解放军政治学院3人（王济生、刘梅、刘希政）、北京新华印刷厂2人（王淮章、田守维）。

办公室下设三个组，人员分工如下：

秘书组组长：朱大林，组员吴承婉、苗淑德。

印制组组长：李英才，组员方厚枢、安长春、崔福海、佟庆福。

物资组组长：张安定，组员陈明勋、翟泽东、左英明。

办公室成立时的负责人是常工，他曾任新华社记者，农村读物出版社副总编辑；工人、解放军宣传队来后的负责人是王济生，他长期在军队工作，曾在27军先后担任政治指导员、教导员、团政治处主任等职。他的所在部队参加济南战役，曾获中央军委颁发的"济南第一团"荣誉称号。调毛主席著作出版办公室之前是解放军后勤学院某系教员，解放军1201印刷军代表。

中央文革宣传组负责人在办公室成立时曾对参加工作的人员宣布三条规定：（1）调来的同志不搞运动，不能把不同观点带进来辩论，贴大字报；（2）党员成立临时支部（后来实际没有成立——引者注）；（3）工作人员和原工作单位只有工资关系，回去后不能以办公室名义支持这派反对那派。

毛主席著作出版办公室成立后主要做了以下一些工作：

（1）为《毛泽东选集》第五、六卷的出版，编制印制计划进行物资的准备工作；

（2）制定年度的毛泽东著作、毛泽东像出版计划，经中央批准后下达，并检查各地执行情况；和中央有关部委会商出版物资生产计划的制定和向全国分配供应工作；

（3）办理毛泽东著作新版本、毛泽东新摄影像向中央报批和布置印制工作；

（4）根据中央文革通知对有关毛泽东著作正文和注释修改工作向全国布置并检查工作；

（5）汇总毛泽东著作、毛泽东像全国出版统计；

（6）1969年组织有关部门在中国美术馆举办了一个名为"毛主席的革命路线在出版战线的伟大胜利展览会"于5月预展，10月开始内部展出，12月底停办；

（7）办理中央文革临时布置的其他出版任务；

（8）除毛泽东著作、毛泽东像出版工作外，还负责全国其他图书及课本、报纸、期刊出版用纸及印刷机械等物资的申报、分配、管理工作（自1971年起，地方出版用纸不再向办公室申报）。

办公室成立后，工作最繁忙的是物资组。由于当时市场物资供应很不正常，印刷厂生产上需要的许多物资市场紧缺，例如照像制版用的大电灯泡在电料行门市买不到，但只要有毛主席著作出版办公室盖章的介绍信就能从内部购到。因此每天办公室还未开始办公，接待室中就有许多人在等候。

毛主席著作出版办公室成立后的首要任务是抓1967年完成《毛泽东选集》8000万部的计划。办公室工作人员和从首都出版、印刷、发行单位抽调的部分人员一起组成几个调查组，分别到华东、中南、西北等重点省、市、自治区了解《毛选》出版、印制情况。我担任华东调查组组长，全组5人先后到了山东济南、青岛，安徽合肥，江苏南京、苏州，上海等地。因为我们持有中央文革宣传组办公室开具的介绍信，每到一处都受到当地革命委员会或军管会有关部门的热情接待。我们每到一地都向接待单位说明，我们只是来调查《毛选》的印制情况，不会调查其他情况。但是在印刷厂两派斗争得不可开交的情况下，两派都认为我们是中央文革派来的人员，因而都尽力表白他们这派对《毛选》印制工作最重视、最努力，而贬低对方那一派如何抵制、不重视甚至破坏的事例。当我在工厂召开会议的间隙上厕所时，都有几个人跟随在后，名义上是保护我的安全，实际上是将我和另一派的人隔离开。因此我让调查组其他几位同志注意多和两派的人接触，特别是注意和年纪大的和年轻工人多了解一些不同的反映。

我们到了安徽省的蚌埠准备到省会合肥时，遇到因两派武斗造成火车停运，被迫在一家浴池门外的躺椅上睡了一晚。到了合肥市也碰到两派正在武斗。一派认为"革命委员会好"，称为"好"派；另一对立面认为"好个屁"，称为"屁"派，因"屁"字不雅，称为"P派"。我们在了解出版、印制单位的情况之后就赶往江苏南京市，接着到了苏州，了解到印刷厂在城内的一派是拥护"支左"的，称为"拥军派"；在城外的是反对派，称为"踢派"。苏州人一向被看作是温文儒雅，讲话带有软绵绵的"吴侬细语"的，而我们在当地最热闹的市场看到有人大声争吵，甚至双方斗殴时都显出很凶的样子，据说是两个对立派在辩论。我们在了解印制毛主席著作的具体情况后，便赶到最后一站的上海市调查。上海是一个比较特殊的地方，我们在调查、了解《毛选》出版情况时都十分谨慎。上海出版印刷系统的"造反派"有两大派，一派名为"上海出版系统革命造反司令部"，简称"版司"，另一派属于"上海工人革命造反总司令部"，简称"工总司"，是上海的"造反派"中势力较大的一派。我们调查工作结束后准备返京前，利用一天休息时间，组内有同志建议向接待单位提出想参观一下上海有名的"万吨水压机"工厂，他们派了一辆面包车送我们去。没有想到的是，汽车开动后不久，就发现后面紧跟着三辆大卡车，上面都站着一大批工人，估计是"工总司"的队伍。借此向外界显示中央文革派来的调查组支持他们一派的假象，我们竟当了他们一派的义务宣传员。果然我们回到北京后,有人寄来他们出版的小报上宣扬调查组对他们表示满意的谎言。

各个调查组返京后向办公室领导作了详细汇报。调查中了解,由于年初大部分省区原有出版领导机构陷于瘫痪,新的领导机构还没有建立,《毛选》的印制实际上处于无人负责状态;有的省虽建立了革命委员会或筹备小组,有的地方已实行军管,但大都忙于运动,很少抓《毛选》印制工作。因年初不少地方受"经济主义"风潮影响,许多工人到北京"串联",仅上海一地在一个时期内就有3100多人上京,使全市印制毛主席著作的工作受到很大影响。各地《毛泽东选集》印制计划完成情况很不平衡。如江苏省全年计划印制200万部,到4月中旬只出书7万余部;安徽省全年计划150万部,只出书6万余部,云南、甘肃、青海、宁夏四省区全年计划共计印制130万部,到四月中旬还未出书。按承担印制任务的28个省、市、自治区应完成的数量统计,当时还差300万部未能完成。印制情况较好的北京市,每月印刷能力可达十三四万令纸,而装订力量(包括公社装订厂在内),仅能承担十一二万令,相差1.5万令到2万令纸。由于《选集》的纸张不能及时充分供应,使有些地区的印刷力量未能充分发挥。宁夏承印《毛选》的一家报社印刷厂竟发生一个群众组织中的部分人在《毛选》第二、三卷的扉页和环衬边沿印上攻击另一个群众组织"大方向正确狗屁""丑得很""打倒联委会"等标语口号,数量达11.1万多张。担负《毛选》用纸生产的汉阳造纸厂因武斗停产两个月,严重影响了华东、中南和西南11个省、区、市《毛选》的印制;四川、广西等9个省、区的印刷厂因武斗大批工人离厂,造成停产和减产;因武斗造成运输中断、停电或缺电影响生产的情况时有发生。办公室将调查情况向中央文革宣传组作了详细书面汇报，同时与有关部委商量，采取措施保证《毛选》纸张和印刷物资的供应工作。

7月18日，中共中央向全国各级党委、各军区、军管会，各省、区、市革命委员会发出《中共中央文件》，指出宁夏发生的在《毛泽东选集》扉页和环衬边沿印上标语口号的事件是"一个很严重的政治错误，是绝对不能容许的。事情发生后，有些同志及时向（印厂主管单位）军管会作了反映，并要求严肃处理，但是军管会却认为这是'一般的缺点'而置之不理，这也是很错误的。"中央责成兰州军区党委对此事进行严肃处理，并要全国各地从中吸取教训，不要再发生此类严重政治错误。

7月24日，国务院、中央军委、中央文革小组联名发出中央文件，转发中央文革宣传组《关于出版用纸生产和供应情况》的通知。中央决定"对几个重要的造纸厂（如汉阳、宜宾、江西等造纸厂）即由所在地实行军事管制"，并提出"严格控制各高等院校小报发行数量，由各地革命委员会或筹备小组、军管会负责"等措施。（"文革"初期，全国各地高等院校、"红卫兵"等群众组织编印的小报数量众多，仅北京地区的不完全统计即有400余种，每月用纸350余吨。）

这一时期，许多省市先后建立了毛主席著作出版办公室或类似机构，瘫痪的局面逐步改善。经过几个月的努力，《毛选》的印制情况逐渐好转，但仍有部分地区任务完成得不好，甚至个别地区至8月份仅完成全年计划的20%左右。办公室于10月4日向中央文革小组写了关于《毛泽东选集》8000万部计划执行情况的报告，并对完成全年计划提出"加强领导，突出重点，确保物资供应，狠抓装订，重视质量"的五点建议。

在《毛选》8000万部印制任务距年底完成仅有两个多月的

关键时刻，中共中央、中央文革小组于10月27日联名向全国发出《中共中央文件》，要求各级领导部门"加强领导，加强协作，保证高质量、高速度地完成全年8000万部的出版计划"。这一通知对完成《毛选》全年计划起了重要的促进作用。到12月20日，《毛选》8000万部的计划提前超额完成。

"文革"开始后，毛主席著作出版办公室制订了全国毛主席著作、毛主席像出版统计制度，由我具体负责定期汇总统计工作。据1968年年初统计，1967年全国900多家印刷厂中有181家承担《毛选》印制任务，共计投印《毛选》（一至四卷）10618万部，实际出书9211万部，同时还印制《毛主席语录》3.7亿册，毛主席著作选读、专集、汇编、单篇本8.59亿册，毛主席像和单张语录、诗词手迹17.35亿张。"文革"十年，全国出版社共计印制毛主席著作、毛主席像108亿册（张），占"文革"期间图书总印数的36%。

以上数字，仅指由出版社出版的正式出版物。而"文革"中由大量群众组织印制的从64开本到256开本的各种装帧形式的《毛主席语录》《最高指示》《毛主席诗词》等数量之多，已达难以统计的程度。从个别单位的反映中亦可窥见一斑，如上海市1966年由出版社正式出版的《毛主席语录》共250万册，而群众组织印制的各种语录本，就超过了这个数字的一倍以上。另据二轻部统计，1966年国家拨给出版毛主席著作专用塑料1.3万吨，而群众组织出版毛主席著作所用塑料竟达8000吨之多。

毛主席著作出版办公室成立后，所有上下联系工作都通过中央文革宣传组的联络员传达贯彻，有些要由各省、市、自治区办理的事，则由出版办公室发文字通知或打电话通知。1967年10月中旬宣传组撤销后，通过中央文革负责与办公室联系的宣传联络员（解放军）传达贯彻。办公室有关出版工作向中央文革的请示报告，主要由陈伯达、姚文元批复，或由联络员口头传达。

1969年9月，周恩来总理开始过问毛主席著作出版办公室的工作。9月22日，国务院值班室主任吴庆彤（后来曾任国务院办公室主任）来到办公室传达周总理关于《毛选》五卷出版的指示，同时了解《毛选》五卷出版准备工作情况。办公室负责人在汇报了有关情况后，提出希望总理对办公室的工作给予指示。

9月24日下午2时，吴庆彤电话通知办公室说：总理2时40分要接见办公室全体工作人员。办公室17人立即赶至中南海国务院会议室等候，后因总理临时有要事处理，未能见成。

9月29日国庆节前夕，联络员送来10月1日在天安门举行的中华人民共和国成立二十周年庆祝大会观礼券17张，说这是周总理指示的。总理在一张便笺纸上写了"请发给毛主席著作出版办公室十七位同志每人一张观礼券，请他们参加观礼"，使办公室全体同志受到很大鼓舞。

10月1日上午，毛主席著作出版办公室全体人员十分兴奋地到了天安门观礼台，站立的地方是最低的第一台最好的位置，十分清楚地看到天安门举行的国庆游行大军的情景；晚上又到天安门参观十分壮观的焰火晚会和歌舞表演，度过了愉快的一天，留下了难忘的记忆。

1970年10月，根据周总理的指示，毛主席著作出版办公室并入当年5月成立的"国务院出版口"，办公室工、军宣传队负责人王济生出任出版口五人领导小组组长。至此，成立了三年零四个月的毛主席著作出版办公室，作为一个单独行使职权的机构，在当代中国出版史册特殊的一页中画上了句号。

六、改革发展新时期的若干经历
（1980 年 2 月—2004 年 4 月）

1976 年 10 月"文化大革命"结束后，特别是 1978 年党的十一届三中全会召开以来的 20 多年，国家进入改革开放新的历史时期，我的工作经历发生了不少新的变化，工作中所取得的成果也有了较大的收获。

1980 年 2 月，我被国家出版局任命为研究室副主任，一直工作到 1986 年 12 月（1982 年 5 月至 1985 年 7 月国家出版局一度改为文化部出版局，我改任编刊处处长）。1987 年 1 月调入中国出版科学研究所工作，8 月 6 日被新闻出版署任命为出版科研所副所长（级别提为副局级），工作至 1992 年 1 月免去副所长职务，退居二线，1993 年 3 月退休。

20 多年来，我在工作岗位上和退休之后，除了关于出版研究方面的主要经历已在第七节"从事出版研究的主要成果"中叙述外，本节仅叙述其他方面的若干经历，简记如下：

（1）1987 年调入中国出版科学研究所工作后，可以向新闻出版署编辑专业高级职务评审委员会申报高级职称，我经过反复考虑后，拟申报"副编审"，但心中仍然有些担心，因为我的学历仅是"初中肄业"，连"编辑"的职称都没有，如果要考英语，我在初中学过的英语早已忘得干干净净，只剩下认识 26 个字母和少量几句简单的会话。以这样的水平能获得"副编审"的高级职称吗？我只能实事求是地在业务自传中将我做过的一些编辑工作一一说明，勉强报了上去。没有想到的是到了 6 月份，新闻出版署编辑专业高评委却破格将我评为"编审"。心中这个

"谜团"直到25年之后才被解开。①

1992年3月，我被新闻出版署聘为署编辑专业高级职务评审委员会委员；1995、1996年被新闻出版署聘为全国出版系列高级职务任职资格评审委员会委员。

（2）中国出版工作者协会1979年12月成立后，我于1983年1月10日在第一届二次理事会上被聘为版协副秘书长，第二届（1986年3月）为版协理事兼副秘书长，第三届（1993年8月）为版协常务理事兼副秘书长，第四届（2000年1月）为版协理事，并任中国版协学术工作委员会委员。

---

① 宋木文：《编选"文革"出版史料应保留历史原貌》，载《出版史料》杂志2012年第2期。文章前加的［题记］中写道："……从商务印书馆练习生做起的方厚枢，是靠自学成材和工作实践积累而成为有突出贡献的出版史研究专家。1987年6月，我任编辑出版专业高评委主任时，经我提议，全体评委通过，破格评定了方厚枢的编审职称（无正规学历，未经副编审阶梯）……"

中国出版工作者协会成立后,始终把教育、培训、提高出版队伍素质作为首要任务。第一届版协从1980年起在各地举办多期读书班,有出版社的社长、总编辑参加;还为青年编辑举办出版业务基本知识讲座连续8期,举办各种专题报告会30多次。第二、三届版协举办各类培训班105期,参加培训的人数达7000余人。此外,版协还在加强职业道德建设,促进行业自律,评选、表彰和奖励先进出版工作者,围绕提高图书质量和装帧水平,开展图书评奖,举办学术研讨活动,维护出版社的合法权益,开展对外合作与交流等方面,做了不少切实有效的工作。

我作为版协一至三届副秘书长,和版协历届秘书长(宋木文、倪子明、王业康、范振江)及其他几位副秘书长一起,在版协举办的活动中,尤其在出版队伍的教育培训活动,以及在开展群众性出版理论研究工作方面(1983年11月至1995年6月,先后在广西阳朔、四川峨眉、贵阳、南京、北京、杭州召开了六届"全国出版研究年会"),从1986年起多次在各地召开全国版协秘书长联席会议方面都努力做好会议筹备、服务等项工作。

1999年是中国版协成立20周年,我受版协领导指派,担任宋木文同志主编的《中国版协二十年(1979—1999)》纪念刊的责任编辑工作,我还编写了《中国版协二十年纪事》1.8万字,纪念刊于1999年12月由高等教育出版社出版。

(3)我调进中国出版科研所的主要任务是继续在国家出版局研究室编辑《中国出版年鉴(1980—1986年)》之后的年鉴编辑工作。从1987年到1992年止的6年内,我在中国出版科研所共主编了1987—1991年4本年鉴(1990—1991年为合刊)。在编辑出版年鉴的同时,还创办了《出版参考》半月刊,担任主编工作,从1983年3月1日出版的创刊号一直到1991年8月出版第

80期时才辞去主编，由陆本瑞同志接任主编职务。

（4）1987年7月，被新闻出版署党委评为署直属单位优秀党员，受到大会表彰。

（5）1988年初，中国出版科研所和河北省新闻出版局合作编辑出版我国第一部《中国出版人名词典》得到全国出版部门的大力支持。由新闻出版署、中国出版科研所、外文出版发行事业局、人民出版社等11家出版社和全国各省、直辖市、自治区新闻出版局的代表组成词典编辑委员会于1988年4月17日至19日，在河北省石家庄市召开编委会，讨论了词典的编写体例，收入词典的人物范围等有关事项。确定了中国出版科研所所长边春光同志为词典编委会主任，我和河北省新闻出版局一位负责同志为编委会副主任。

我曾于1983年4月代表国家出版局参加了由外文出版发行事业局发起的编纂我国第一部《中国人名大词典》的工作，从第一次编委会起，直到1992年12月全部出齐，历时10年完成。我负责组织出版界人物稿件的撰稿和责任编辑工作。我在参与这项工作中听到多位辞书界著名专家的讲解，了解了不少有关人名词典的知识，学习到如何做好工具书编辑工作的经验，等于上了一次辞书工作培训班。我在参加《中国出版人名词典》的编辑出版工作时，由于有了编辑《中国人名大词典》的经验和体会，在制订《中国出版人名词典》的编辑出版计划，确定收词范围和释文编写体例等方面有了较多的发言权，因此，工作进行得比较顺利，少走了许多弯路，仅用了一年零八个月的时间，于1989年12月完成。

《中国出版人名词典》共计收录全国出版界人物11419人，总字数243.8万字，所收人物以当代人物为主，适当选收部分近代有一定贡献和成就的出版界人物。在当代出版人物中，有早年参加编辑、出版工作，后来成为党和政府的领导人或著名作家、学者；有长年默默地"为人作嫁衣"、勤劳一生编辑了许多著名书籍的编辑；也有大量长期从事图书出版、校对、装帧设计、期刊编辑以及出版科研、书刊印刷、图书发行、出版物资供应等各方面的人员。他们之中被评为高级专业技术职务的有10185人，占收入词典总人数的89.19%。其中包括编审1362人、副编审5882人、译审94人、副译审337人、研究员112人、副研究员295人、教授243人、副教授468人、高级经济师165人、高级会计师104人、高级工程师676人等等。这部词典可以说是汇聚了我国出版界的精英，为后人了解20世纪80年代我国出版人才的资源状况，留下了一份准确的历史记录。

《中国出版人名词典》的初期编辑工作由河北省新闻出版局组建的人名词典编辑部负责进行，后来由于确定在北京新华印刷厂排印，因而词典后期的编辑工作就转移至北京的《中国出版年鉴》编辑部进行，由我主持对全书稿件的定稿、发排、校对和付印，中国书籍出版社于1989年12月出版。这部词典共出版16开本普通精装本和特精装纪念本两种装帧，出版后除了全国出版部门和出版工作者订购外，许多图书馆、新闻、宣传、文化等部门以及科研机构、高等院校、报刊社等单位也有购买，收到了较好的效果。

（6）1991年11月20日，新闻出版署在北京国际饭店举行新闻出版署直属单位27位专家享受政府特殊津贴颁发国务院表彰证书大会。新闻出版署宋木文署长在讲话中说："发放政府特殊津贴是党中央、国务院在新时期加强和改进知识分子工作的一项重要内容，是一项带有导向性的重要决策。署直属单位的27位专家在出版界是享有盛名的，有的是为出版事业做开创性工作的老一辈出版、印刷、发行工作者；有的是默默无闻、兢兢业业工作几十年，为出版事业作出贡献的编辑家；有的是在自然科学方面有发明创造，为我国印刷事业的发展作出贡献的专业工作者，这些专家都是我们出版界的优秀代表、出版工作者的楷模。"他希望有更多的专家作出突出贡献，推动我国新闻出版事业的发展和繁荣。新闻出版署副署长刘杲、卢玉忆将证书送到在座的每一位专家手中。

证书

方厚枢同志：

为了表彰您为发展我国新闻出版事业做出的突出贡献，特决定从一九九一年十月起发给政府特殊津贴证书。

政府特殊津贴第(91)421023号　　一九九一年十月一日

这次享受政府特殊津贴的 27 位专家，包括社会科学界 24 人，自然科学界 3 人。他们是：（以姓氏笔划为序）方厚枢、王大山、王子野、王仰晨、王益、韦君宜、白以坦、严文井、沈鹏、李侃、吴泽炎、陈原、邵宇、郑德琛、赵守俨、林穗芳、金常政、姜维朴、秦兆阳、常君实、蒋路、傅璇琮、董维良、谢燕声、楼适夷、黎章民和戴文葆。按规定，每人每月享受政府津贴 100 元①，除出现特殊情况外，终生享受。

---

① 政府特殊津贴从 2009 年 1 月起，每月 100 元加至每月 600 元。

（7）1992年7月22日—25日，我受新闻出版署指派，应香港贸易发展局邀请，赴香港参加"国际出版研讨会"，为此准备了《九十年代中国出版业新趋势》的论文。到港后研讨会因故未能举行，参观第三届国际图书展后回北京，准备的论文在《出版发行研究》月刊发表。

中央宣传部1992年8月下旬邀请中央宣传文化系统18位专家到山东烟台度假，出版系统有人民出版社林穗芳、人民音乐出版社黎章民、中国出版科学研究所方厚枢32人参加。图为中央宣传部部长王忍之（前排左起第7人）于8月15日专程到烟台看望与会专家合影。专家们在度假的10天内，听取了烟台市委关于烟台经济发展的介绍，参观了部分先进企业，游览了烟台、威海、蓬莱、长岛的名胜古迹

（8）1992年8月11日至20日，我应中央宣传部邀请，和中央宣传文化系统部分专家到黄海滨城烟台度假，应邀参加这次休假活动的大多是享受政府特殊津贴的专家，他们之中有人民日报高级记者田流、光明日报原秘书长沙旭光、经济日报高级编辑张沛、中央人民广播电台高级记者张之、北京广播学院教授康荫、中央音乐学院教授于润祥、中央编译局研究员殷叙彝，以及中国社会科学院的哲学、民族、文学、世界宗教、考古、苏联东欧、

工业经济等研究所的研究员；出版界有人民出版社编审林穗芳、人民音乐出版社编审黎章民和我三人。这批专家中，年龄最大的84岁，最小的59岁。

中央宣传部对这次专家度假活动十分重视，由办公厅副主任姜承焕、干部局副局长王伟华负责，带领工作人员和医生十余人作了精心组织安排和周到的照顾。中宣部部长王忍之于8月15日专程到烟台看望了专家，他说："同志们都很忙，难得有机会休息。'文武之道，一张一弛'，中宣部第一次专门为大家搞了这样的活动，就是希望大家看好、吃好、休息好、松弛一下。"他代表中宣部祝专家们身体健康。

8月11日，专家们抵达烟台时，中共烟台市委副书记王军民等领导冒雨前往机场迎接。在10天的度假期间，专家们听取了烟台市委关于加快改革、扩大开放、迅速发展经济的情况介绍，参观了烟台经济技术开发区和港务局、牟平新牟里、张裕葡萄酿酒公司等先进企业，游览了烟台、威海、蓬莱、长岛的名胜古迹。专家们所到之处，都受到了有关单位领导的热烈欢迎和盛情接待。

（9）1993年10月2日上午，我接到新闻出版署办公厅电话通知，说当晚有重要活动，要我于下午6时到署一层大厅集合。我准时到达后拿到中共中央办公厅发出的请柬，内称："中共中央定于1993年10月2日晚八时，在中南海怀仁堂举办文艺晚会，请您出席。"我和新闻出版署直属单位的20余位同志一起乘坐大轿车到达中南海怀仁堂。

党和国家领导人江泽民、乔石、李瑞环、朱镕基、刘华清、胡锦涛等会见宣传、文化、科教界知名人士后到会场与全场人员一同观看演出，与大家共度国庆佳节。

文艺晚会共有民乐和民歌、杂技、京剧、演唱和男女声独唱、重唱、二胡独奏、芭蕾双人舞、舞蹈等十二个节目,李维康、耿其昌、叶少兰、李世济、吴雁泽、刘秉义、李谷一等著名演员都作了精彩表演和演唱。

(10) 2004年4月1日,为纪念邓小平同志诞辰一百周年,我应中央档案馆、国家档案局之约,在该馆所摄的大型档案文献记录片中,介绍1975年小平同志批准国家出版局召开中外语文词典编写出版规划座谈会的有关情况,并拍摄了我所收藏的有关文献史料及大型语文词典书影。

七、我从事出版研究的主要成果
（1962年8月—2013年7月）

采访者： 您在出版领域取得过很多突出成就，给我们简单介绍一下吧。

方厚枢： 1962年8月，我调到文化部出版局之后，由于工作性质的变化，视野扩大到整个出版界的历史和现状。我在业余时间想对出版工作做些研究，但开始并没有十分明确的目标，因而走了一段弯路，自恃年轻精力旺盛，急于求成，对研究的方面铺得太宽，结果事与愿违，白白浪费了不少光阴，收效不大。后来慢慢悟出一点道理：学习和研究工作要有所收获，并无捷径可走，必须有刻苦顽强的精神，脚踏实地，不能好高骛远，急于求成。研究工作的"起点要低"，即针对工作需要和个人经过努力可能达到的目标来确定研究课题，要少而精；但研究工作的标准不能低，研究成果要向高标准看齐。在确定了主攻目标后，我先从收集资料入手，要像磁铁吸铁和海绵吸水一样，尽可能多地寻觅涉及这一专题的资料，然后要用"沙里淘金"的精神去粗取精，经过消化、吸收，最终拿出有一定质量的研究成果。当然这首先要具有不怕麻烦、持之以恒的坚毅精神。

思想端正以后，我树立了这样的目标：无论领导分配我做什么工作，我都要："干什么，学什么，边干边学边研究，舍得下笨功夫，争取做出好成绩。"下面举出我做研究工作时间较长，研究成果较多的三项为例。

（一）辞书研究

1975年，邓小平同志主持中央工作时，国家出版局会同教育部报经小平同志批准,在广州召开中外语文词典编写出版规划座谈会。我参与了这次会议的筹备,并和商务印书馆朱谱萱、朱原同志一起制定1975—1985年全国编写中外语文词典160种的规划(草案)。会后,国家出版局向国务院写了报告,经小平同志和因病住院的周恩来总理批准,国务院于8月23日下发全国执行。我受国家出版局领导指示,在出版部负责辞书出版管理工作。遵照陈翰伯同志的安排,先抓几部影响较大的大型汉语辞书。其中《辞海》的修订工作已由上海在抓;《辞源》的修订和新编《汉语大词典》《汉语大字典》这三部大型汉语辞书由华东、中南、西南12个省、市、自治区的出版、教育部门协作进行。随着工作的进展,不断有新的情况和问题出现。在省、市、自治区的协作中有些重要问题需要国家出版局协调解决,我就经常和教育部高教一司的负责同志以及各省、市、自治区出版局的

1975年5月,以国家出版局为主、教育部协助在广州召开的中外语文词典十年规划会议所订出版规划,成为改革开放新时期出版繁荣的基础性和主体性工程(主要项目无变化,编纂思想有调整)。这是主持会议的徐光霄(左十二)、陈翰伯(左十),参与领导的许力以(左十四)、主持工作班子的陈原(左十六)同会议工作人员宋木文(左十一)、刘杲(左九)等合影(1975年5月下旬摄于广州)

词典工作办公室和上海、四川、湖北三地的"汉语大词（字）典编纂处"保持密切联系，成为全国辞书编写、出版信息的交汇点，将了解的情况及时向局主管领导汇报并提出处理意见供领导作决策参考。国家出版局（1987年后为新闻出版署）主管辞书的领导同志先后有陈翰伯、许力以、边春光、刘杲，还有商务印书馆总编辑陈原、教育部高教一司副司长季啸风（他曾在商务印书馆编辑部工作过，对几部大型汉语辞书的出版有过重要贡献）。

我从1974年7月在国家出版局参加陈翰伯同志组织的词典调查组到上海调查辞书编纂情况开始；1975年在陈翰伯、许力以、边春光、刘杲、陈原、季啸风等几位领导抓《辞源》的修订和新编《汉语大词典》《汉语大字典》的工作时，我先后担任国家出版局出版部和修订《辞源》（4卷）编审领导小组的联络员，新编《汉语大词典》（12卷）和《汉语大字典》（8卷）工作委员会委员。几位领导同志为了实现甩掉"大国家，小字典"的落后帽子，立志为我国辞书出版事业赶上世界先进行列做出努力[①]，

[①] "大国家，小字典"的说法，是20世纪80年代初《人民日报》《解放日报》等报刊发表纪念周总理的文章中说，"文革"中的1972年，一个小国家的领导人来我国访问，赠送给周总理一部大型百科辞书，周总理当时回赠的只是一本小小的《新华字典》。这个小国家名称叫什么？多数文章说是圣马力诺，有的说是摩纳哥。这个"大国家，小字典"的说法曾被广泛传播，由于有的文章作者是辞书界的著名专家，他们说的话似乎已成为定论，因而被一传再传。"文革"时期，我曾跟随陈翰伯同志参加《汉语大词典》的开创工作，当时遇到种种困难，队伍很不稳定，我曾听见翰伯同志和词典编纂人员讲过这句话，但并没有讲过这个小国家的名字（事实上我们也确实不知道）。2002年，曾任中国出版科学研究所所长的袁亮同志，在写《周恩来与新闻出版》一篇文章时，为了搞清"小国家"的具体名称，曾作了详细的调查。首先向外交部档案馆调查，收到答复说"经反复查找，我馆所藏有关档案，在礼品清单中未见上述礼品"。后又向陪同周总理接见圣马力诺外长、时任外交部西欧司负责人的胡叔度了解，他复信告知，不记得有此事。再查阅《周恩来年谱》《周恩来外交活动大事记》等书，都无此记载。至于另一个小国家摩纳哥，在"文革"期间，从未派代表团来中国访问过。经过这番调查、了解，虽然所谓"大国家，小字典"的说法形象、生动，以此"推论""文革"时的状况也不会引起人们的怀疑，但作为一篇史料，由于史实不清，袁亮同志决定在文章中舍弃采用这一事例。

曾经多处奔波,勉励辞书编纂出版工作人员克服困难,坚持做出成绩,或为他们的困难在可能的情况下帮助解决。我从 1975 年几部大型辞书的开创工作时起,一直到 1994 年全部完成时止,随几位领导除在北京召开会议外,还到过上海(5 次)、苏州、无锡、扬州、杭州、宁波、合肥、黄山(2 次)、安庆、福州、厦门、广州(2 次)、郑州、长沙、桂林、重庆(3 次)、成都等地,为辞书工作召开或参加会议、调查研究,18 年内共有 25 次。

为了做好辞书管理工作(我离开出版部之后是兼管),为局领导做好辞书参谋工作,我边干边学,用了很多时间对我国辞书编纂的历史和现状进行了深入的研究,将研究的成果和心得写成文章,在《辞书研究》杂志,《中国出版年鉴》和香港《大公报》的"中文辞书专刊"等报刊上发表《中国辞书史话》《中国辞书编纂出版概况》等多篇文章;还广泛收集资料,将 1949 年 10 月到 1986 年底全国出版的中外语文、专科辞书(不收私营出版社出版的辞书)整理编目(对每本辞书有简要介绍),在《辞书研究》连载,共 22 万余字。据该刊编辑部告知,这份编目受到英、美、加拿大、日本等外国研究中国辞书人员的重视;国内多家图书馆、科研单位也反映,这份资料对他们了解、选购、补缺辞书很有用处。

(二) 年鉴研究

1979 年 11 月,我由国家出版局的出版部调研究室,参与我国第一部《中国出版年鉴》的创刊工作。当时,我是在"不知年鉴为何物"的状况下进入这项工作的。《出版年鉴》第 1 册(1980 年)创刊号在陈原同志的指导下,由研究室主任倪子明同志主编。84 岁高龄的中国版协名誉主席胡愈之同志应约写了《发刊词》,对这本年鉴的创办赞扬"是一件大好事",同时也提出了很高的要求和希望。

1981年中，子明同志受命调任生活·读书·新知三联书店总编辑，《中国出版年鉴》的编辑工作全部交给我负责主持。这突然而来的变化，迫使我承受了巨大的压力加紧学习、研究。当时手头仅有两本同类参考书——台湾和日本的《出版年鉴》。它们基本上属于"总书目"加"出版名录"的模式，有关全面介绍出版情况的内容仅占很少篇幅。而我国早已出版《全国总书目》，没有必要做重复劳动。因此，我和年鉴编辑部的同志边摸索、边学习国内陆续创刊的专业年鉴，从中汲取有益的经验、体会，并紧密结合出版工作的实际不断改进，创出自己的特色，使《中国出版年鉴》具有资料性、存史性，加大信息量，并努力做到常编常新。

新闻出版署、中央宣传部出版局、中国出版工作者协会新老领导人及年鉴界专家等出席《中国出版年鉴》创刊20周年座谈会合影（2000年11月24日新闻出版署礼堂，前排左起2为作者）

我从1980年到2010年的31年内，先后担任《出版年鉴》的编辑（1980）、编辑部主任（1981—1986，实际负责主编工作）、主编（1987—1994）、年鉴编委会副主任（1995—2003）、年鉴顾问（2004—2010）。我因过于劳累，1994年5月、1996年5月两次患脑梗塞（幸治疗及时，没有留下后遗症）才于1994年辞去年鉴主编，由年鉴副主编刘菊兰同志（原人民出版社《新华文摘》编辑部主任），从1995年起接任年鉴主编。

《中国出版年鉴》1980年创刊时，全国仅有6种年鉴出版，到2003年已发展至1300余种。我从1985年开始和年鉴界几位老同志共同创立年鉴学术团体并参与组织领导工作，先后担任全国"年鉴研究中心"副总干事、"中国年鉴研究会"常务副会长兼学术工作委员会主任、"中国版协年鉴研究会"顾问，并任《年鉴工作与研究》（季刊）1991—1994年的主编，（共出15期，总字数300多万字）。我还编写了《中国年鉴概览》等研究文章在报刊发表，并多次在各种年鉴学术会议上作年鉴发展概况和提高年鉴编纂质量等讲话。

（三）中国出版史研究

这是我用力最多，延续时间最长的一项研究课题。

我调入文化部出版局工作后，第一次完整地看到了张静庐花费近20年时间收集、整理、辑注的中国近现代出版史料，我在学习、研究之后，萌发了收集我国当代出版资料的愿望，便结合工作，注意从多方面收集有保留价值的出版资料。

1966年"文化大革命"爆发不久，"红卫兵"大串联开始，各地文化、出版部门的大批人员也来京串联，文化部机关大楼内挤满了串联人员，连每层楼的走廊过道上都住满了人。文化部办公厅组织各司局的工作人员做专职接待工作。各地文化、出版系统的来京串联人员首先向接待处按人头每人领取每天七角钱的生活补助费，由领队在收据上盖章签字（这些组织的图章都在领队的口袋里)。他们白天外出到各高等院校看大字报和到各大机关看公开批斗"走资派"的场面,晚上就在楼内各处打地铺睡觉。出版局在五楼,全局办公室最后就剩下我所在的"毛主席著作出版工作办公室"一间房间(因屋内墙上贴满了各种毛泽东生活像和单张毛泽东语录、毛泽东诗词;书柜内陈列各种毛泽东著作的样本,当时称为"红宝书")因而无人敢占领这间房。当时出版局抽出少数人正在筹备召开"毛主席著作印制计划会议",在局办公室已无法工作,被迫改在人民美术出版社印刷厂内做筹备工作。会议于1967年1月10日在民族饭店召开,仅开了六天就被"造反派"造了反而草草收场。1月19日,文化部机关大楼也被"造反派"造了反,大楼内包括出版局在内所有机构全部陷于瘫痪。在文化部大楼内处于一片混乱时,各地来京串联人员随意扔弃了各种"大批判"的小册子和传单、小报等资料,我从中捡出了中央宣传部、文化部和出版、发行部门等"造反"组织编印的本部门《十七年来两条路线斗争大事记》等类"大批判"小册子;我还在一处废纸堆中捡出一份上海某"造反"组织制定的"揭批生活书店"的工作计划(手抄件),将1930年代在上海创建的生活书店、读书出版社和新知书店三家进步书店批判为"三十年代的黑店",说什么"他们反对毛主席和毛泽东思想,替王明右倾机会主义路线翻案……并筹划编写《生活书店店史》,为其树碑立传,企图而且实行社会主义的出版事业按生活书店的'样板'演变为资本主义出版事业"。这份材料中还附列了揭批生活·读书·新知三联书店的详细计划,开列了45人的名单一一进行调查访问,"要问清中共中央1949年7月《关于三联书店今后工作方针的指示》,是哪个司令部下达的?其企图目的是什么?"等等8个问题。这几份揭批计划和调查计划制订于1967年

6月19—24日，计划要求外调工作从7月初开始。调查计划结果及后事如何均不得而知。但可以肯定的是：这次行动以及他们的企图，随着"四人帮"的覆灭而以失败告终。

1967年5月11日，我调入"中央文革"宣传组成立的"毛主席著作出版办公室"工作。我在这个特殊的机构具有特殊条件（办公室不搞运动，只搞业务），我在"印制组"工作，所有中央文件及有关领导部门的批件、报告都经过我手中，我充分利用"天天读"和空隙时间有意识地抄录有保存价值的出版资料（当时没有复印机，只能用手抄）；对于办公室所有向全国发出的文件，我都留下一份。

1969年，进驻文化部的工人、解放军毛泽东思想宣传队命令各司局的工作人员交出文书档案和资料。后来由于文化部大楼要腾让给外交部，将存放在后院几间房屋内的原出版总署和文化部历年积存的大量文件草稿、复制件、内部刊物等，拉了三大卡车，堆放在人民文学出版社食堂，准备送往纸厂化浆。这个堆放处与毛主席著作出版办公室仅有一窗之隔，我发现后征得办公室军宣队的领导同意后，和原出版局一位老同志赶到食堂翻捡了三天，着重寻找出版总署和文化部出版工作的历史文件，一共捡回三十多捆，抢出了一批有用的史料。第四天再去时，全部资料已被送往造纸厂化浆了。

1970年9月2日晚，周恩来总理接见中央外事、新闻单位的负责人，提出新华社编印的《参考资料》8月27日下午版上刊有林彪的一条语录："毛泽东思想是当代马克思列宁主义的顶峰，是最高最活的马克思列宁主义。"周恩来对新华社军管组组长说："这句话主席不让用，1967、1968年还发过文件。""以后《参考资料》上语录不要用了。这件事中央常委曾商讨过，并且请示过主席。"当得知这条语录是从解放军政治学院编、战士出版社印的《毛泽东思想胜利万岁》一书中摘抄时,周恩来说,中央已经三令五申,不许乱编毛主席著作,不许随便编印没有公布的主席指示,这本子未经中央批准,是私货,要收回。还有那些未经中央批准随便乱印的本本也要收回。"这件事我还是依靠军队同志办。各单位都有军代表嘛。总的由李德生同志抓。""先把北京的收起来。"他当即指定了军队、外事、中央宣传部门和政府各部四个口子的负责人来负责收。并说,对这件事要严格,要严格纪律。工作要分步骤进行,第一步先摸清情况,第二步由李德生同志研究一下再收。

9月3日,国务院办公室召集出版口,毛主席著作出版办公室等部门的负责人,传达周恩来2日晚的指示。4日,中央军委办事组从解放军总政、总参、总后三总部和北京的各军、兵种中抽调20余人组成清查班子,并邀毛主席著作出版办公室派人协助。当日下午,办公室军宣队负责人王济生同志带我乘车到北海三座门中央军委办事组的办公室,将我的情况作了简单介绍后,我便开始参加清查工作。

北京市革委会于9月6日向全市传达并布置清查工作,至10月9日止就收到各单位上报非法印制的样本657种(总印数750余万册)。

中央军委办事组清查班子在办公地点的一间大房间内,接受中央单位和北京市送来的非法印刷物。中央各机关、部队和北京市在清查工作中收缴的大量私自编印的各种毛泽东著作堆积如山,其中有各式各样的《毛主席文选》,收有"文革"初期"红卫兵"抄家得来的中央机要文件和中央领导同志的报告、讲话材料;数量最多的是各式各样的《毛主席最新指示》《最高指示》

和《毛主席语录》，仅不同单位编印的就有440种。

清查班子分为几个小组，分别对收缴的毛主席著作样本进行查阅，我分在语录组，主要任务是鉴别哪些是中央批准的版本。经清查班子查阅后，在440种版本中，以军队编印的《最高指示》（"四合一"本）和《毛泽东思想胜利万岁》（"六合一"本）[①]两种印数最大，加上地方翻印的总数超过1000万册。这几百种本子的内容中全部选自《人民日报》《解放军报》《红旗》杂志公开发表的毛主席语录，只有三种，其余的在内容中都不同程度地存在各种问题，主要有：引用未公开发表的内部文件，引用毛泽东的语录不准确，泄露国家和国防的机密等。有些群众组织编印的本子中，将一些大字报和小报、传单中流传的材料均作为"最高指示"编入《毛主席语录》。如有一个本子中收入了这样的一些语录："王力、关锋本来就不是好人，江青早就向我汇报过。""陈毅怎么能打倒呢？陈毅跟了我40年，功劳那么大。陈毅现在掉了20斤肉，不然我带他接见外宾。""要保他，他是第三野战军司令、外交部长。现在没有人搞，还要他来搞。"有几个地方翻印了这个本子，内容完全相同，但在封二竟然加上"林彪同志摘编"的字样。有的本子错漏百出，有一个单位的"革命工人造反团"翻印的本子，32面中错漏即达60处，其中《给江西共产主义劳动大学的一封信》，256字中，错漏即有16处，甚至将原文"有五万人之多"一句错印成"有五百万人之

[①] "四合一"本的《最高指示》为战士出版社出版，在军内发行。这个本子含《毛主席语录》《最新指示》、"老五篇"（含《为人民服务》《纪念白求恩》《愚公移山》《关于纠正党内的错误思想》《反对自由主义》）和《毛主席诗词》；"六合一"本的《毛泽东思想胜利万岁》含《毛主席语录》《最新指示》《林副主席语录》、"老五篇"、《毛主席诗词》《九大文献》，流行较广的有原解放军政治学院和炮兵编的两种版本。

多"。有一本红卫兵组织编印的《最高指示》中，把毛泽东的名字也印错了，有的本子甚至将林彪讲的话也作为毛泽东语录收入。

　　清查班子20余人都集中住在军委办事组办公处内的招待所（"文革"前解放军高级干部开会住的地方，每人一间房），我白天参加清查工作，晚上就在住处摘抄有保留价值的出版资料。通过一个多月的工作，抄录了不少有关毛泽东著作的写作、修改情况和其他有关出版方面的珍贵资料。清查小组工作班子经过一个多月的大量工作，最后写了一份工作总结，经李德生审定后向周恩来汇报。

方厚枢参加"清查非法印刷品"工作组工作结束时，与一同工作的解放军同志合影（1970年10月4日）

　　1970年10月，"毛主席著作出版办公室"结束后，我在国务院出版口，1973年9月出版口撤销，成立国家出版事业管理局，我一直在出版部工作时，也十分注意收集各种有保留价值的出版资料。总之，在"文革"十年的动乱情况下，我始终未离开出版岗位，并注意收集、保存了大量的出版资料，特别是较完整地保存了"文革"时期的出版史料，为我1980年以后撰写我国出版史提供了重要的参考史料。

1976年10月，"四人帮"覆灭后，经过一年的整顿，从1978年起，全国不少地方出版部门陆续建立了一些培训出版、印刷、发行干部的机构。在国家出版局主办的《出版工作》刊物上，有人提出编写《中国出版史》的建议。1979年12月20日中国出版工作者协会成立后，收到一些地方干部培训机构的来信，有的信中说："我们出版部门担负着为各级学校、各专业学科提供教材的任务，可是为自己培养出版事业接班人的教材却一本也没有。……我们自己动手写，属于业务知识的教材还可以应付，但一接触到'出版事业史'的教材就束手无策了。我们拥护《出版工作》上发表的建议，请你们迅速组织力量付诸实施，以应燃眉之急。"中国版协秘书长宋木文同志收到信后，转交给版协副秘书长（时任国家出版局研究室主任）倪子明同志考虑。子明同志了解我多年收集出版资料并在报刊上发表过一些出版史料文章，便向我建议是否可以试试。我开始考虑自己的学识水平有限，未敢贸然答应。我说张静庐先生1958年后，在继续收集整理中国出版史料，还计划编写一部《中国近现代出版史》，并做了充分准备，编了大量卡片，但一直到他1969年9月病逝时也未能实现，可见此事之难。子明同志说，现在的情况已有变化，并已具备了一些有利条件。他对我谈了黄洛峰同志的一段话，深深地打动了我。他说的是1958年11月，文化部直属的文化学院开学后，出版发行工作没有教材，担任院长的黄洛峰同志就组织学院开办的出版发行研究班的学员自己动手写。开始时学员感到编书一无资料、二无前人著作参考，有畏难情绪。黄洛峰鼓励他们说："正因为没有前人著作，才有编书的必要，我们从事这项工作的人不写，又靠谁来写呢？我们干出版工作的时间都不短了，大家的实践经验就是丰富的活资料，也还有一些文字资料可以利用。"他鼓励学员们破除迷信，解放思想，要有"第一个吃螃蟹"的勇气。第一稿不一定令人满意，经过几年的教学实践，反复补充修改，就能逐步完善，成为一本好书。

当时，我已了解到，新中国成立以来，图书馆界和印刷界都已有专家写了多部中国书史、印刷史出版，而明确以《中国出版史》为书名的专著却一部也没有。在子明同志的热情鼓励下，我就是抱着"第一个吃螃蟹"的勇气，决心试试看。我从整理多年来收集的资料入手，写出写作提纲。拟名《中国出版简史（初稿）》，从中国古代写起，这就要涉及许多方面的知识，为此，我在较长的时间内，除认真研读了中国通史和多部断代史的重要著作外，还研读了中国文字学史、史学史、文学史、哲学史、书史、印刷史、造纸史、科学技术发展史以及美术、农业、医药、考古等各专科的一大批专著和书刊参考资料。而且只能利用每天早起、晚睡和节假日的业余时间进行。从1980年上半年起，将试写稿按章在《出版工作》（《中国出版》杂志的前身）连载。

当时我的想法是：我现在尝试写了第一部，虽然内容粗浅，但有了第一部，今后一定会有人写出第二部、第三部……内容更好的出版史问世。我的《中国出版史（初稿）》经过不断修改、补充，于1995年下半年送请人民出版社副总编辑吴道弘同志审阅后，同意列入他主编的一套有关编辑出版工作的书中，易名为《中国出版史话》由东方出版社于1996年8月出版，道弘同志并写了一篇很好的序文推荐。

1999年10月，日本文化界一个联谊会自费到我国成都等地参加围棋比赛的日本人中有位名叫前野昭吉的人，途经北京作短暂停留期间，在北京棋友的帮助下，通过人民出版社打听到我的住址，专程找到我家。他说在日本自学了中文，对我国出版界的历史有些了解。他在书店中看到有英国等外国出版史出版，他认为中国出版业的历史十分悠久，却未见有中国出版史的日译本出版。后来他在东京专门出售中文书籍的东方书店看到我的《中国出版史话》，便想译为日文出版，特来征求我的同意。我很高兴他能将这本书译为日文向日本朋友介绍。时隔三年，到2002年底，我从人民出版社拿到日本新曜社出版后寄来的《中国出版史话》日译本。译者在书中加进了大量注释，帮助日本读者了解情况。他在《译后记》中说："本书内容涉及从殷商到现代中国约三千年的历史，特别是叙述了不为人知的'文化大革命'期间的出版情况。另外，还为读者列出了必要的文献，出版统计、年表完备，对于我们外国人来说，是一本非常好的入门书。"

我对中国出版史研究所作的努力，也得到国家出版局领导同志的肯定和支持，陈翰伯同志常将一些我们看不到的内部资料批交研究室参考或在《中国出版年鉴》上刊用。翰伯同志1988年病逝后，由《汉语大词典》工作委员会副主任、国家出版局局长边春光同志接任，我跟他到了上海、浙江、安徽等地召开《汉语大词典》会议。有一次在闲聊时谈起有关出版史研究的话题，他说他就是看到我在《出版工作》上连载的《中国出版简史（初稿）》而了解我的。当他不再担任国家出版局局长时，曾对我说过："我们一同到出版发行研究所去吧。"使我很受感动。

由于我写的《中国出版简史（初稿）》在《出版工作》上连载，并在《中国出版年鉴》上陆续发表介绍我国出版工作发展概况的文章引起各地出版领导机构和有关研究单位的注意，邀请我到一些培训机构介绍我国出版工作情况，例如1981年内，先后于1月15日在北京市出版局举办的全市图书发行业务讲座、12月4日在中央国家机关、科研系统图书馆学会举办的图书馆学专业培训班专题学术讲座上介绍《我国出版事业发展概况》，这两次在介绍完毕后，还放映了峨眉电影厂摄制、我参加编剧的彩色科教影片《书的故事》三集。

1982年2月，在人民文学出版社青年编辑学习班讲我国编辑工作的历史概况。

1983年3月，应中国大百科全书出版社《简明不列颠百科全书》（中文版）编辑部之约，担任该书中国条目主要撰稿人和审校者，对原书有关中国图书条目重新撰写，共写了1万多字，绝大部分被采用，中国大百科全书出版社1986年8月出版。

在1985年内，5月份我写的《欣欣向荣的出版事业》在《中国建设》中文版、英文版发表；6月28日在国家出版局接受中国国际广播电台记者采访，我开头讲了一段话，接着就由中国国际广播电台的播音员将我在《中国建设》英文版上发表《欣欣向荣的出版事业》的内容，于7月4日在国际广播电台用24种语言对外广播。8月份应邀在北戴河天津市出版工作者协会举办的"总编辑工作经验交流会"上作《信息和出版工作》

的发言，讲话稿在《天津出版工作》1986年专刊上刊载；11月份应文化干部管理学院的聘请，担任该院授课教师，讲授出版业务知识。

1989年8月，中国出版外贸总公司和北京图书馆在京共同主办"中文图书资料收集、整理与利用学术研讨会"，邀我去介绍我国出版概况。我利用历年积累的大量资料作了汇报，受到来自美国、澳大利亚、新加坡（都是外籍华人），中国香港和内地各大图书馆代表的好评，他们很感兴趣。半年后，一位美国大学东亚图书馆馆长来访时告诉我，这份讲话材料曾在北美一些收藏中文图书的图书馆复印散发，认为对了解中国出版概况很有帮助。

美国芝加哥大学东亚语言及文明系荣誉教授，东亚图书馆荣誉馆长，研究中国古代书史、造纸和印刷史的著名专家钱存训博士看到我写的《中国出版简史》和其他出版史资料后，主动将他在香港中文大学出版的《中国古代书史》（又名《书于竹帛》）和新著的关于中国造纸史的几篇论文，寄至国家出版局赠送给我；1990年7月，他为李约瑟博士《中国科学技术史》第五卷第一分册专著的《纸和印刷》中文版由科学出版社、上海古籍出版社联合出版；1992年10月为庆祝钱存训先生八十岁生日纪念而出版的《中国图书文史论集》由现代出版社出版，钱存训先生都通知出版社给我送了书。

1993年11月5日，我在中国版协国际合作出版促进会召开的"两岸图书出版合作研讨会"上作《中国大陆出版信息概况》的发言；台湾《出版人》杂志于1994年3月号发表。

为了准备讲稿，也加强了我的责任感，更加注重对有关资料的收集、研究，促进了讲稿内容质量的提高，也对我的本职工作

《中国出版年鉴》编纂质量的提高，起了重要的促进作用。

1980年初，国家出版局接受四川峨眉电影制片厂委托，指派我到该厂编写向少年儿童进行爱读书、爱护书教育的科教电影剧本。我先在北京做了一些准备工作，到中央电视台访问了少年儿童部负责人，请她介绍少年儿童科普节目应注意的问题；又到中国印刷技术研究所访问了曾经写过科普电影《中国的印刷》剧本的丁一同志介绍他的经验体会。我到峨影厂工作一个多月，首先到影片摄影棚内参观影片具体摄制过程，接着看了一批科普影片，然后经过反复思考，和导演合作编写了《书的故事》剧本，通过中国古代书籍的产生历史、一本现代小画书的生产过程和国内外出版的生动而奇妙的书等三个方面，向孩子们进行形象生动的教育。影片先后在北京、天津、西安、成都等地拍摄，得到各方面的大力支持。国家文物局特批到中国历史博物馆、北京图书馆实地拍摄古代有关历史文物和"四库全书"等珍藏古籍。版本图书馆和北京、上海、辽宁等14家出版社提供了二百多种国内外新出版生动有趣的儿童读物供影片选用。这部彩色科教影片于1981年初在中央电视台少儿节目两次播放和在全国各地影院放映（在正片放映前加放《书的故事》影片），受到欢迎。文化部电影局副局长司徒慧敏在《人民日报》发表的影评中对《书的故事》作了好评。影片被中国电影家协会四川分会评为"最佳科教编导奖"，并被"四川省优秀文艺品评奖"评为"1981年科教电影一等奖"。我受四川少年儿童出版社委托，改编为《书的故事》电影连环画册，初版印行84500册。

方厚枢参加《书的故事》科教影片编剧在峨眉电影制片厂厂门前
(1980年1月25日于成都)

《书的故事》北京摄制组在国子监北京市少年儿童图书馆拍摄时和影片导演、摄影师、参加拍摄的孩子们合影（最后一排右起第2人为方厚枢）（1980年3月）

    我在文化部出版局和国家出版局、中国出版科学研究所工作岗位上一直忙于本职工作，对出版史研究只能利用业余时间进行，研究成果有限。我对中国出版史的主要研究成果，大部分是在1993年退休之后二十年中完成的。其中承担最大的一项任务是担任中国出版科学研究所主持的大型出版工程《中国出版通史》编委会成员，负责最后一卷《中华人民共和国卷》的《绪论》，第一至第七章（1949—1979年）和附录《中华人民共和国出版大事记》三部分的撰稿工作。考虑到这部《中国出版通史》对填补中国出版史研究空白的重要意义，我在开始动笔之前，首先用了约三个月的时间做准备工作，多次到几家大书店和图书馆寻找有关我国各行业当代史的著作，尤其重视相关行业如中国新闻事业通史、中国印刷通史、上海通史（当代文化卷中的出版部分）、中国图书发行史等书，从中汲取有参考价值的经验体会。对于如何正确反映新中国成立后前30年中一些敏感性的问题，如"反右扩大化""大跃进""文化大革命"等，则重点阅读权威性的中共党史新著和高校重点新教材。在写作时对这些敏感性问题没有回避或轻描淡写，在叙述方法上没有简单化地一概否定，而是通过具体、真实的史实如实反映。对于粉碎"四人帮"后1977、1978年由于"两个凡是"的方针，有些史书多以"两年徘徊"为由做了简单处理。我以亲身经历这一时期出版事业的实况，专门写了《拨乱反正时期的出版事业》一章，以大量史实反映1977—1979年国家出版局党组在王匡、陈翰伯同志的领导下，为出版界的拨乱反正做了许多切实有效的工作，使"文革"中受到严重摧残的出版事业，在较短的时期得到恢复和发展。

我为《中国出版通史·中华人民共和国卷》写的初稿，从2001—2006年历时6年写了44万字，由于《通史》9卷的篇幅统一规定每卷40万字左右，在本卷修改、定稿时，我将篇幅压缩为21万字（改革发展时期的各章由魏玉山同志撰稿）。全套《通史》9卷于2008年12月由中国书籍出版社一次出齐。

2007年，我在完成《通史》的撰稿之后，将我历年在报刊上发表的出版史研究文章、资料，选择部分汇编为《中国当代出版史料文丛》，由中国书籍出版社排出清样，由于内容收有毛泽东、周恩来、邓小平等领导同志与出版工作，有"文革"时期的出版史料多篇，出版社报新闻出版总署审批，总署报请中央权威研究机构审阅。该机构的审阅意见是：

"本书是一部有关出版史料的文集，汇集了作者论述新中国出版工作的各类文章38篇。文章内容包括新中国成立以来出版业在各历史阶段的发展概况，重要书籍的编写及其出版发行情况，出版行业中各门类的发展历史，还有作者对在出版事业中有过重要贡献的人物的研究。全书文章涉及新中国成立以来出版工作的方方面面，内容比较全面、丰富。由于作者长期在出版行业工作，担任过有关部门的领导职务，亲身参与或见证了出版行业中的许多重大活动、重大事件。更为难能可贵的是，作者长期以来收集了大量的出版资料并进行了深入的研究，发表过一系列研究文章，从而使本书记叙的史实比较准确，也留下了许多珍贵的出版史料，对读者了解或研究当代中国的出版事业，具有重要的史料价值。本书中的文章大部分已经公开发表过，未发现有不当的观点和不准确的史实。"

《中国当代出版史料文丛》由新闻出版总署批准，中国书籍出版社于2007年5月出版。

2002年中，我受辽海出版社之约，和北京大学肖东发同志合作，共同担任国家教委"八五"规划教材，新闻出版署专业系列教材重点项目《中国编辑出版史》（下册）的主编之一，我负责1949年10月—1979年12月的各章撰稿，全部完成后，书稿经新闻出版总署图书司阎晓宏司长、中国编辑学会吴道弘副会长审阅后，辽海出版社于2003年4月出版。

2009年10月，我在参加河南大学出版社《亲历新中国出版六十年》新书出版座谈会上了解到，该社在不长的时间内出版了关于编辑、出版方面的图书40余种，在当前出版这类图书十分困难的情况下，对于该社为出版事业作出的贡献深感钦佩。我和河南大学出版社老社长宋应离同志有过多年的交往成为莫逆之交，在他和该社新领导的大力支持下，我的第三本关于出版史研究文集《中国出版史话新编》60余万字，于2010年10月由该社出版。

除以上几种文集外，我在中国出版史研究方面还做了以下一些工作：（1）担任王子野同志任主任的《当代中国的出版事业》编委会委员，负责全书第一编"中华人民共和国出版事业的发展概况"撰稿,当代中国出版社于1993年8月出版。(2)担任许力以同志任主任的《中国大百科全书·新闻出版卷》出版学科编委会委员暨"中国出版史"分支学科主编,并撰写"中国出版史"长条目1.1万字,中国大百科全书出版社1990年12月出版。(3)担任许力以同志任主任的《中国出版百科全书》编委会委员暨"中国出版史"分支学科主编,并编写"出版大事年表"(从古代一直写到1994年),书海出版社于1997年12月出版。(4)参与刘杲、石峰同志任主编的《新中国出版五十年纪事》编辑工作,负责1949年10月至1979年12月的撰稿,新华出版社于1999年12月出版。(5)参与宋原放同志任主编的十卷本《中国出版史料(现代部分)》和《补卷》中的当代部分出版史料辑注,山东教育出版社分别于2001年和2005年出版。(6)担任宋木文同志为顾问的《20世纪中国学术大典》40卷中的"出版学"学科主编,内容包括袁亮、邵益文、郑士德、肖东发同志撰稿的20世纪中国出版学、编辑学、图书发行学、出版史的研究专著和若干词条,福建教育出版社于2005年4月出版。(7)担任袁亮同志为主编的《中华人民共和国出版史料》副主编。这套史料第1卷至13卷由中国出版科学研究所和中央档案馆联合编纂,第14卷("文革"十年卷)至15卷由中国新闻出版研究院独立编纂。所收史料始于1948年12月,止于1978年12月,时间涵盖新中国前30年,我兼任23年的执行主编。全套出版史料由中国书籍出版社于1995—2013年出版。(8)担任《编辑之歌——怀念远去的英才》主编,收入怀念21位我国已逝世的著名编辑家的文章23篇,作为中国出版工作者协会学术工作委员会策划的"书林守望丛书"中的一种,由首都师范大学出版社于2010年7月出版。

中编

人物与回忆

我和三联人

一

三联书店是由生活书店、读书出版社（最早称读书生活出版社）和新知书店于 1948 年 10 月在香港合并而成的。

生活，读书，新知，这三家出版社分别于 1932、1936 和 1935 年创办于上海。这是中国共产党在国民党统治区领导下传播革命种子的出版机构。它们在那风风雨雨的日子里，有时化整为零，有时又集结在一起，机动灵活地粉碎了反动派的迫害，从而壮大了自己。

生活书店由邹韬奋、徐伯昕以及作为"设计师"的胡愈之主持；读书出版社有李公朴、黄洛峰、艾思奇、郑易里；新知书店有钱俊瑞、徐雪寒、姜君辰、华应申。他们都是进步文化运动的先驱，其中有些是作家学者，有些则是社会活动家或管理人才；他们的人格和业绩，永远值得后人怀念和尊敬。这些先行者中，多数已长眠地下，极少几位还健在，"老骥伏枥"，仍然战斗不息。

这就是三联人！

先后参加这三家出版社工作的不超过两千人。……他们同甘共苦，排除万难，以大无畏的自我牺牲精神，加上全心全意为读者作者服务的热忱，宣传马列主义，传播进步意识，进行启蒙教育和文化积累，对人民革命的胜利作出了应有的贡献。

在艰苦的岁月里，三联书店曾团结了几乎所有党内外的进步作者，吸引了万万千千青年爱国者走上民族解放斗争，接着走向社会革命斗争的道路，与此同时，为新中国的文化出版事业准备了和培养了一支经过锻炼的干部队伍。①

二

我不是三联人，但是我曾和一些三联人共同在一起工作、生活过。在这些三联人身上，不论是领导同志还是一般工作同志，大都有一股特有的"三联精神"，不知不觉地对我起了潜移默化的影响。在这种精神的熏陶下，对我产生了无形的却是实实在在存在的一股鼓舞、激励、奋发向上的动力。

我不是三联人，但却是三联书店北京联谊会编印的《联谊通讯》多年的忠实读者。这份刊物中不少文章的作者和分散在各地的三联人中，有我不少熟悉的领导和朋友，因而读后感到亲切。文中讲的一些往事，往往能引起我一串串难忘的回忆。在这篇短文中，我想只谈谈对我参加工作后影响最大的几位三联人。

第一位是王仰晨同志。他是我从事编辑工作的启蒙者和老师。

1950年，王仰晨在生活·读书·新知三联书店北京总管理处

---

① 摘自陈原：《"三联"纪实——以此纪念三联书店五十年并告三联后来人》，载1998年10月20日《联谊通讯》。

工作，我是商务印书馆南京分馆的营业员。这年年末，在出版总署的推动下，三联书店和商务印书馆、中华书局、开明书店、联营书店五家的发行部门联合组成公私合营的"中国图书发行公司"。当时，我在商务南京分管负责宣传工作，中图公司总处驻沪办事处编印的《新书快报》是我重视的一份宣传品，读过五期后，我将五期中发现的50余个错、漏字之处及提出的六点改进意见写成文章，投寄《发行工作》编辑部，很快在该刊和《新书快报》编者写的检查同时发表，并加了编者按语，肯定了这种批评和自我批评精神。时隔不久，中图公司总处给商务南京分馆来函，调我到总处工作（直到40年后，在和王仰晨一次闲谈中，我才得知这次工作调动是在他和曹健飞同志商量后才得以实现的）。

1951年国庆前夕，我到中图公司总处报到，被分配在人事处工作。当时仰晨同志是人事处秘书兼教育科主任，也是店刊《发行工作》的主编。我在他手把手的帮助和指导下，逐渐成为能够独立工作的编辑。仰晨同志言传身教，他细致踏实的工作作风，严肃认真的工作态度，对我后来的成长有重要的影响（参见本书上编第三节中我由南京调北京在中图公司人事处从事编辑出版工作的情况）。

1954年1月，中图公司总处和新华书店华北总分店的业务部门合并，成立新华书店北京发行所，王仰晨调国际书店总店工作，1956年调人民文学出版社做编辑工作，我们之间仍长期保持联系，直到他2005年6月12日逝世。

第二位是曹健飞同志。中图公司总处成立后，他担任发行部主任。不久之后，《发行工作》的编辑工作从人事处转到发行部成立了编辑小组，在健飞同志领导下工作。我从三联书店的老同志处了解到,健飞同志出身贫寒,从小当过商店学徒、西餐馆侍者、公共汽车售票员。1939年参加工作后曾任贵阳读新书店副经理、桂林远方书店经理,桂林八步、广州兄弟图书公司、台湾台北新创造出版社(三联书店)经理。曾在国民党统治区长期从事三联书店的贸易运输工作。新中国成立后,担任生活·读书·新知三联书店北京分店经理。我在中图公司总处发行部工作时,亲身感受了他久经革命锻炼的"三联人"精神的可贵品质,他对工作的认真负责,作风的平易近人,乐于助人的无私精神,几十年如一日,都对我的成长有很大的影响。他离开中图公司总处后,到国际书店、中国国际图书贸易总公司工作,担任副经理、总经理,长期为我国对外书刊发行工作作出突出的贡献。他离休以后,长期负责三联书店北京联谊会的工作,不顾年高体弱,主编《联谊通讯》和从事联谊会的各种联谊活动,受到全体三联书店离退休老同志的一致赞誉。

第三位是倪子明同志。他是一位老出版工作者,1939年进桂林读书出版社工作,曾任该社重庆、成都、香港等地分社经理,开封三联书店经理,1949年初中共中央宣传部出版委员会成立后,他任秘书科长。新中国成立后,担任中央人民政府出版总署出版局办公室副主任、新华书店华北总分店副经理等职。

倪子明(1919—2010)

倪子明同志是我从事出版

工作后在一起工作时间较长、对我帮助较大的领导。

1953年底，出版总署决定中图公司自1954年1月起并入新华书店。合并时以新华书店华北总分店和中图公司总管理处两方的业务部门为基础，成立新华书店北京发行所。子明同志被任命为京所副经理，我则在京所办公室任秘书。不久子明同志调出版总署工作。1954年11月总署撤销后，到文化部出版事业管理局出版二处任处长。1961年初，文化部胡愈之副部长提出，要求全国出版社将1949年10月至1960年内所出版的新书进行重点清理。文化部于1961年4月13日发出通知，要求全国出版社将本社1949年10月至1960年底所出的新书按不同质量分成四类加以清查，逐本填写卡片上报。各出版社清理后，卡片陆续报来，这就需要有人汇编成保留书目。1962年3月，《光明日报》发表了我写的几篇知识小品文章，子明同志看到后认为我是汇编书目的合适人选。于是我就由新华书店北京发行所正式调到文化部出版局，在子明同志直接领导下和由版本图书馆、中华书局借调的两人一起专门负责编目工作，任务完成后，我被留在出版局出版二处工作。

"文革"十年动乱后，国家出版局成立研究室，子明同志调来担任主任。1979年12月中国出版工作者协会成立后，决定创刊《中国出版年鉴》，编辑机构放在研究室，由子明同志负责。根据他的建议，我由出版部调到研究室协助子明同志工作，直到1981年他调三联书店任总编辑止。我多次在子明同志直接领导下工作，不论在工作上、思想上、生活上，都得到他许多指导和帮助，得益甚多。我于20世纪60年代调进文化部出版局后，由于视野较以前扩大，也对出版工作的重要性有了进一步认识，我萌发了研究中国出版史的念头，广泛收集、积累各种资料，研究工作大多利用业余时间进行。子明同志对此十分支持，多方鼓励，使我增加了克服困难、坚持下去的决心。到了80年代初，我的研究工作有了一定基础，在子明同志的鼓励下，大胆试写《中国出版简史（初稿）》，在《出版工作》月刊上连载。写到新中国成立初期时，由于资料缺乏，感到困难。子明同志就将他1957年执笔在文化部出版局印的内部资料《中国书籍出版事业概况（初稿）》送给我，这本小册子的内容分为四部分：（1）全国解放前书籍出版事业发展简况（从古代到现代）；（2）中华人民共和国成立到国民经济恢复时期的中国出版事业；（3）第一个五年计划时期出版事业的发展；（4）书籍的品种和质量情况（下限到1956年）。这篇近2万字的概况文字简明扼要，材料充实，叙述清楚，实际上是一篇雏形的中国出版简史。文后还附印了《关于出版情况的若干基本材料》内容包括新中国成立前和1950—1956年的若干统计数字和简况）。这份材料对我撰写《中国出版简史》真如"久旱逢甘霖"，太重要了。

1979年，峨眉电影制片厂为拍摄一部教育孩子爱护图书的科教影片，要求国家出版局选派人员到该厂编剧，在子明同志推荐下，我去该厂和导演共同编了《书的故事》剧本。

子明同志调三联书店担任总编辑后，在90年代初，我和他又合作进行了几项重要的出版工程，如一同参加了《中国大百科全书·新闻出版》卷出版学科和《中国出版百科全书》的编纂工作。

总而言之，我多年来所以能为研究中国出版史做了一点添砖加瓦的工作，"饮水思源"，得到倪子明同志的鼓励和帮助是一个重要的原因。

三

黄洛峰同志是我国现代杰出的革命出版家。他于1936年与李公朴、艾思奇等创办读书生活出版社（1940年改称读书出版社）并长期担任领导。1948年后，任生活·读书·新知三联书店管理委员会主席、中共中央宣传部出版委员会主任。新中国成立后，历任出版总署出版局局长，文化部办公厅主任、部长助理，文化学院院长，为社会主义出版事业作出了重要的贡献。

黄洛峰同志是我敬佩的出版界老领导之一。我和他曾见过几面，其中有两次在我的记忆中留下特别深刻的印象。一次是在暴风骤雨的"文革"初期，文化部从部到各司局的领导同志都被打成"反党反社会主义的走资派"而处于被批判的境地。有一天，我在文化部大楼前亲眼见到开来一辆小汽车，车身上贴有"送瘟神"三个大字，原来是黄洛峰同志的所在单位要批判他的"反党罪行"，又不了解他的历史情况，所以将他作为"瘟神"送交文化部接受批判。当时看到这种情景，虽然只有刹那间，我的心中却感到非常难过，愤慨，久久不能平静。

黄洛峰（1909—1980）

洛峰同志对于出版界要办一个协会组织的设想十分热心。早在1949年10月全国新华书店出版工作会议期间，他就和出版界的老同志倡议成立"中华全国出版工作者协会筹备委员会"，并推举胡愈之等31人为筹委，洛峰同志以出版委员会名义向中央宣传部陆定一部长专门写了报告，但这一计划未能实现。

30年后，他的愿望终于实现了。1979年12月20日，中国出版工作者协会在湖南长沙召开成立大会，洛峰同志高兴地应邀参加这次会议。我当时作为会议工作人员在报到处见到洛峰同志时，不料他的第一句话竟是："啊，方厚枢成了一个胖子啦。"时隔多年，他竟然还能叫出我的名字，使我很受感动。大会进行选举时，全体代表一致选举洛峰同志为中国版协第一届理事；在后来举行的第一届理事会上，他被选为副主席。

洛峰同志当时担任中国历史博物馆顾问。但他对出版协会的工作十分热心。中国版协于1980年7月16日至8月15日在承德避暑山庄举办第一期编辑干部读书会，就由洛峰同志亲自主持。不幸的是，三个多月后他就于11月4日与世长辞，终年71岁。他主持的这一期编辑干部读书会就成为他一生中参加的最后一次出版活动。

新中国出版事业的开拓者和见证人许力以[①]

2010年12月8日，为我国新闻出版事业作出杰出贡献的老出版家许力以同志走完了他87年的人生岁月。我接到噩耗后十分悲痛，因为就在7日上午，力以同志还和我通了电话，说他已收到我寄去的新著《中国出版史话新编》一书，很高兴，并说了鼓励我的话。当时他的声音和往日毫无异状，不料第二天凌晨就猝然辞世。几十年来我在他的领导下的历历往事一一在脑海涌现，久久难以平静。

我于1962年从新华书店北京发行所调入文化部出版局出版处工作后，就知道许力以的名字，因为出版局一些重要事项向中央宣传部出版处请示时，大多由时任出版处副处长的力以同志答复。想不到1973年5月，他从宁夏"五七干校"回京后，会到国家出版局出任出版部主任，不久即任副局长，我当时就在局出版处工作。80年代初，力以

许力以（1923—2010）

[①] 原载《出版发行研究》2010年第12期，有增补。

同志调回中央宣传部担任出版局局长。我们之间在几十年内，一直保持联系。下面仅举几件我在他的领导下所从事的出版活动。

为《汉语大字典》的诞生竭尽心力

1975年，邓小平同志主持中央工作时，国家出版局会同教育部就编纂中外语文词典事向国务院写了报告，经小平同志批准，于5月23日至6月17日在广州召开中外语文词典编写出版规划座谈会，力以同志是会议领导成员之一。我参加了会议的筹备工作和参与制订1975—1985年全国编写中外语文词典160部的规划（草案）。会议结束后，国家出版局向国务院写了报告，经几位副总理圈阅后，邓小平同志将报告和规划（草案）送请重病在医院中的周恩来总理批准并下达全国有关部门执行。国家出版局主持业务工作的陈翰伯同志决定先抓几部大型汉语词典，包括修订《辞源》（《辞海》的修订已由上海在抓）和新编《汉语大词典》《汉语大字典》，大字典就请许力以同志负责来抓。

《汉语大字典》由湖北、四川两省的出版、教育部门负责领导编纂工作。许力以同志作为中央宣传部出版局长，首先和川、鄂两省的宣传部联系，由两省的宣传、教育、出版部门领导一同组成《汉语大字典》领导小组，由许力以同志担任组长，湖北、四川两省的宣传部长余英、李致为副组长，两省的教育、出版部门和部分高校负责人担任委员。

中央宣传部出版局和文化部出版局在安徽合肥召开"中国地理丛书"编辑出版会议。会后游览黄山,在迎客松前合影
站立者右起:刘杲、许力以、方厚枢　前蹲者:邬书林、张静山
(1983年6月1日摄)

《汉语大字典》是在没有主编的情况下开始工作的。编纂工作主要由武汉大学和四川大学中文系的李格非、赵振铎担任常务副主编,两省高校的若干正副教授任副主编。过了几年之后,才聘请中国社会科学院学部委员,饮誉海内外的古文字学家和历史学家徐中舒教授担任大字典的主编。

许力以同志在两省字典编写组开始工作时,根据他多年来的经验,强调资料工作是编纂字典的基础,必须十分重视资料建设工作。因此,《汉语大字典》一开头就用了将近三年的时间,查阅了数千种古今典籍,编制了700多万张卡片。

1976年粉碎"四人帮"后,《汉语大字典》已编写了不少词条。由于这项工作分别在两省若干城市的高校中分散进行,出现

中编　人物与回忆　109

了若干矛盾和不协调现象，迫切需要两省共同建立一个统一的领导机构集中研究出妥善的解决办法。此外，由于编写人员长期脱离本校的教学工作，在校方进行评定职称、工作晋级以至住房分配等等问题得不到解决，影响了编写队伍的稳定。这些矛盾和问题如果得不到合理解决，这项大的出版工程将有中途夭折的危险。许力以同志了解情况后，经过反复思考，于1979年11月2日向胡耀邦同志写了请示报告，汇报了编纂大字典的现状和存在的问题，并提出拟在四川建立"《汉语大字典》编纂处"的建议。胡耀邦同志很快于11月6日作了批示："请川鄂两省有关部门大力协助进行。希望全体编写同志同心同德，克服一切困难，完成这项有历史意义的工作。"教育部也于11月22日向有关省市教育部门发出通知，对编写工作中存在的多种困难作出若干具体规定，使大字典的编写工作进入了一个新的阶段。《汉语大字典》编写领导小组改为工作委员会，以许力以为主任，两省省委宣传部长为副主任，两省宣传、教育、出版部门的领导为委员。我也成为工委会委员之一，协助力以同志与两省出版部门的领导同志保持经常联系，了解情况后及时向力以同志汇报。同时调整、增补了编委会成员，还聘请了王力、吕叔湘、朱德熙、吴文祺、陆宗达、周祖谟、姜亮夫等国内外知名的汉语文字语言专家17人担任大字典的顾问，对保证大字典的高质量起了重要作用。

《汉语大字典》经过各方面的努力反复审阅定稿，第一卷于1986年10月出版。10月14日在北京王府井新华书店的大厅举行了发行仪式。中央宣传部、文化部和中共北京市委的领导，大字典的学术顾问和专家以及四川、湖北两省有关的领导出席了会议。许力以同志在讲话中介绍了大字典十年来的工作历程和主要情况，大字典的两位常务副主编李格非、赵振铎同志在会上介绍了大字典的编纂情况。

中共中央政治局委员、书记处书记胡乔木同志到会,并作了重要的讲话。他首先表示对所有参加大字典编写、编辑的同志,所有参加校对、印刷、出版、发行工作的同志,对大家的成功表示热烈的祝贺,并希望各个方面的同志再接再厉,能在不长的时间内,顺利地完成其他七卷。

乔木同志说:"字典编辑的成功,至少可以说明这样两个问题:第一,中国人可以做出在世界上最好的成绩,在许多方面,至少在我们特别有利的条件方面,我们完全能够也完全应该做出世界上最好的成绩。《汉语大字典》以及今年将要开始出版的《汉语大词典》就是这样一个榜样。这个榜样鼓励我们所有的出版工作者,所有的编辑工作者,要下定决心去攀登我们出版工作、编辑工作的高峰,在世界上作出中国特有的、杰出的贡献。其次,《汉语大字典》开始出版发行,也说明这样一个问题,出版工作的发行渠道、进行工作的方式,可以是多种多样的。《汉语大字典》和《汉语大词典》都是在比较困难的条件下开始工作的。这项工作都不是由中央的出版单位承担的,而是由地方承担的。地方开始承担起编辑这样两部巨著的重任,工作中确实遇到过一些严重的困难,今后也会遇到一些困难,但是我们终于克服了这些严重的困难,今后也一定能继续克服困难。这说明编辑出版工作是可以有多种方式让我们采取的。这样就可以把全国编辑出版工作的潜在能力更好地发挥出来。单靠孤零的或者说是非常孤零的一条线的方式,是达不到这样的目的的。"

乔木同志还指出:"我们的工作,原来的方法也许有潜在的能力还没有充分地发挥,或者发挥得不够好,也许还有另外的潜在能力,潜在的可能性我们没有找到,或者说还没有充分地利用起来。"他说，"我们希望全国的编辑、出版、印刷、发行工作的部门和工作的同志们，努力来探索新的道路，来为人民的精神生活需要服务，来供给他们对于精神食粮的需求，进而提高精神文明，为全中国社会主义精神文明作出更多的贡献。"

经全国有关方面的艰苦奋斗，《汉语大字典》历时15年，终于1990年10月由四川、湖北两省的辞书出版社全部出齐。全书共八卷，总字数1545万，总计收楷书单字54678个字，比清代编纂的《康熙字典》多7643个字，成为收汉字单字最多的一部大字典，被编入《吉尼斯世界大全》，列为当今世界汉语字典的"世界之最"。

1990年12月3日，新闻出版署在北京人民大会堂隆重举行《汉语大字典》全书出版总结表彰大会，有关方面和川鄂两省大字典编写组的代表三百多人出席会议。中共中央政治局常委李瑞环同志在大会上说："这本大字典的出版与发行，是我国文化战线上的一件大事，也可以说，是我国文化战线为广大人民群众所办的一件实事和好事。我相信，它的出版和发行，一定会对我国的文化建设起到积极的促进作用。"

《汉语大字典》8卷出版后，川鄂两省辞书出版社还继续出版了《汉语大字典》的缩印本、简编本和袖珍本，受到辞书界和读者的好评。

策划、领导编写两部有关出版的百科全书

1978年4月，胡乔木向邓小平同志提出编辑出版中国大百科全书的建议，立即得到他的支持。小平同志说，要快点出，最好趁老专家们还健在时撰写，这是为了抢救一批人才，抢救一批财富。胡乔木让国家出版局局长王匡去找久怀编写中国大百科全书

之志的姜椿芳写出正式的倡议书。国家出版局党组联合了中国科学院、中国社会科学院，以三家党组的名义于同年5月21日向中央正式提出了编纂《中国大百科全书》的请示报告，很快得到批准。随后成立了以胡乔木为主任的总编辑委员会，任命姜椿芳为中国大百科全书出版社的总编辑，中国的百科全书事业从此开始起步。

《中国大百科全书》第一版共出版74卷，1.3亿字，前后历时15年，于1993年8月全部完成，由中国大百科全书出版社出版。

《中国大百科全书》第一版的《新闻出版》卷中的出版学科由许力以同志担任编委会主任，倪子明、戴文葆为副主任，编委共17人。力以同志在全书正文前写的专文《出版和出版学》中，对出版学的概念、研究对象、研究目的和任务、研究范畴及特点、功能等，做了较为系统的理论阐述，是一篇很好的学术著作。有专家提出，《中国大百科全书》的出版学科部分的内容有一些鲜明的特色：它反映了高度的创新意识，突出了鲜明的中国特色，体现了最新的研究成果，蕴含了面向世界的开放观念。

《新闻出版》卷从力以同志开始提出编撰到组稿，于1991年4月由大百科全书出版社出版，共经历了10年的时间，前后参与撰写稿件的审定校阅工作的不下300人。我应力以同志之约，担任了此书的编委并负责担任"中国出版史"分支学科的主编，并撰写了《中国出版史》长条目1.1万多字。

《中国大百科全书·新闻出版》卷出版后，力以同志感到出版学科的内容还可扩大篇幅，于是便接着策划由出版学科的原班人员继续编撰一大本《中国出版百科全书》，得到原书编委和撰写人员的赞同，于是大家齐心合力共同努力，终于在1997年12

月将其胜利完成，并由山西的书海出版社出版。

热情关心《中国出版年鉴》的编辑出版工作

中国出版工作者协会1979年12月成立后，国家出版局领导决定创刊《中国出版年鉴》，由局研究室负责，以中国版协的名义编辑。我于1979年底由局出版部调到研究室，协助研究室主任倪子明同志编辑年鉴。首先编辑1980年创刊号。1981年中，子明同志调至生活·读书·新知三联书店担任总编辑，出版年鉴的编辑工作就全部由我负责，共计编辑1981—1986年的出版年鉴六册。

1986年10月，国家出版局领导决定将《中国出版年鉴》移交中国出版科学研究所编辑出版。于是我于1987年初连同出版年鉴编辑人员一起迁入出版科研所，从1987—1991（1990—1991年合并出版）共编辑出版四本年鉴。

许力以同志对出版年鉴的编辑出版工作很关心（每本年鉴出版后我都送他一册），他有时也将中宣部出版局可以对外公布的材料送给我在年鉴上刊用。

我调到中国出版科研所的任务主要是编辑出版年鉴，但在1988年内，我还受边春光所长指派兼任创办《出版参考》半月刊（共担任1—80期的主编工作），又和河北省出版局合作编辑《中国出版人名词典》，这本词典的前期编辑工作由河北省出版局成立的词典编辑部负责进行。但后来决定由北京新华印刷厂印刷，于是词典的后期工作，包括审稿、发稿、校对、付印等工作全部由出版年鉴编辑部负责。出版年鉴编辑部的编辑人员几年来虽有变化，但始终只有五人，其中有两人是从未做过编辑工作的新手，只能做些辅助工作。四本年鉴和出版人名词典的总字数有

950余万字，每本年鉴的编辑、发稿、三校（有的需四校），要由三个编辑承担下来。在发稿前我作为主编，责无旁贷地还要通读一遍，加上我还要参加会议等事务的耽误；而且当时编辑工作完全手工操作，没有电脑，印刷厂用铅版，按短版活安排印刷，印刷厂临时安排急件，年鉴往往被挤至后面等待，多种原因使得年鉴的出版周期拖长，以至1990—1991年只好合并为一册，延期到1993年9月才出版。《新闻出版报》上发表读者来信，提出《中国出版年鉴》越出越慢的批评。我作为主编只得在该报公开作了检讨。

许力以同志看到我在报上的检讨，立刻打来电话了解真实情况后，感到我的负担确实太重，仅凭我个人力量无法改变现状。他作为中国出版工作者协会的副主席首先和协会主席王子野同志商量，约集出版协会秘书长等有关人员在子野同志家中开会提出初步意见；许力以同志又和中国出版科研所领导交换意见后，向新闻出版署提出改进措施：将《中国出版年鉴》自1992年刊起，由原来中国版协和出版科研所两家名义合办改为由中国版协主管和单独编辑、出版，新闻出版署很快批复同意。

《中国出版年鉴》移交中国版协后，成立了"中国出版年鉴社"，调进人民出版社《新华文摘》编辑部原主任刘菊兰同志来担任《中国出版年鉴》编辑部主任，并成立了《中国出版年鉴》编辑委员会，由许力以同志担任编委会主任，刘杲同志为副主任，新闻出版署各司局的领导和全国各省、自治区、直辖市出版协会的主席或秘书长担任委员，各地版协均成立了年鉴编辑组，负责供稿和办理年鉴的广告、发行等工作。

《中国出版年鉴》编委会主任许力以和副主任方厚枢在审读《中国出版年鉴》2001卷校样休息时合影（2001年8月24日于国家审计署怀柔培训基地）

  我从1979年12月中国出版工作者协会成立后，连续三届担任版协的副秘书长，1993年在出版科研所退休后，继续协助版协担任《中国出版年鉴》1992—1994年三本的主编工作，因健康原因才辞去主编职务，自1995年起由副主编刘菊兰同志继任主编职务，我改任出版年鉴编委会副主任直到2003年止。

  长期以来，许力以同志关注《中国出版年鉴》的成长和对我的热心帮助使我铭刻在心，十分感动。

许力以在中国韬奋出版荣誉颁奖大会上

获中国韬奋出版荣誉奖

2004年2月24—25日，中国出版工作者协会四届五次常务理事（扩大）会议暨颁奖大会在北京举行。这次大会有一个特别的大奖，这就是向王益、许力以、陈原、王仿子、叶至善五位资深出版家颁发中国韬奋出版荣誉奖。这五位出版界前辈参加出版工作都已有半个世纪以上，他们继承和发扬韬奋精神，为出版界作出了重要贡献。这项特别奖是经宋木文、刘杲等同志提议，评委会审议通过，并经中国韬奋基金会同意，报新闻出版总署批准的，这不仅是给五位出版界前辈以崇高的荣誉，更是为全国出版界树立了学习的榜样。2009年，许力以同志又入选"新中国六十年百名优秀出版人物"。

为辞书出版事业的繁荣竭尽心力的陈翰伯[①]

一

陈翰伯同志从事新闻出版工作五十年，他从意气风发的青年时代到顽疾缠身的暮年时光，半个世纪内为党和国家的新闻出版事业作出了许多贡献，也身经许多坎坷，在"文革"中更受到精神上和肉体上的残酷迫害，但他始终坚韧不屈，保持一个战士的本色。他对革命事业的忠诚执着，对工作的严谨细致，对同志的真诚坦率，对后辈的关怀爱护，至今仍在人们的心目中留下深刻

陈翰伯（1914—1988）

的印象。1986年11月29日，首都新闻出版界200余人集会，举行翰伯同志从事新闻出版工作五十周年纪念性学术讨论会，大会

---

① 原载《中国出版》2000年第1、2期。

送他一幅由沈鹏书写的北京新闻学校第一期全体同学的献诗，集中表达了大家对他的敬意和祝贺：

青春办报，皓首出书，沉勇睿智辛勤。振臂呼号，为民族生存。笔战西京陪都，冒斧钺，唤醒黎民。内战急，沪上论坛，挥毫逼鬼神。

阴云初晴日，宣传阵地，培育新人。罹十年浩劫，凛然胸襟。编著何只等身，真无愧共产党人。仰师德，山高水远，吾侪永同钦。

我虽然早在20世纪50年代就已熟悉翰伯同志的名字，并在理论学习中学过他对《国家与革命》一书所作的辅导报告材料，但能够在他的直接领导下工作，还是在1965年初，中宣部为贯彻毛主席关于文艺工作两个批示，派出以周扬为首的工作组到文化部领导整风运动，陈翰伯为出版局工作组组长，领导出版局的整风检查工作，随后被任命为出版局局长。

在出版局整风检查期间，我被临时抽调到局检查组整理材料，直接受翰伯同志领导，但时间不长，即随王益同志等一大批干部下放到河南安阳参加农村"四清"运动，直至1966年6月初返京。这时"文革"已经开始，翰伯同志和其他大批领导干部一齐被集中送去参加"集训班"，进行检查、揭发、批判，随着运动的迅速升级，不久就被戴上"反党反社会主义的'走资派''反革命'"等各种帽子，完全处于被批判的地位。1969年翰伯同志下放到湖北咸宁文化部"五七"干校劳动，直到1972年由于周总理的提名才得以调回北京，被任命为人民出版社领导小组组长；1973年5月调出版口（9月成立国家出版事业管理局）任领导小组成员，分管出版业务工作。

二

翰伯同志到国家出版局工作后，了解到辞书工作的一些情况，他抓住周总理1971年在全国出版工作座谈会上提出要出词典工具书的指示，计划制订一个较长时期的辞书出版规划。他首先找陈原商量，并得到出版局主要领导徐光霄的支持。于是1974年7月正式组织了班子。参加小组的人员从商务印书馆和局出版部抽调，我也参加了这一小组。10月下旬，翰伯同志率小组和从商务印书馆辞书编辑室、北京大学中文系借调的曹先擢等共9人，到上海部分高校和出版社进行调查，返京后又在北京继续调查，先后召开30多次座谈会。

我们在调查中了解到，"文革"后由于林彪、江青一伙的"形而上学"猖獗，极左思潮泛滥，人们的思想被搞乱了，受到影响较深的词典编纂人员曾经提出一些极左的口号，什么"要把无产阶级专政落实到每一个词条"，词典的编纂修订工作"要用革命大批判开路，以阶级斗争为纲"，"要将帝王将相、陛下、太监、僧侣等词汇统统从词典中清除掉"，"让词典成为宣传毛泽东思想的政治教科书"等等。当时有一种"时尚"是采用大量的毛主席语录作为例句，语录出现得愈多就愈"革命"。有一本外语词典的编写组竟然提出，要将"毛泽东思想"普及到全世界。落实到词典的措施就是选出一二百条语录，有计划地安排在词典的例句中，好比飞机场放一条，东直门放一条，东四、东单、天安门等处再放若干条，这就叫"全面宣传毛泽东思想"。那时，词典的词条还有所谓"积极词汇""消极词汇"和"黄色词汇"等框框，认为无产阶级编纂的词典应当并且只能选收乐观的、正面的、积极的词汇，尽量删除那些消极的、低沉的、反面的词汇

——因为那是资产阶级腐朽意识的表现,例如"沙发"一词即被视作"消极词汇"而删除。当时还流行一种风气,不管编什么书都要"三结合",不分词典还是其他,均由工宣队的工人师傅当党支部书记或编写组组长,吸收工农兵参加,专业人员和知识分子往往只能当陪衬,有劲使不上,或说话没有人听,有时甚至发生"党支部说了算,还是你们知识分子说了算"的质问。有的工农兵文化程度低,编古汉语词典也要他们参加。有一家著名大学中文系师生和一家工厂工人"三结合",编纂一本古汉语小词典,一位著名的老教授在工厂简陋的宿舍(词典编纂组所在处),上午先给工农兵组长辅导古汉语知识,下午再对工农兵组员写的词条进行修改,比自己写还吃力得多。而这本词典出版后,署名则是工人编纂组的名字,美其名曰"工人阶级占领了上层建筑出现的成果"。

翰伯同志对上述种种极左表现完全持否定态度,但囿于当时的形势,不能公开表示反对和指责,只能婉转地引用周总理批评词典工作中的极左思潮的多次指示进行正面引导;同时更加强了他要召开词典规划会议的决心,便组织小组起草词典规划会议文件和制订规划初稿。1975年邓小平同志主持中央工作时,国家出版局会同教育部联名于3月22日向国务院写了召开中外语文词典编写出版规划座谈会的请示报告。这份报告经小平同志于3月26日批准。会议于5月23日至6月17日在广州东方宾馆举行。参加会议的共115人,其中有中央有关部门和13个省、市的文教、出版部门,高等院校的负责人和专业工作者,还指名邀请了部分工农兵和老专家的代表。

会议的重点是讨论制定一个中外语文词典十年(1975—1985年)规划。会议的规划组由商务印书馆的朱谱萱、朱原同志和我三人负责，两位老朱在商务负责词典编辑工作多年，在北京时已做了充分准备，也了解词典的编写单位和读者的需要情况，因此对于制定中小型中外语文词典和大型外语词典的规划心中有数，又了解了会议各方面代表的反应，制定好规划并不困难；中文大型语文词典规划方面，《辞海》《辞源》的修订已不成问题，除此之外，还要不要再加上新编更大规模的《汉语大词典》和《汉语大字典》的规划，谁能承担？心中并没有多少把握。我向翰伯同志请示，他明确表示，现在称王称霸号称世界上最大的两部中文大词典，一是日本的《大汉和辞典》，一是台湾的《中文大辞典》，而我们没有，实在脸上无光。出于爱国主义，我们应该下决心非赶上去不可，这次订词典规划是难得的机会，应该写上去。规划草案经会议讨论后，湖北、四川两省出版、教育部门的代表主动表示，愿意共同协作承担《汉语大字典》的项目。而《汉语大词典》的任务则迟迟定不下来，华东几省的代表表示这一任务非上海莫属，如果上海愿意牵头，江苏、浙江、山东、安徽四省愿意参加协作编写，上海的代表则表示要回去向领导请示再定。因此，会议结束后，国家出版局于7月16日向国务院上报会议报告和词典十年规划（草案）中，《汉语大词典》的"承担编写省市"和"编者"两栏中还是空白。

列入规划（草案）的中外语文词典共160部（其中汉语31部，外语129部），国务院于7月22日收到国家出版局关于座谈会的报告和规划，经几位副总理圈阅后，于31日送到总理值班室，周总理于8月21日在病榻上看了并批准这一报告，国务院于8月23日下达各省、市、自治区和中央各有关部门执行。

三

　　词典十年规划经国务院批准后，翰伯同志有一个全盘考虑：先抓汉语词典，其中又着重抓影响较大的五部：《辞海》《辞源》《现代汉语词典》和《汉语大字典》《汉语大词典》，并指定由我负责和几部词典的编辑部或出版社联系。这几部词典中除《辞海》的修订已由上海在抓外，《辞源》和《现代汉语词典》由陈原同志抓，《汉语大字典》由许力以同志抓；《汉语大词典》的规模最大，翰伯同志决定由他亲自来抓。国务院文件下达后，我立即与华东几省、市联系，上海、江苏、浙江、山东、安徽四省一市均同意协作进行，于是1975年9月初，翰伯、力以同志和我到沪在上海大厦召开五省、市出版、教育部门的负责人会议，商定了大词典的启动计划，决定先以日本的《大汉和辞典》13卷为分工依据，编写力量较大的省、市各分2至3册，力量较小的省分1册（后来福建省也参加），回去后各自组织力量，按照所分辞典中的部首，先从收集资料入手。

　　翰伯同志早已明确告诉我，《汉语大词典》的赶超目标是力争超过日本的《大汉和辞典》和台湾的《中文大辞典》，各省的工作开始后，第一步工作是将这两部大辞典的词条一一剪贴制成卡片，以便进行研究；还要从古今大量书籍中收集第一手的词汇资料，这就需要许多古籍的索引（如燕京大学的《引得》等），其中不少书要向日本和台湾引进，翰伯同志考虑当时因进口图书限制较严，外地向外文书店订购，时间既慢也不易完全得到保证供应。为此，他和图书进口公司商量，由国家出版局统一办理。首先保证各省、市均能供应两部《大汉和辞典》和《中文大辞典》，日本出版有许多汉文古籍索引，由各省、市开列书单，交我统一办理订购。于是一个时期，我的主要任务就是跑图书进口公司，订购的书到后，再分别打包托运，保证各省、市编写组的需要。

《汉语大词典》是在没有主编的情况下匆忙上阵的，最初五省一市建立了一个编写领导小组，由翰伯同志任组长，各省市各有一位副组长和一位副主编；上海和各省各设一个词典办公室。

由于缺乏组织大型词典的经验，参加编写组的同志多数来自高等院校，地点又很分散，队伍逐渐扩大（1976年6月已有19个编写组200多人，到1977年上半年发展到55个组1000多人，特别是福建省在收词阶段大搞群众运动，人数增加最多），许多人从未编过词典，加上组织工作难免考虑不周，存在这样那样的缺点，于是各种议论纷纷传来："从未见过这样编词典的""这样搞法行吗？"也有人称这是搞"人海战术""花钱如水"，结果将是"少慢差费"；有的热心人士甚至估算出每条词条要花多少多少钱的猜测；有的编过词典的人听说某某人参加了词典编写组后故作惊讶状："他也能编词典？！"其意尽在不言中。翰伯同志听到这些议论后说："我们现在没有一支现成的词典编写队伍可用，只能一边学习、一边培养。有缺点不怕，知错即改，在实践中前进。"并在各种场合给编写组同志鼓劲，劝大家不要泄气。

1977年9月《汉语大词典》在青岛召开第三次编写工作会议。这次会议的任务，一是肃清"四人帮"在词典工作中的流毒；二是统一对资料搜集工作重要性的认识，交流资料工作经验，进一步规划资料工作的任务。翰伯同志关照同时邀请《辞海》《现代汉语词典》和《汉语大字典》等几部兄弟词典的负责同志到会介绍经验，中国文字改革委员会也应邀派人参加。翰伯同志在会议开始时作了报告，回顾几年来的词典工作情况，鼓励全体同志共同努力，迎着困难上。就在作完报告中间休息时，突然发现他的嘴角歪斜，言语不清，急忙送他到医院住院治疗。我立即与北京联系，许力以同志当夜乘火车于次日赶到青岛主持开完会议。

翰伯同志的病经诊断为脑血栓，但他不愿长期休养，返京后在医院小住即出院继续忙于工作。1978年7月后，他被国务院任命为国家出版局代局长，为出版工作的拨乱反正日夜辛劳，但他百忙中仍然记挂《汉语大词典》的工作，此时他念念不忘的是要为《汉语大词典》解决主编和在上海建立编纂处两个大问题。

经过几年的努力，《汉语大词典》已积累300多万张资料卡片，进行了两次试写，从1978年底转入释文编写阶段。整个工作虽取得了一定的成绩，但存在的矛盾和问题也很突出，迫切需要在上海建立编纂处。这一愿望如果没有中央批示恐怕很难实现。翰伯同志经过一番思考，决定到中宣部先向廖井丹副部长详细汇报情况，得到他的大力支持；同时给已到中央工作的胡耀邦同志写信，将编写《汉语大词典》的由来和几年来的工作情况，目前存在的紧迫问题以及在上海建立编纂处的必要性等于1979年5月15日上报，没有想到耀邦同志第二天即作了批示："原则同意，请努力进行。"翰伯同志和我立即乘机到沪，先与上海市出版局的领导会商，后又与上海市委主管文教的负责同志面商，顺利地解决了在上海设立《汉语大词典》编纂处的有关事项；紧接着在苏州东山宾馆召开五省一市编写领导小组会议，商议下一步的工作。这就是《汉语大词典》发展史上被称为"青黄不接，东山再起"的由来。①

1978年底，中宣部部务会议研究1979年新中国成立30周年庆祝活动，部领导提出，上海的《辞海》修订情况如何，能否于明年国庆前出书？中宣部出版局于当日中午给国家出版局打电话询问，下午上班后我即向上海辞书出版社负责同志询问此事，很快得到答复：中共上海市委决定以《辞海·未定稿》为基础，加速修订，确定于1979年10月1日前出版，向国庆30周年献礼。接着，《辞海》编委会采取"大协作、大集中、大会战"的紧急措施，日夜奋战，到1979年5月已胜利在望。② 翰伯同志心中早有一个愿望，认为在《辞海》修订工作中起关键作用的常务副主编罗竹风同志是《汉语大词典》主编的最佳人选。为此，特地登门拜访罗老，说明来意，恳切期望他能在《辞海》工作告一段落后出任《汉语大词典》主编。在得到罗老首肯后，立即与上海市委商量，也得到同意。于是《汉语大词典》的主编和编纂处两大难题都得到顺利解决。随后，组成了由五省一市72名汉语学专家、学者组成的《汉语大词典》编辑委员会；1980年又聘请吕叔湘先生为《汉语大词典》首席学术顾问，聘请王力、叶圣陶、

---

① 《汉语大词典》在编写过程中历经波折，克服了一个又一个困难。《大词典》的历届领导和编写组同志曾形象地以诗句作出比喻。"青黄不接"，是指1977年9月青岛会议和1978年9月黄山会议后遇到较大困难；1979年5月苏州东山宾馆会议出现转机，故名"东山再起"。1981年为贯彻中央对《大词典》的批示，在北京"万年青宾馆"开会，预示《大词典》"万年长青"；1983年9月在厦门开会，工作已有起色，会后到鼓浪屿游览，故名"鼓浪前进"；后在无锡开会，是"太湖春晓"；在扬州开会，"烟花三月下扬州"，已是春光明媚，繁花似锦；接着是"绿叶成荫子满枝"，丰收在望；终于1994年5月10日在北京人民大会堂隆重举行庆功大会，受到中央领导同志的接见。

② 新中国成立后首次公开出版的《辞海》（1979年版）于9月21日由上海辞书出版社出版，如期向新中国成立30周年献礼。这部1300万字的大型工具书在多年修改的基础上，加速工作，从定稿、编辑、排校、印刷到出版，只用了9个月时间。

朱德熙、张世禄、张政烺、陆宗达、陈原、周有光、周祖谟、俞敏、姜亮夫、倪海曙、徐震堮（按姓氏笔画为序）13 位全国著名的语言学家为学术顾问，组成了《汉语大词典》学术顾问委员会。"汉语大词典编纂处"也经上海市委批准，于 1980 年 1 月 1 日成立，有 70 人的编制，作为《汉语大词典》编写领导小组、编辑委员会和学术顾问委员会的办事机构。从此，《汉语大词典》的工作进入了一个新的阶段。

四

陈翰伯同志在抓辞书工作的过程中，还有两件事值得一提。

一件是 1978 年春，国务院转来邓小平同志的一份批件，指示落实《藏汉大辞典》的出版问题，同时附来张怡荪老先生一封长信。信中说，他早年执教于北京大学，后任清华、山东、四川大学中文系教授。20 年代末期，他看到研究西藏文化的著作多为英国、印度等外国人所著，中国人很少研究，就立志要编一部《藏汉辞典》，为沟通藏汉文化、研究西藏的学者提供方便。他于 1928 年在北京开始学习藏文，以后到成都创办西陲文化院，至 1945 年编成《藏汉辞典资料本》10 册；新中国成立后继续努力，1958 年还亲赴拉萨作实地调查，收集了大量只流传在口头、不见诸经传的藏语词汇，1962 年返成都着手编纂《藏汉大辞典》，但"文革"中辞典和本人都受到批判，工作被迫中断。1977 年底，他给方毅副总理写信呼吁，方毅、乌兰夫同志阅后，将来信转报邓小平同志处，小平同志批示应予支持，交国家出版局妥善处理。

翰伯同志看信后很受感动，即和国家民委联系，决定为这位一辈子为《藏汉大辞典》作出不懈努力的可敬老人完成夙愿。于是，翰伯同志和国家民委萨空了副主任一起到成都，和四川省委、省民委洽商，并于到达成都的第二天，即到焦家巷一个古旧的院子里拜访了张怡荪先生。这位老人精神矍铄，十分健谈。他首先自我介绍，风趣地自称是"二八佳人""无齿之徒"。"二八"是指年龄即将八十八岁，"佳人"则指他为《藏汉大辞典》奋斗五十年，现在还愿为此继续奋斗，不达目的，死不瞑目。在了解了张老先生目前存在的主要困难和愿望后，翰伯、空了同志即和四川省委、省民委负责同志具体研究措施，主要要解决组建一个修订班子，提供办公处所、经费以及如何管理等问题。其中以建班子的难度较大，由于既精通藏文又精通汉语的高级知识分子人物很少，适合做辞典编纂的人才更少。其中有个别参加过这部大辞典编纂工作早已改行的人可以调回；有少数张老先生提名适合做这件工作的专业人员，由于种种历史原因，当时还戴着"历史反革命"的帽子正在劳改农场劳动。但在四川省委、省民委的大力支持下，这些问题都一一得到解决。最后商定：就近在成都成立《藏汉大辞典》编纂处，专门拨给工作处所、经费，人员调动由省委解决，编纂处建立后由省民委主管，民委主任负责领导。编纂处人员方面，物色若干名有业务能力、懂民族政策的中青年汉、藏族干部参加，并为张老先生配备了助手；对于提名从劳改农场上调的专业人员，有关方面立即发出调令，编纂处不日即可开始工作。（张怡荪先生于1983年在成都逝世。生前留有遗嘱，把自己多年为编纂《藏汉大辞典》而收集的藏文书籍全部捐赠给四川省民族研究所。张怡荪主编的《藏汉大辞典》由民族出版社于1985年出版。）

  这件事的顺利解决，翰伯、空了同志都很高兴。在返京途中，两位抗日战争时期同在重庆、成都新闻战线战斗过并经历艰险的老战友,一路上谈笑风生;当回忆起当年在国统区以巧妙、机智的斗争方式与国民党反动分子周旋的生动事例时,常常开怀大笑,使我们随从的人听后也深受教育。

第二件事是翰伯同志在抓辞书工作的过程中,深感要提高辞书的质量,必须重视辞书理论的研究,才能从根本上保证辞书质量的提高,而要做到这一点,就要有研究的阵地(创办一份刊物),这样有利于发现、培养人才,逐步扩大研究队伍。

1978年9月,在安徽黄山召开《汉语大词典》第四次编写工作会议期间,我和筹备这次会议的上海辞书出版社负责人束纫秋同志同住一室,晚上闲聊时谈起翰伯同志的上述主张,纫秋同志深有同感。我们共同商量,最好由上海辞书出版社创办一份刊物,刊名拟为《辞书研究》。纫秋同志十分积极,回沪不久,这份丛刊就办成了。翰伯同志对此也很高兴。1979年9月,《汉语大词典》在苏州召开第一次编委会议期间,他专门约见《辞书研究》主编尚丁同志,对刊物的编辑方针和内容等谈了一个上午,其中有些意见,如《辞书研究》要研究辞书编纂学,这是一门新兴的学科,国内外都还没有这样的专门性刊物,虽属冷门,但是个开创性的事业。刊物要为创建中国辞书学作出贡献,不妨先介绍外国的,但千万不要给人家扣什么姓"资"或姓"社"的帽子。刊物要贯彻"双百"方针,要成为辞书界的舆论阵地,评介国内外好的辞书,也要敢于批评不好的辞书和辞书界的不正之风;刊物不要刊登政治性的应景文章,也不必转载政治性的文告之类的文章(这在当时比较风行);编辑部的人不要多,三四人即可,编辑不要乱改别人文章的观点;不必追求发行数量,学术性杂志办得好不好,主要看学术质量如何,不能用发行量大小来衡量;通过办刊要注意发现辞书人才,推动并把辞书学会组织起来，等等。这样的主张，在当时"左"的影响远未肃清时提出来，足见翰伯同志的胆识，对今天的出版界和期刊编辑也有现实教育意义。《辞书研究》认真贯彻翰伯同志提出的办刊方针，出版后受到国内外有关方面的好评。叶圣陶老人1981年初给尚丁来信说，他靠"两镜"（老花眼镜和放大镜）在灯下看后，自以为受益不浅。"我觉得现在可有可无的杂志不少，而贵刊是非有不可的好杂志。"

五

翰伯同志由于工作过度劳累，于1980年脑血栓再度发作，从此落下半身不遂的后遗症。1982年机构改革，国家出版局并入文化部，翰伯同志不再担任代局长，但他说："我的《汉语大词典》编写领导小组组长倒没有撤销，还可以继续做下去。我要与两部词典（《汉语大词典》和《汉语大字典》）相始终，一直管到底。书全部出齐了，羞耻感没有了，有光荣感了，才算到了底。"

《汉语大词典》自罗竹风同志担任主编后，在编委会、学术顾问委员会和编写领导小组的大力支持和全体编写人员的共同努力下，工作有条不紊地前进，取得了不少的成绩。到1981年8月，已做资料卡片500万张，编写释文8万余条、1000余万字，已印出初稿1.4万条、180万字。但是，存在的问题也不少，最主要的是随着"四化"建设的进展，高校教学科研任务与编纂《汉语大词典》"争人才"的矛盾逐渐突出，参加词典编写组的高校同志长期脱离原单位的教学、科研工作，在评定职称、工资晋级和住房分配等方面往往存在一些困难，得不到合理解决，影响了编写队伍的稳定。翰伯同志和吕叔湘、罗竹风同志反复磋商后，分别于1981年9月8日、1983年12月5日、1985年9月7日以"《汉语大词典》编写领导小组组长陈翰伯、首席学术顾问吕叔湘、主编罗竹风"的名义，向中共中央和国务院写了报告，得到中央和国务院领导的审阅同意，中共中央办公厅、国务院办公厅迅速将报告转发有关省、市委和政府有关部门研究执行。中央办公厅在第一份文件的批语中，要求"有关部门和省、市委予以更大的支持，努力保证《词典》按计划、高质量地完成出版，同时，努力保持这一工作队伍长期稳定地存在，并尽可能地提高和扩大，以求我国词典事业得以在此基础上继续发展，以便有计划、有步骤地陆续填补有关学术上的其他空白"。这几份中央文件的下达和各地的认真贯彻，对《汉语大词典》任务的完成起了巨大的作用。

《汉语大词典》主编罗竹风同志在全书完成后回顾大词典初创时的心情说："正像站在隧道的一头，四顾茫茫，前边还是漆黑一团，人们难免处于彷徨而无所适从的境地。"这是毫不夸张的真实表述。陈翰伯同志为了实现甩掉"大国家，小字典"的落后帽子，立志使我国辞书出版事业跨进世界先进行列，从1975年以来，为《汉语大词典》《汉语大字典》《辞源》《藏汉大辞典》等辞书的早日问世而到处奔波。仅我跟随他为辞书事业到过的地方即有上海（5次）、苏州、杭州、无锡、黄山、福州、厦门、广州、成都（2次）、重庆等处。1983年9月，翰伯同志在厦门召开《汉语大词典》第三次编委会上的讲话结尾，曾饱含激情地说："昨天，我想到陆放翁的两句诗：'王师北定中原日，家祭毋忘告乃翁。'早晚有一天，我们会得到消息，《汉语大词典》已经全部出齐。我们是无神论者，也是无鬼论者，可是在这一点上我宁可让步一下，希望得到这个消息，能够知道这书已经出版了，九泉之下也会很高兴的。"遗憾的是，翰伯同志终于未能等到《汉语大词典》全部出齐的那一天，1988年8月26日凌晨6时，他悄悄地走了。①

《汉语大词典》从1975年9月起步，到1993年11月最后一卷（第12卷）出版，历时18个春秋。这部大词典先后有三位领导同志代表国家出版管理机关出任编写领导小组组长（1986年3月起改称工作委员会主任），翰伯同志1988年8月病逝后，由工作委员会副主任、国家出版局局长边春光同志接任工委会主任。边春光1989年12月29日病逝后，由新闻出版署副署长刘杲同志接任。陈翰伯同志所做的是开创性的奠基工作，在克服种种困难中为《汉语大词典》的编纂殚精竭虑，费心尽力；边春光和刘杲同志接任后，对大词典的定稿和出版工作中出现的种种问题作出努力，及时解决，保证了大词典工作的顺利进行。18年来，参加《汉语大词典》收集资料及编写工作的人员前后共有1000余人，许多著名学者和文化界、教育界前辈参与了总体设计，一批学识丰富、对语言文字研究有素的专家参加了编写工作。同时，五省一市的省市领导和教育、宣传、财政、出版发行等部门也给予始终如一的支持。在从中央到地方各方面的大力支持和协作，全体编写人员尽心尽责的努力拼搏下，全书终得以顺利完成，全部出齐。

今天，我们可以告慰翰伯同志：《汉语大词典》正文12卷，共收词语37.5万余条，约5000万字，插图2253幅，另有《附录·索引》一卷，不仅已于1994年4月全部出齐，而且还相继

---

① 据翰伯同志夫人说，26日凌晨3时，翰伯同志起床小便时还和她说了几句话后就上床安静地睡着了，到天亮时发现他的双脚犹有微温，但心脏已停止跳动。

出版了《汉语大词典》缩印本、简编本、光盘版和网络版;《汉语大字典》全书八卷,共收楷书单字54678个,总字数1545万字,不仅已于1990年10月全部出齐,而且还相继出版了《汉语大字典》缩印本、简编本、袖珍本和普及本。这两部反映汉民族语言词汇、字汇全貌的大型工具书出版后,得到国内外各方面的高度评价;其他中外语文、专科等辞书也出现了空前繁荣的局面。

翰伯同志,您在九泉之下得到这个消息,一定会含笑感到很高兴的吧!

作者附记:翰伯同志逝世后,他的夫人卢琼英同志为筹划出版翰伯同志文集事曾到国家出版局约我写一篇纪念文章,我当即应允,但后来由于《中国出版年鉴》编辑发稿工作繁忙未能及时交稿,不久卢琼英同志因遭车祸不幸逝世,负责编辑翰伯同志文集的高崧同志也于1991年病逝,我为未能及时写出纪念文章而深感负疚。最近得知宋木文同志倡议重编翰伯同志文集,将由商务印书馆出版,特赶写此文,以代心香一瓣,表达我对翰伯同志的深切怀念和敬仰之情。

(1999年9月9日)

关注和指导出版史研究的王益[*]

王益（1917—2009）

2009年2月26日，我到新闻出版总署参加《中国出版通史》出版座谈会时，惊悉王益同志已于25日晨病逝，深感悲痛。看到会场上陈列的一大摞每套九卷的《中国出版通史》，我的脑海中清晰地记起王益同志2001年2月19日出席《中国出版通史》第一次编撰工作会议上讲话的情景。他说："出版史要强调研究，不能是资料的堆砌。《中国出版通史》既要重视资料的搜集，更要重视研究，使这部通史有新意，以区别现有的出版史著作。要总结出版的规律，有利于促进我国出版业的发展。应该以胡乔木同志的'可读、可信、可取'来要求这部通史，现在已经开了一个好头，希望能善始善终。"如今，这部《通史》已经出版，遗

---

[*] 本文是作者将《出版发行研究》2009年第1期和《出版史料》2009年第2期发表的怀念王益同志的两篇文章内容综合为一篇而成。

憾的是，作为《通史》顾问的王益同志却未能等到这一天。此时此刻，他一贯重视我国出版史研究的谈话以及对我的帮助，往事历历涌上心头，久久不能平静。

一

我于1962年由新华书店北京发行所调入文化部出版事业管理局出版处工作，王益同志时任出版局局长。他对工作严谨细致，对同志真诚坦率，没有任何"官架子"，是个很容易亲近的领导。在和他的谈话中发觉，他对我在新华书店北京发行所的工作情况，如主编《多读好书》书籍宣传小册子和《出版消息》报等都很了解并给以好评。"文革"后，他先后担任国家出版局副局长和新闻出版署特邀顾问，我虽然不在他的直接领导下工作，但我们之间仍然保持了长期的联系。

我调进文化部出版局工作后，学习、研究了张静庐先生历时近20年搜集、整理、辑注的中国近代、现代出版史料后，萌发了收集我国当代出版史料的心愿，便结合工作，注意收集有保存价值的出版资料，历时近20年从未间断过。1980年上半年，我在国家出版局研究室工作时，参与创办我国第一部《中国出版年鉴》的编辑工作，并在业余时间试写《中国出版简史（初稿）》，从9月起在《出版工作》（《中国出版》杂志的前身）连载，这两项工作都受到王益同志的关注和鼓励。

1986年初，国家出版局根据中共中央办公厅的有关文件精神，于当年3月成立了国家出版局党史资料征集工作领导小组，组织出版系统进行党的出版史料征集、整理、编纂、研究工作，由王益同志担任领导小组组长。1987年改名为新闻出版署党史资料征集工作领导小组，并于当年6月底在大连市召开全国性的党史资料征集工作会议，王益同志受新闻出版署委托主持这次会议并讲了话。他对征集党的出版工作史料的重要意义，关于中国历史的分期问题，征集资料的范围、种类，大事记的体例，资料征集与新编地方志，资料征集与编写史书等问题，都提出了明确的意见。他在谈到资料征集与编写史书的关系时说："资料征集工作本身有着重大意义，资料征集本身也可以出产品，出成果，起到总结过去，指导当前，教育后代的作用。……现在大专院校的出版发行系或专业，出版发行干部训练班，亟须出版教材。征集史料是为编史作准备，编史是对资料的高层次、高水平的整理和运用。两者相辅相成。编史是一项艰巨任务，不能操之过急，但也不能慢慢吞吞，没有时间观念。……（编史）质量不能要求过高，一步一步来。基本事实，基本观点，要正确。史料慢慢充实，不断丰富。"这些意见，对于我正在进行的《中国出版简史》（初稿）的撰写都有重要的指导意义。

1987年我调到中国出版科学研究所工作后，继续担任《中国出版年鉴》和创刊《出版参考》（半月刊）的主编工作，王益同志仍很关注并给以必要的帮助，将有关资料寄给我参考或刊用。

1989年9月初，我和王益同志在东四南大街偶然相遇。他想看看外国出版史方面的书，问我是否能找到。我们还谈了有关出版史研究中如何重视收集"第一手资料"的问题。回家后，我即找了一本介绍外国出版史的书托人带给他。9月8日，王益同志给我来信说：

"那天在马路上偶然相遇，结果收到《外国出版史》一书，得以了解外国人如何写出版史。不过这仅是大百科全书中的一条，偏重资料性，还不是一本正式的世界出版史专著。

"你那天谈起'第一手资料''第二手资料',我不理解。我说,对古代史而言,现代人谁也不可能掌握'第一手资料'。我把'第一手'理解为必须是亲见亲闻。对于古代,近代,即使现代的历史资料,亲见亲闻总是有限的。你所说的'第一手',大概是指'自己发掘出来'的吧。而'第二手',则把人家发掘出来的材料随手拿来。我这样理解行不行?不知历史界用什么名词区别这两种材料?"

9月12日,我给王益同志回信,说明我那天所说的"第一手资料"意思有如情报术语中所指的"一次文献",即"直接记录研究成果的文献",而"二次文献"即"根据一次文献的内容在转换情报的过程中准备好的文献"。并说我在写作《中国出版简史》(初稿)时,深感历史资料难觅。有时为了寻找一个准确的统计数字都要花很大工夫。例如,我在写新中国成立初期新华书店、三联书店两支队伍汇合成为新中国出版事业的骨干力量,当时两支队伍各有多少人?新华书店店史中找到1949年初全国新华书店分支店有8100人,三联书店只提有20处,没有人数统计,我问了几位三联书店的老同志都说不准具体数字,最后几经周折,才找到一册三联书店总处1949年9月编印的《工作概况》中明确记载有356人,这就是一个"权威数字"了。

9月15日,王益同志回信说:"写出版史是很不容易。资料一则嫌少,而另一方面又可能太多,要从砂子里去淘金,太费时间。张秀民、钱存训都可以说是专职的研究人员。像你这样,只能利用业余时间,而业余时间又太少,的确太困难了。宋原放、吉少甫也写了出版史,我没有看到书,不知是简本还是中型、大型。如果是中型以上,那么可以能写成,大概是因为已脱离第一线,而且有助手一起干。缺史料,还没有听说用登报征求的方法。在《出版史料》上写一篇文章，希望大家注意收集、整理哪方面的材料，我看还是可以的。将在湖南召开的'学术讨论会'上提一下需要什么材料也是可以的。至于三联书店人数之类的具体问题，可以用发函征询的办法，因为现在还有许多人活着。当然人活着也不一定有准确的回忆，能找到油印材料是幸事。"

1989年9月，新闻出版署党史征集领导小组和湖南、上海两省市新闻出版局党史征集领导小组计划在湖南大庸市联合召开"中国近现代出版史学术讨论会"。王益同志在9月15日写给我的信中说："我因为要去湖南开会，捉了鸭子上架，不得不临时抱佛脚，看一点有关出版史的书和文章。这次会议名义很大：'学术讨论会'，但征集到的'论文'，实际只是一些'史料'，讨论如何研究出版史的文章一篇也没有。我拟不揣简陋，谈谈这方面的问题，但根底太差，家中参考书也太少。你写的'书录'中提到刘国钧的《中国书史简编》哪里能找到吗？研究所资料室中有吗？我想弄清楚'书史'与'出版史'的区别和关系。"接着说道："湖南会议，希望你能参加。你大概舍不得花那么多时间。我的设想，如有宋原放、吉少甫、张召奎和你参加，专门交流一下编写出版史的经验，是很有意义的。如果不开这样的会，发表一些称为论文实际只是若干篇史料，虽然也可讨论一下。怎么能说得上是学术讨论会呢！可以说是史料评比会吧。当然评比得好，也有学术性，但不容易讨论好。甲的史料是关于太平天国的，乙的史料是洋务运动的，丙又是哪一方面的，互不搭界，很难讨论得起来。我可能太悲观了。"

我接到王益同志的信后，立刻将我有的刘国钧著、郑如斯增补的1982年新版《中国书史简编》送去，同时将我写的《中国出版简史》（初稿）（剪贴本）一并送去，请他方便时翻翻。我说由于史料不易找，又是利用业余时间进行，常常是《出版工作》快到发稿时间，才赶上几个"夜车"和星期天匆忙赶出交稿，所以质量不高，严格讲，只是一份"资料汇编"，谈不上是"史书"。但发表后也有好处，可以听取专家的意见和读者的反映。因为《中国出版年鉴》编辑工作的任务太重，感到总是这样匆促赶写，《中国出版简史》的质量难以提高，因此我已决定暂时中辍，待日后有机会再续写。如果能够出版的话，内容还要大加修改、补充。这次湖南会议是个好机会，我一定挤出时间安排好工作，争取到时参加。

9月24日，王益同志将《中国出版简史》（初稿）和《中国书史简编》看完退回给我，并写了一封长信，详细地谈了他的读后感。信中说："你工作那么忙，竟能写出《简史》十几万言，用力之勤，实在佩服。不说别的，就是那装订，也用了一番工夫，可见你什么事都一丝不苟。合订本经我翻阅，比原来的差一点了，不太整齐了。""我的目的，是想看一看'书史'与'出版史'有什么区别。按理说，既然名称不同，那么研究对象研究范围应该有所不同，或者，虽然基本相同，但侧重点不同。我看过的'书史'和'出版史'很少，当然这类书出版的也不多，我未能把已出版的书全部找来看过进行比较。我的印象是，书史与出版史，实在无多大区别。出版是指书的生产，书是出版的产品。讲出版，必然要讲著作、编辑、印刷、装订，必然要涉及纸、油墨、印刷机械和印刷术，还要涉及书的传布、使用、庋藏等等。书所以被人重视，主要是由于它的内容。讲书对社会的影响和作用，首先要讲书的内容，讲某一时期的出版事业，首先要讲这时期出书的内容有什么进步，对社会的发展起了什么作用。出书的规模也重要，说明出版事业有无发展，有多大的发展。这样，书的内容，应该是出版史研究的第一对象。至于'书史'，就是'书的历史'，书是它的研究对象，是毫无疑问的了。书，有内容和形式两个方面。内容与形式，何者为主呢？当然应以内容为主。现在，我看到的'书史'和'出版史'没有明显的区别。有一点区别，书名作'书史'的，作者是图书馆工作人员，他们写书的目的，似乎是为了推进图书馆工作。读者对象，也好像以图书馆工作者为主。至于书名作'出版史'的，（作者）都是出版界人士，其读者对象，也似乎以出版工作者为主。在内容方面，有一点点区别，称'书史'的，谈到藏书和图书馆较多，谈图书发行较少。称'出版史'的，稍全面些。我上面谈到，出版史也好，书史也好，都应以书的内容为第一研究对象。但实际上并非如此。你的稿子中说到书的内容较多，但百分比如何，我没有计算。张召奎那本（《中国出版史概要》，山西人民出版社1985年出版）谈书的内容不算少，但所占比重也不大。至于《外国出版史》，几乎很少说到书的内容。《中国书史简编》也很少谈书的内容，倒是在书的形式方面（他们称为书籍制度）费了不少笔墨，甚至印刷术的外传，都专门有一节。对于图书馆工作来说，当然要了解书，而要了解书，不仅要了解书的内容，而且要了解书的形式。在某些情况下，了解书的形式比内容更重要，例如为了辨别版本。《外国出版史》，很少谈书的内容，是可以理解的。因为它本来不是一本书，而是百科全书中的一条。关于书的内容，在其他条文中，会大大的有，用不到它来写。《中国书史简编》很少谈，大概也有其原因（在图书馆学中有没有一个部门或分支，专讲各类书有些什么名著？），认为书的内容，其他学科会讲，而书的形式、印刷纸张等等，其他学科不讲，故书史必须以此为主。日本人关于出版史研究的那篇文章（指《出版史料》1988年第一期上刊载的日本弥吉光教授著、吴树文译的《出版史的研究法》一文——引者注），是把书史书志放在第一位的，宋原放提出疑问：如果这样，岂不与文化史、学术史重复。总之，书史与出版史应该有区别，但现在也没有人作出规定，应如何区别，大家可以研究，慢慢地才能一致起来。我个人，倒是主张出版史不必过细地讲书的内容，概括地说一说就行。我当然不反对在出版史中较为详细地讲到书的内容，因为对于出版发行工作者来说，这方面的知识也是很重要的。"

1989年11月1日至7日，"中国近现代出版史学术讨论会"在湖南大庸市召开。王益同志在会上作了长篇发言，对出版史研究的重要意义，怎样研究出版史，史料工作，以及在唯物史观的指导下实事求是、扎扎实实地开展出版史研究工作等问题，提出了比较系统的意见。其中有些话对我写好出版简史有重要的指导作用，例如，在谈到出版史料工作时他说："出版史料是出版研究的基础。没有出版史料，出版史研究就无从进行。出版史研究首先从收集出版史料做起，然后对史料进行分类、比较、鉴别、参订"。"史料的价值，贵在真实。真实的史料才有价值，不真实的史料一钱不值。真实性、准确性、可靠性，是衡量史料价值的首要标准。""真实性是最根本的衡量史料价值的标准。真实性、新颖性、说明性三者结合，是衡量史料价值的比较完整的标准。""我们要提倡实事求是的科学精神和严谨的、扎扎实实的一丝不苟的治学态度。这是历史研究工作者必不可少的品质。"

王益同志在讲话的最后提到："考证'出版''发行''印刷'这几个词的起源花了好大力气。方厚枢同志的《中国出版简史》至今只写了三分之一。薛钟英同志的《中国古代图书发行史》只发表了一章。如何加快进程又保证质量，是摆在面前的一个课题。通力合作是好办法，社会主义制度更应发挥这方面的优越性。通力合作并不排斥个人单干。最好要为他们创造一点条件，至少在时间上有保证。……宋原放同志提议中国出版工作者协会抓一抓这件事是一个好主意。我觉得中国出版科学研究所如能成立一个中国出版史研究室也能发挥很好的作用。"

王益同志在湖南会议上的讲话是经过认真研究和准备的，讲话中谈了许多富有指导意义的论点，对于出版史研究工作很有启发，但他将这篇讲话稿收入《王益出版发行文集》（中国书籍出版社 1993 年 2 月版）中却自谦地题名为《出版史研究浅议》。

二

1995 年我因健康原因辞去《中国出版年鉴》主编的职务后，王益同志于 5 月 9 日给我来信说："阅《出版参考》最新一期，得悉《出版年鉴》已找到接班人，而你已退居二线，这是功成身退，你对接班人还得扶上马，帮一阵。……我手中有全套《中国出版年鉴》，都是你通知有关方面送给我的。我今后不想再免费取得此书，按我的经济能力，我可以买得起。"

1999 年 11 月 16 日，王益同志打电话给我，说他了解到一些出版史研究人员的反映，现在对出版史研究的文章和著作的发表和出版十分困难，想写篇文章，呼吁出版部门要重视出版史的研究和学习，重视出版史著作的出版和史料的发表。他已写了一个初稿要我看看做一些修改和补充，很快我收到这篇文章，其中着重谈了"社会主义的出版事业，首先要有马列主义、毛泽东思想、邓小平理论的指导，也要有有关出版的历史知识，才能够对出版的实际运动有深刻的理解，才能够少走弯路，更好地成长壮大"。但是，"出版史研究往往为实际工作者所忽视"。他在文章中赞扬了河南大象出版社近期出版了宋应离、袁喜生、刘小敏编辑的《中国当代出版史料》（1949—1999），全书8册，320万字一次出齐，"这要归功于大象出版社。他们以繁荣学术为重，以积累文化为重，以发展出版事业为重，真正实现了把社会效益放在首位的方针。现在研究出版史的专业期刊还没有固定的出版单位；有些出版史料已完成编辑工作而还没有找到出版单位……希望有更多的出版社，能够像大象出版社那样，实行'三重'，来共襄盛举"。我后来了解到，王益同志还将这篇文章同时寄给王仿子同志征求意见，仿子同志和我仅在文中作了少量修改和补充，但当文章在《中国出版》杂志发表时，作者用了"王益、王仿子、方厚枢"三人署名，更加想不到的是，王益同志收到稿酬后，却平均分为三份，将其中二份分别汇寄仿子同志和我，我们都感到受之有愧，由于数量不大，不好意思退回去，而对王益同志这种认真的精神深为感动。

我从1995年下半年起参加中国出版科学研究所和中央档案馆合作共同承担的《中华人民共和国出版史料》的编辑出版工作，并担任副主编和多卷执行主编。王益同志担任这套《史料》的顾问，他对这项工作十分重视。2000年3月，他在《中国出版》发表的文章中说："1995年起，在新闻出版署支持下，出版科学研究所和中央档案馆合作，编辑出版《中华人民共和国出版史料》，一年一卷，现已出版5卷（1949—1953），共约225万字。如果初步计划先出版到1989年止，共需出版40卷。如此大的规模，在各行各业中实属罕见，是要有极大的决心和魄力的。该书的有些资料从未发表过，直接根据中央档案馆所藏档案排印，价值之珍贵，非其他史料集所能比拟。"但是"按目前的出版速度，未免太慢，我们这些年逾古稀的人，难以看到它的全部出版了"。

我从 2001 年开始，参加中国出版科学研究所主持的大型出版学术文化工程《中国出版通史》的编撰工作，担任全书最后一卷《中华人民共和国卷》的主笔，负责 1949—1979 年各章的撰稿。我在写出第一章"新中国出版事业的开端"的试写稿后，首先送请王益同志审阅，他对稿中有些内容和史实作了修改和补充；在第二章"新中国出版事业的建立和发展（上）"中的出版总署和文化部出版事业管理局的机构设置和领导人名单送请王益同志审核，他都仔细阅读，认真修改，对文中有些情况记不太清楚或有疑问的地方，都打电话分别向知情的老同志反复核实直到认为准确无误后才将修正稿退回，从而保证了史实的准确性，使我深受感动。

三

2001 年 6 月 27 日，中国出版工作者协会与北京市版协联合在北京市郊红螺寺钟磬山庄举行"首都出版界老同志座谈会"，王益同志高兴地参加了这次活动。他还专门到我的住处交谈，了解我近期所做的出版史研究、写作等情况。

《中国出版通史》是国家社会科学基金重点项目，同时列入新闻出版总署"十五""十一五"国家重点图书出版项目。2000 年，《中国出版通史》研究编撰工程开始运行，经许多位专家 8 年艰辛努力地编纂，通过国家哲学社会科学规划办公室的审核并获"优秀"等级，已由中国书籍出版社于 2008 年 12 月出版。

《中国出版通史》共九卷，分别是：《先秦两汉卷》（肖东发等著）、《魏晋南北朝卷》（周少川等著）、《隋唐五代卷》（曹之著）、《宋辽西夏金元卷》（李致忠著）、《明代卷》（缪咏禾著）、

《清代卷》（上）（朱赛虹、曹凤祥、刘兰肖著）、《清代卷》（下）（汪家熔著）、《民国卷》（王余光、吴永贵著）、《中华人民共和国卷》（方厚枢、魏玉山著）。全书近400万字，研究时段上起商周，下迄公元2000年，以研究我国历史上出版事业的产生、发展及其规律为基本内容。

《中华人民共和国出版史料》从1995年开始出版第1卷，到2008年止，已出版11卷。第12、13卷已编好、发稿，即将由中国书籍出版社于2009年3月底出版。这13卷史料的内容涵盖了1948年12月到1966年4月即"文化大革命"前的新中国出版工作17年的出版史料，已全部出齐。

2009年2月25日，王益同志走完了他92年的人生旅途。3月14日上午，我参加了王益同志的遗体送别仪式。我面对沉睡于鲜花丛中的王益同志，心中默默地暗诵：

"王益同志，您关注已久的《中国出版通史》和《中华人民共和国出版史料》的出版、编纂任务已经胜利完成。您在九泉之下得知这一信息一定会高兴的吧？"

为出版科研作出贡献的开拓者边春光[*]

一

我国的出版科学研究工作长期处于落后的状态。出版界的老一辈出版家胡愈之、王子野、王益等同志多次发出呼吁。20世纪80年代初,王益同志曾在《出版工作》发表的文章中说:"像我们这样一个历史悠久而且在世界上影响甚大的国家,对出版、发行的学术研究工作落后的现状是相当惊人的。"他明确指出,这种落后表现在"五个没有":一是没有出版学院,甚至在大学中也没有出版系;二是没有出版发行研究所;三是没有出版过讨论出版发行工作的学术著作;四是没有公开发行的讨论出版发行工作的学术性刊物;五是没有社会公认的出版发行的专家学者。这"五个没有","对于出版事业的发展,出版工作质量的提高,出版人才的培养成长都非常不利"。

1983年6月6日,中共中央、国务院发布了《关于加强出版工作的决定》,在"进一步加强和改善对出版工作的领导"一节中明确提出:"要建立出版发行研究所,充实印刷技术研究所,加强出版、印刷、发行的科研工作。"这在中央文件中还是第一

---

[*] 原载《中国编辑》2006年第一期。

次作出这种规定。正是在这一规定的指导下，我国出版科研工作获得了蓬勃的发展。

二

1985年3月21日，经过国家出版局和有关方面的积极筹备，并报国务院批准，我国第一个从事出版科学研究的专门机构——中国出版发行科学研究所在北京正式成立（1989年更名为"中国出版科学研究所"）。

1986年12月，从原国家出版局局长岗位退居二线后任新闻出版署特邀顾问的边春光同志，于1987年8月出任中国出版科学研究所的第一任所长。

春光同志长期在出版领域担任领导工作，不论是在中国青年出版社社长、总编辑的岗位上，还是在此后担任中央宣传部出版局、文化部出版局和国家出版局的局长岗位上，他都十分重视出版理论研究工作。

1987年3月20日，中国出版科研所在福州召开出版研究规划会议，交流出版科研的初步经验，讨论出版科研的近期规划和长远设想。春光同志应邀出席了这次会议，并在会上说：他是怀着学习的愿望，就加强出版科研的问题，谈谈自己的认识，提出几点建议。他在会上着重讲了三点：（1）出版科学研究的指导思想；（2）当前需要研究的若干实际问题；（3）加强出版科学研究的几点建议。在谈到出版科研的重要性时说："出版科学研究在整个出版工作中占有重要的地位，过去由于出版界没有把出版理论研究开展起来，因而工作往往会处于不自觉状态。在出版工作得到很大发展的形势下，为了进一步合理地发展下去，理论研究已成为不可忽视的迫切问题。我们应当明确评价出版工作，不仅要看出版物的数量和质量，还要看出版研究理论著作的水平，因为只有系统的理论指导，才能推动实践不断向前发展。"

春光同志还提出："坚定不移地贯彻为人民服务、为社会主义服务、百花齐放、百家争鸣和改革开放的方针，坚定不移地坚持四项基本原则，反对资产阶级自由化，使出版工作始终沿着党中央所指引的正确道路向前发展，这就是我们进行出版科学研究的出发点。"他联系近几年出版工作中出现的问题，强调出版科研应当密切地联系实际，"既要研究正面的经验，也要研究反面的教训，使我们的研究工作更全面些，更深刻些，使我们付出代价而得到的经验教训变为推动我们的出版工作更健康地向前发展的力量"。

从1987年8月到1989年12月，春光同志在中国出版科研所担任所长仅有二年零九个月的时间，他始终饱含着对开拓出版科研新局面的热情，带领全所同志在制订科研规划、建立科研队伍、召开出版理论研讨会、组织编辑出版专业书刊、推动各地开展出版理论研讨等方面做了许多工作，取得不少成果。但春光同志认为，现在正进行的出版科研主要还是打基础，有了坚实的基础，才能够有希望走向未来。未来的科研是我们追求的目标，有了长远的目标才能够激励我们做好当前的研究工作，又激励人们放眼未来。我们的出版科研工作就是要从现实出发，为现实服务，以实践为基础，又要引导实践前进。如果我们按照这样的要求把出版科研扎扎实实地做下去，干它三年五年、十年八年，将会有丰富的科研成果奉献给广大的出版工作者，科研的成果将会变成推动出版工作发展的强大物质力量。

春光同志在出版领导岗位上多年辛苦，健康情况一直不好，他的心脏病从1979年开始已经多次发作，经医生及时抢救才脱离生命危险。他来到中国出版科研所工作后，却将自己的病情置之脑后，全身心投入到出版科研工作的方方面面，包括外出调查，经常超负荷地工作。1989年11月底，他为开好第五届全国出版科学学术讨论会准备一个发言，到陕西、河南两省调研。他同两省的新闻出版局和22家出版社，以及两省新华书店、外文书店的同志进行座谈讨论或个别访谈，了解情况，搜集材料，往往一天工作十几个小时。这次调研历时20天，返京后他又顾不上休息，忙于整理资料，思考问题，最后写成题为《当前出版工作中需要研究的几个问题》发言稿，内容包括：（1）关于加强出版工作的宏观管理问题，（2）关于整顿发行秩序，改善和加强发行工作的问题，（3）关于适当集中财力，支持重点图书的出版问题，（4）关于提高出版队伍素质问题。在文章的最后部分，春光同志语重心长地提出："对一个出版工作者来说，最基本的要求至少有四点：第一，要有坚定正确的政治方向，即坚持四项基本原则，自觉抵制资产阶级自由化倾向，不能在所谓经济私有化、政治多元化、文化西方化的鼓噪中迷失方向。第二，要有坚强的精神支柱，即要有坚定明确的共产主义理想和全心全意为人民服务的热忱；要有高尚的追求和精神境界，摒弃低级庸俗的世俗观念。第三，要有良好的职业道德，甘心"为他人作嫁衣裳"，这是出版工作的特性所决定的。不为名、不为利，不拿出书做交易，不假公济私，不弄虚作假，要诚实正直，谦虚谨慎，为读者服务，为作者服务，忠诚党的出版事业。第四，要有扎实的知识根底和语言文字功底。出版物涉及各方面的知识，编辑要审稿改稿，就要涉猎各方面的知识，力求知识广博一点，对某门知识要求尽可能专一点。语言文字对编辑工作者要求要更高一点，只有熟练掌握语言文字基本知识，才能对稿件进行必要的加工整理，才能帮助作者产生出语言通顺、文字优美、逻辑清楚的好作品。"

谁也没有料到，这篇写了5000字的有情况、有分析又有实际指导意义的发言稿竟成了春光同志的绝笔。1989年12月29日上午10时45分，边春光同志因心脏病猝发，倒在自己的办公桌旁……他带着对社会主义出版事业的一片深情，带着对出版科研工作的宏伟设想和深远期望走了，终年64岁。

三

我与春光同志同年来到中国出版科研所，在工作中结下了深厚的感情。对当年大家共同努力取得的成果，记忆犹新，尤其是1988年，春光同志倡议和指导了创办《出版参考》和编辑出版《中国出版人名词典》的工作。

（一）创办《出版参考》半月刊

春光同志对出版信息十分重视，他认为信息是进行出版研究的一种重要资源，有了信息，并对所获得的信息进行分析研究，可以开阔视野，启发思考，打开思路，分析比较，作出恰当决策，以减少盲目性，增加自觉性和主动性。因此，他提议编辑出版一份信息刊物，经研究后决定，这份刊物定名为《出版参考》，由我担任主编。在研究刊物的编辑方针和主要内容时，春光同志提出，这份刊物的刊期要短，刊载的出版信息和文章也要短，但反映信息的面应该广泛一些；刊物既要反映成绩，也要反映出版工作中出现的缺点和某些不良现象；对于国外出版动态和港台地区的出版信息，篇幅不妨多占一些；在文风方面需要注意实事求是，不讲套话、空话、废话。

经新闻出版署批准，《出版参考》半月刊于1988年3月1日创刊。初创时期，每期16开8面，由中国书籍出版社出版发行。由于刊期短，能及时反映国内外出版信息和各种动态，逐渐受到出版界特别是出版社编辑出版人员的欢迎。

（二）编辑出版《中国出版人名词典》

1988年初，中国出版科研所和河北省新闻出版局发起组织编纂《中国出版人名词典》的倡议，得到了全国出版界的广泛赞同和支持。当年4月，由新闻出版署，中国出版科研所，部分中央级出版社和各省、自治区、直辖市新闻出版局派代表组成的《中国出版人名词典》编辑委员会成立，边春光同志担任编委会主任，我和河北省新闻出版局的冯玉墀、宋孟寅同志担任副主任，4月17日至19日在河北省石家庄市召开了编委会。

边春光同志在17日的会议上发了言。他说，编辑出版一本全面反映我国出版界人物的《中国出版人名词典》，在我国出版史上还是头一次。这项工作不论对于向国外广大读者介绍我国出版界人物，还是对于出版界自己相互了解都有重要意义。过去不少同志反映，编辑、出版、发行工作人员的社会地位低，不受重视，其中有社会原因，也与我们自己对出版工作和出版工作者所作出的贡献宣传不够有关。现在通过这本出版人名词典的编辑出版，不仅反映了我国出版队伍中人才资源的状况，也借此宣

《中国出版人名词典》编委会主任边春光（左）与作者合影（1988年4月19日）

传了我国出版事业的成就和编辑出版人物的业绩和作用，它是研究和加强我国出版队伍建设的重要资料。

《中国出版人名词典》在全国出版部门的通力合作下，历时一年多完成编辑工作，1989年12月由中国书籍出版社出版。

经过各方面20多年的积极努力，我国出版科研工作长期落后的面貌已有了很大的改变。对王益同志过去在文章中历数出版科研"五个没有"的状况，不仅可以响亮地回答"现在五个都有了"，而且在每个"有"的内容方面，都可以举出不少具体的事实和成果来说明。

中国出版科学研究所经过20年的发展，目前已成为我国唯一的国家级出版科学研究机构，承担着我国出版业的基础理论、宏观决策、发展战略、学科建设、出版经济、出版标准化、数字出版、版权、传媒、国际出版等方面的研究任务。20年来，中国出版科研所的所址先后搬迁过五次，从最初位于北京市东城区前厂胡同的几间平房起步，到2005年搬进丰台区三路居路97号新落成的出版科研大楼。出版科研所的科研队伍、科研条件、科研手段和水平，也与20年前有了巨大的变化。

2005年是中国出版科学研究所成立的20周年，为我国出版、科研事业作出开拓性贡献的边春光同志离开我们也有16年了。回望20年前出版科研所起步时期的状况，喜见今日出版科研所的新面貌，春光同志在九泉之下，也会感到欣慰的。

学识渊博的编辑出版家陈原[*]

一

我于1962年调入文化部出版事业管理局出版处工作,陈原同志时任出版局副局长,主管出版工作,因而经常受到他的教益。

1974至1975年间,陈原协助陈翰伯主持制订中外语文词典十年规划(草案),我参加了这个规划小组,在陈翰伯、陈原同志的直接领导下工作。规划小组最初设在国家出版局一间很小的办公室内,我清楚地记得,陈原每天都来上班,带着一个很小的录音机指导我们如何制订规划,不时讲出一些精辟的见解。

1975年8月,国务院下达

陈原(1918—2004)

---

[*] 一、原载2004年11月10日《中华读书报》,二、原载2005年8月5日《中国图书商报》。

规划（草案）后，我在国家出版局出版部长期负责辞书出版管理工作。在和陈原同志多年的接触中，亲身感受到他知识渊博，言辞风趣通达，是个很易亲近的学者型领导。"四人帮"覆灭后，陈原在推动我国辞书出版事业的繁荣方面作出了重要的贡献，这里仅举给我留下较深印象的两件事为例。

"文革"时期，由于林彪、江青一伙的形而上学猖獗，极左思潮泛滥，人们的思想被搞乱了。受到影响较深的词典编纂人员，曾经提出一些极左的口号，什么"要把无产阶级专政落实到每一个词条"，词典的修订工作"要用革命大批判开路，以阶级斗争为纲"；1974年"四人帮"对《现代汉语词典》的大张挞伐后，对词典编纂工作造成十分恶劣的影响。例如"洋葱"原释义为"一种可供食用的植物"被斥之为"客观主义"，应该加上"它具有叶焦根烂心不死的特点"，以警示读者"那些走资派正如洋葱一样'人还在，心不死'，回潮复辟，势在必然"，如此等等，不一而足。

"四人帮"被粉碎后，分清词典工作的路线是非，思想是非，理论是非，肃清"四人帮"的流毒和影响，成为词典工作者一项重大的政治任务。

1977年11月1日，由商务印书馆会同广州、广西、湖南、河南四省区联合进行的修订《辞源》协作第四次扩大会议在湖南长沙举行。这是"文革"结束后，清除"四人帮"极左思潮这些年对词典工作的干扰和影响的一次拨乱反正的重要会议。陈原同志经过认真准备，代表国家出版局的《辞源》修订工作领导小组在会上做了长达七个小时的讲话，提出了在词典工作中肃清"四人帮"的流毒和影响，要注意划清十个方面的界限。只有思想是非分清楚了，才能使词典工作大干快上。这十个方面的界限是：（1）要划清词典和政论的界限，（2）客观态度和客观主义的界限，（3）要有时代精神和为当前政治斗争服务的界限，（4）相对稳定性和反对新生事物的界限，（5）尊重语言规律和所谓"封、资、修的大杂烩"的界限，（6）古为今用和"复辟回潮"的界限，（7）洋为中用和"崇洋媚外"的界限，（8）开门编词典和反对专家路线的界限，（9）辩证法和形而上学的界限，（10）革命文风和"帮八股"的界限。①

《汉语大词典》首席学术顾问吕叔湘（右二）、学术顾问陈原（左一）、主编罗竹风（左二）、副主编陈落（后排左一）、工作委员会工作人员方厚枢（右一），1980年11月摄于杭州六和塔前

---

① 陈原1971年11月1日在《辞源》修订第四次扩大会议上关于划清词典工作十个是非界限的讲话，后来在中国社会科学院的《中国语文》杂志上发表《划清词典工作中若干是非界限》，文章中修正为八个是非界限，即词典工作和政论的界限；客观态度和客观主义的界限；相对稳定性和"反对新生事物"的界限；古为今用、洋为中用和"封资修大杂烩"的界限；"百花齐放、百家争鸣"和"回潮、复辟"的界限；辩证法和形而上学的界限；革命的文风和帮八股、繁琐哲学的界限；群众路线和弄虚作假"三结合"的界限。

陈原同志的这次讲话理论联系实际，以大量事实例证从理论的高度对所探讨的问题作了深刻的论述，有力地批判了"四人帮"对此项工作造成的干扰和破坏。这一讲话在词典界广为传播，对肃清"四人帮"的流毒和影响发挥了重要的作用。

中外语文词典十年规划中规模最大的汉语辞书《汉语大词典》的编纂工作从1975年上马后，到1980年秋，上海、江苏、浙江、山东、安徽、福建五省一市已有20所高等院校和部分老年中学教师、社会人士近400人参加。大词典由陈翰伯担任领导小组组长（后改称工作委员会主任），罗竹风任主编，并成立了编辑委员会，聘请吕叔湘先生，并由全国知名的十四位语言学专家为学术顾问（陈原是其中之一）。几年来，编纂工作取得了一定的成绩。但粉碎"四人帮"后，出现了一些新的问题与矛盾，同时，作为国家重点科研项目，有些措施不落实，人员不稳定，离心力较大，以致编纂工作开始出现疲沓、涣散的情况。在1980年11月的关键时刻，《汉语大词典》编委会决定在杭州召开第二次会议。陈翰伯1978年7月出任国家出版局代局长，为出版工作的拨乱反正日夜辛劳，因工作过于劳累，至1980年脑血栓再度发作，正在住院治疗，不能到会，便委托陈原以国家出版局党组成员的身份到杭州参加会议。他在会上做了三次讲话，对《汉语大词典》的重要意义、与其他大型汉语辞书的主要区别和特点、在编纂工作中应注意的问题，以及编纂大型词典的甘苦、如何对待编纂工作中出现的困难等谈了意见，三次讲话整理出的记录共1.6万字。特别是11月25日会议闭幕时的讲话最为精彩，虽然他在讲话开始时自谦地说，"我今天先讲一段官话，然后讲一段空话，最后再讲一段废话"，但讲话的内容生动风趣，在短短的半个多小时内就获得全场人员八次大笑和热烈鼓掌，会议的气氛十分活跃。在谈到《汉语大词典》的重要意义时他说:"我们这部词典和其他重点工程,是一项了不起的文化基础建设工程。我认为它的影响不止是一代人的,而是千秋万代的。在这条战线工作的同志,是四化工作中必不可少的一部分。他们的工作应该受到足够的重视和尊敬。他们的自我牺牲精神值得我们学习。"在谈到编纂词典特别是大型词典的艰巨性时,他提到吕叔湘先生昨天的讲话中谈到外国有一位院士说的"谁要是犯了错误,最好就罚他去编词典"的例子。陈原说:"我说编词典的工作不是人干的,但是它是圣人干的。""咱们干词典的就是圣人!喔呦,那阵子《现代汉语词典》中'圣人'这一条挨批评得厉害,我现在又来复辟了。他牺牲自己,为别人的幸福,为国家的四化,为我们民族的光荣,为我们民族文化的积累,为整个民族科学文化水平的提高作出贡献。历史不会忘记这些圣人,人民也不会忘记这些圣人。这些圣人一时可能得不到人们的尊重,但终究会有人知道他们的。"

二

1979年12月,中国出版工作者协会成立以后,陈原最早提出要创办我国第一部《中国出版年鉴》的创意,国家出版局领导决定由研究室负责筹办,研究室主任倪子明将我由局出版部调至研究室参与创刊工作。我们对如何编好年鉴毫无经验(我甚至从未看过年鉴是什么样子),陈原就给我们讲解年鉴的作用和应包括哪些内容,框架如何设计,如何突出重点,反映特色……我们试拟出第一册(1980年)的目录初稿后,陈原仔细修改、补充。等到创刊号的组稿基本就绪后,陈原又重点审阅了部分重要稿件。全书完成后他又指示商务印书馆出版部尽快出版,于是出版界多年的愿望终于实现。

2000年10月24日,原文化部出版局的三位老领导(局长王益和副局长陈原、王仿子)约集原出版局工作同志在中国版协"出版之家"聚会,这是一次难忘、充满温情、喜悦的活动。1966年"文革"前,出版局全局工作人员42人中,此时已有16人去世,其余在京人员中因病、因事不能到会,实际参加的仅有17人。其中80岁以上的有6人,其余都在65至70岁上下。不少人"文革"分手后已30多年相互未曾见过面。在位老领导中,以王仿子的年龄最大(84岁),其次是王益(83岁)、陈原(82岁),三老都欣然到会,高兴地和大家交谈。陈原同志还带来他的著作《陈原出版文集》和香港出版的《记胡愈之》等书分赠大家。中午,他们三位老领导还自费请大家到"出版之家"对面的酒楼中聚餐。谁也没有料到,这次聚会竟是我们和陈原同志相见的最后一面!会上全体同志和陈原一起的合影,也成为我们和他一起的最后一张照片。

陈原同志从21岁参加新知书店担任编辑工作起,一生中勤于读书、编书、译书、著书、出书,他真正地做到了"为书的一生"。

他一生中出版的最后一本著作是《我的小屋,我的梦——六十年往事:"如歌的行板"》,这是他的一本回忆录,也是他的绝笔。

陈原同志在《我的小屋,我的梦》的《后记》中,说他1999年在医院做完手术后,躺在病床上"忽发奇想,想把自己经历的几十年风风雨雨写下来,留给我的亲人们做个纪念。主要不是写我自己而是如实地把我接触过的人们,我景仰的人们,我深深怀念的人们写下来,岂不是绘出一幅生动的、带着时代气息的风俗画么？昨夜星光灿烂——这六个字，老是在我的脑海里盘旋。我知道这是我最后的一个美梦，要变成现实可太困难了"。

陈原的这个"最后的一个美梦"终于在2001年5月实现了。可是4个月后，他于9月22日离开家去怀柔参加商务印书馆筹划出版《赵元任全集》的工作会议的第二天突发脑溢血而病倒，从此缠绵病榻三年又三十三天，长期处于痛苦的失语状态，终于在2004年10月26日凌晨静静地走了，永远地走了。

《我的小屋，我的梦》这本书，作为纪念陈原而出的最后一本著作，出版社在装帧设计上是用了功夫的：160页的篇幅用小32开本平脊精装，枣红色的全封上烫银色书名，外加宝蓝色和鹅黄色相间的护封，上部斜列扁宋体大字书名，配有陈原笑容可掬、形似传神的漫画头像和签名；下部用小字印着6行陈原在《后记》中所写的最后一段话：

回味往事，写不出（昨夜）灿烂的星光，只能告诉我的亲人，我在那一间又一间小屋里，度过了美好的一生——充满苦恼和希望、激情和友爱的几十年。

陈原写的这本六十年来的往事漫忆共分为20节，始终围绕着他住过的一间又一间小屋和做过的事，抒发了他亲身经历的几十年风雨人生。

书中第一节说的是他在北京一住20年的小屋，他写道：

我一辈子都住小屋，现在还住小屋。

我的小屋，其实应该叫作书屋。套用古人的名句"环滁皆山也"，我这里是"环我皆书也"。斗室中除了我就是书，真可以说，几乎没有转动余地。旧时描述自己家穷，说什么"家徒四壁"，我家不富，可也不能说穷。但我却"家无四壁"，四壁都被顶天立地的书架所掩盖，确实看不见一点墙壁。

......

这小屋，仿佛是一片浩瀚无边的书海，我日夜在这书海中冲浪，似若反思，似若沉思，似若冥思，尘世一切俗念与引诱都化为乌有，只剩下老人与海，老人与书海——天连海，海连天，好一幅风流潇洒的画面！灵魂得救了，超脱了，自由了，可以飞翔了。

陈原的女儿回忆说：有一次她爸爸出了远门，一天突然来电话要她帮助找一本书。由于家中充满了高耸到屋顶的书架，都挤满了书，一时不知从何处才能找到。而她的爸爸在电话中轻松地说出了这本书的位置：就在里屋左面书架的最右侧，眼睛平视的地方。果然按照这个坐标，她轻而易举地找到了，心中不由得惊叹爸爸对于书的钟爱和熟悉。

接着，陈原笔锋一转，谈到他人生旅途中住过的第一间小屋：

我独自一人拥有一间小屋，是从三十年代读高中三年级时开始的，一直住到我大学毕业。这是我最初的小屋，我最初的梦。

那是我们民族生死存亡的岁月，虽则小屋充其量只容得下五六个人，可是充满着希望、悲愤、激情、欢乐、烦恼以及永远不会消失的最高贵的战斗情谊。

我从这里踏出了人生第一步。我从这里开始了人生的战斗。我在这小屋中尝到了密友之间的友谊，同志之间的情谊，男女之间的爱情真味……

其后的回忆，陈原写了在抗日战争和解放战争时期经历的艰苦岁月，他撤离广州后，辗转于曲江（韶关）、桂林、重庆、上海、香港等地。1939年初，他在桂林参加新知书店工作，从此，开始了他的编辑生涯，同时也开始了他的写作生涯。他在书中回忆了在这些地方的战斗和生活经历,深情地写下了他接触过的人们,他景仰的人们的事迹。在书的最后一节中谈到,他在香港从事进步文化活动,被港英"政治部"(类似美国联邦调查局那样的机构)列入了"调查"的名单,因此组织上安排他尽快离开香港。他一家四口被安排搭上一条海轮北上。一驶进渤海湾,就"自由"了,解放了,可以放声歌唱"解放区的天,是明朗的天……"了。陈原兴奋地写道:

> 黎明了。新的时代在向我们招手,我可没有忘记侵略者曾经三次炸毁了我的小屋。我的小屋可以被炸成平地,可是我的梦是炸毁不了的。我又开始做梦,新的梦……

这本书中收有陈原各个时期的工作、读书和出国访问等照片十三幅;他的手迹、随手画的画各一幅。书后的"附录"部分收录了陈原生前的同事、老友们的九篇纪念文章,深情地回忆了陈原的学术成就和对出版工作的突出贡献。他的思想、道德、精神和人格魅力,将永远激励着一代又一代的出版人。"附录"的最后一篇,是陈原的女儿陈淮写于2004年12月的一封八千多字的《寄往天国的信》,信中寄托了女儿对她亲爱的父亲无尽的思念之情。

我读完陈原同志这本最后的著作时想到,一生热爱书和研究书籍装帧艺术的陈原,如果看到这本书的出版一定会很高兴的。

出版、印刷、发行工作的"通才"王仿子

1949年4月南京解放后不久,我作为商务印书馆南京分馆的一名营业员积极参加了当地的工会工作,认识了南京市新华书店的一位同志。一次偶然的机会,从他那里看到一份名为《门市工作七十二条》的小册子,内容对于做好书店门市工作的方方面面提出了既具体又实际的方法,读后对我做好书店门市工作起了很好的促进作用。想不到的是,十二年后,这本小册子的作者王仿子同志竟然成了我的领导(时任文化部出版局副局长)。他平易近人的作风,认真、细致的工作态度使我十分敬佩。

王仿子同志曾在衡阳、桂林、上海、香港生活书店工作。1949年曾任中共中央宣传部出版委员会印制科科长兼宣传科科长。新中国成立后,历任出版总署计划科科长、出版处处长,文化部出版局副局长兼中国印刷公司经理,文物出版社社长等职。仿子同志从事出版生涯七十年,可以说是出版工作方面的一位"通才"式人物,

王仿子在中国韬奋出版荣誉奖颁奖大会上(2004年2月24日)

在出版、印刷、发行工作方面，都有出色的表现。特别难能可贵的是，如今他已九十多岁高龄，除了耳朵重听之外，他的思想意识仍然清晰，能够写出文笔流畅的长篇文章。2011年我在主编《中华人民共和国出版史料》"文革"卷时，组织部分老同志撰写"文革"时期的出版回忆文章，向仿子同志组稿，时隔不久，他就交来一篇关于印刷方面的万字长文。

关于仿子同志在出版方面的突出贡献，我想谈谈他对我国出版史研究方面所起的重要作用。

我从1993年在工作岗位上退休之后，一直在为我国出版史研究做一点力所能及的工作，我在写作出版史料时，对于新中国成立初期的历史由于缺乏史料经常遇到疑难问题，仿子同志是我最好的一位老师。1990年我迁居方庄后，仿子同志的住处距离不远，因此我一碰到困难时就去仿子同志处请教，他总是不厌其烦地帮助我解开难题。下面我想举出几件事例加以说明：

（1）1998年下半年，新华出版社邀请刘杲、石峰同志主编一册《新中国出版五十年纪事》，拟于1999年建国五十周年时出版。为此组织了编辑小组，由我和潘国彦、张稺枫、刘菊兰同志分别撰稿，我负责撰写1949年10月至1979年的纪事，主要根据中央档案馆的复印件和文化部、新闻出版署的档案和我保存的出版史料编写。出版社要求此书要"全面、完整、准确，既谈成绩，也要实事求是地记载缺点和错误"。到当年10月中旬我写完初稿，担心遗漏了某些重要史料或有的地方写得不准确，就将原稿送至仿子同志处审阅。他认真看后写了三千多字的意见，详细地叙述某页某处的史实不够准确，应该如何改正；某处叙述只要加上几个字即可，等等。此外，还提出十八条应该补充的重要事项，例如："1956年，日本有一出版代表团来访，由国际书店接待，是新中国成立后第一个资本主义国家的代表团，应该记载。""49页：《知识丛书》由胡愈之倡议，亲自找出版社讲话，召开会议，见陈原文章，似可点出胡愈老。""建立'三审制'作为编辑工作的'宪法'，应补充。""1952年把我调到出版总署计划财务司任计划科长时，为建立一套计划统计制度，要确定一些名词、计量单位等，采用'印张'一词（过去未见过用），是我的发明，经胡愈老肯定，还是由胡愈老提起我启发，由我写入《计划统计的名词和计量单位》，此件已找不到了，当时曾发文给各单位）。用'千印张'代替'令'，以后计算定价也使用印张为单位，不是用'页'了。""基本稿酬与印数稿酬相结合的稿酬办法，这也是我的发明创造，过去没有，全世界都没有。1954年陈克寒副署长要制定一个能体现按劳付酬的稿酬办法。版税制、卖稿、苏联的印数定额办法都有缺点，几经讨论、调查、修改，方案定不了，因为都不够完整。到1957年（？）整风后期的整改时我提出把稿费分为两部分，即基本稿酬（按字数与质量），附加稿酬（按印数，并有递减。后改名为印数稿酬）。我的这个建议方案当时印在整改文件中（附样），作为征求意见。后来，1958年文化部采纳这个办法。知道我发明的金灿然、周积涵已故世，此外没有人知道了。"

仿子同志的意见我收到后很感动，并在初稿中作了修改和补充，对提高书稿质量发挥了重要作用。

（2）《中华人民共和国出版史料》这个选题是由仿子同志首先提出，经中国出版科学研究所报请新闻出版署批准，和中央档案馆合作进行的。仿子同志担任这部史料的顾问，袁亮同志担任主编，我担任副主编及多卷执行主编。仿子同志将他多年保存的一批原文化部出版局的出版文件，内部刊物等资料拿出借给我使用，凡是中央档案馆没有收藏的文件，而仿子同志保存有价值的文件、资料都收入在《出版史料》中。仿子同志还对《史料》的编辑工作提出过建议，认为要力求保证史料的原貌，不宜做过多的节略等意见。经过十多年的努力，从1949年到1966年4月即"文革"前十七年的出版史料已由中国书籍出版社全部出齐。这套史料中由于收有中央宣传部和出版总署、文化部党组有关出版工作的请示报告和毛主席、周总理等中央领导同志的批示等重要文件，时间越久将愈加显出这套出版史料的价值。

（3）《中国出版通史》的编纂。仿子同志是这部巨著的顾问。我作为全书九卷的最后一卷《中华人民共和国卷》的作者之一负责1949—1979年的撰稿人，在第一、二章新中国成立初期的内容时，我将写好的初稿送请仿子同志审阅后，他都作了重要的修改、补充，对史料的准确性和书稿的质量起了重要的保证作用。

仿子同志对《中国出版通史》的编纂情况特别是质量情况十分关心。2002年12月23—25日，《通史》编委会在京召开第八次编撰工作会议，主要议题是总结《通史》启动两年来的编撰工作和安排2003年的工作；对《通史》的先秦两汉、魏晋南北朝、隋唐五代、清（上）、中华民国、少数民族部分等五卷六个部分的试写稿进行研讨，为各卷的撰写确定样张。《通史》编委会办公室编印了《编撰工作简报》第十三期，对会议情况作了详细汇报。

仿子同志收到这期简报后，给《通史》编委会副主任余敏、常务副主任郝振省写信，说他读了《简报》十三期后引起一点感想。他说："一部《中国出版通史》，皇皇巨著。我最关心，认为最重要，也是最复杂，写起来最最繁重的是民国卷。这一卷，辛亥后和一战后,先进分子的崛起,五四运动,提倡白话文,日本侵略和反侵略的斗争,国民党压迫摧残文化出版业与反压迫的抗争,等等。光是收集国统区、解放区和沦陷区这三大块的史料,就得花费很多时间和精力。""中国人民争取自由的百年斗争,获得胜利的最后一战也在这一卷。我想,如果这一卷不能把出版对推翻三座大山作出的贡献写好,那么,这部《通史》的学术地位危矣哉!"

仿子同志在信的最后强调说,他看了《简报》中的进度,有点担心。"我主张,到时候能不能按计划出版,不要为了赶时间而让质量服从计划。要确定质量第一的方针,让出版时间服从质量,不达到质量要求不出版。我所以提出这个问题,因为有过痛苦的教训。几年前,有两部书,开头都说重要,质量要保证,但一到赶时间出版,就匆匆忙忙发稿付印,等到印出来发现错误很多,已无法纠正,既不能出订正本,又不能再编一部,于是,遗恨万年。"

2004年2月初,仿子同志收到《通史》民国卷的稿件清样,请他提意见,他于2月7日复信说:"我已88周岁,看书报用放大镜,颇感吃力,所以不可能通读一遍,只能翻一遍,跳跃式的、挑题提意见。所以难免有遗漏,不可能全面;还有可能提一些多余的意见(即因某些文字没有看到而提了不必提的意见)。"就是这样,仿子同志还是一连写了24页稿纸、7000多字的意见,这些意见具体指明某页某行所说的事真实情况如何,还在每条意见后开列了参考书目供作者参考。

《通史》编委会主要的领导同志对于仿子同志的来信和所提意见十分重视,通知编委办公室将来信和意见复印后发给各卷的主编了解,并强调一定要重视《通史》的质量,必须抱着"对后人负责、对历史负责"的态度完成编撰任务。

（4）写到这里，我还想起仿子同志的一件事值得一提。他在看到一位年轻出版专家写的出版史著作中转引一篇文章，里面说"生活书店的职工待遇十分丰厚"，文章列举"提高津贴数字"，有"医药津贴、生活津贴、养老金、子女教育费"等，又说"给父母生活困难的员工加发津贴"等等。仿子同志说："我在抗战初期参加生活书店，直到全国解放，没有看到过、听到过有这样好的待遇。我又找到1934年参加生活书店的同事，说书中列举的各种津贴，只有少数几种实行过（1932、1933年参加工作的同事没有了）。这篇文章的作者当然是有根据的，如果生活书店成立初期有过这样的打算，在生活书店的历史上只是一瞬间的事。"仿子同志又说，他曾在刊物上写过文章，提到当年生活书店的职工待遇不仅比不上一般工商业，与同业中的商务、中华比较，也是矮了一大截。韬奋说："我们同人的工作，比别家辛苦，报酬却比别家微薄。"仿子同志回忆："我记得，当年食宿是书店供给的，工资极少，只够理发、洗澡，购买毛巾、牙刷等日用品支出。拿到工资最向往的享受是到小饭馆去吃一顿'两面黄，猪肝汤，吃得两眼泪汪汪'（当年的顺口溜）的炒面。"

仿子同志说："对于这件事，一般人不会关心，但在十年二十年后，今天某一出版史工作者的论断，就会成为后来研究者确信的事实。这是不能不引起重视的。"这一事例说明，在占有大量资料之后，如何辨别有些史料的准确性，十分重要，如果轻易采用了不准确的第二手资料，就会影响史料的真实性，产生不良影响。

善编"长命书"的编辑出版家赵家璧

我国著名的编辑家、出版家赵家璧，于1997年3月12日与世长辞，享年89岁。噩耗传来，我感到十分悲痛，不禁回想起与他交往的几件往事。

从20世纪40年代初跨进出版业的大门那天起，我就知道了赵家璧这个名字。他组织编辑的"良友文学丛书"，曾是我最喜爱的书籍之一。那每本书上都印着的"书标"在脑海中留下了深刻印象：一位头戴阔边草帽的农夫，在春天广袤的田野里，左肩挂着谷粒袋，右手正在向条条麦垄撒播种子，企盼着金色的收获……

我结识赵家璧是在40年后的80年代。1983年11月，在广西阳朔召开的中国出版工作者协会第一届全国出版研究年会上，赵老以中国版协副主席的身份与会。第二届研究年会于1984年4月在四川峨眉举行，赵老再度出席。两次会上，他都积极参加小组研讨，并在大会上发言，对当时出版工作中存在的问题坦率地发表了看法，提出改进的建议。这两次会我都和他同住一楼，因而有较多的时间和他交谈，深受教益。

赵家璧早在青年时期就热爱读书和藏书，从爱读书发展到爱编书。1932年他从上海光华大学英文系毕业后，年仅24岁就担任了上海良友图书印刷公司的编辑，从此献身于出版事业，做出了优异的业绩。他以自身的体会对我说：做编辑工作的起码条件就是要爱书，一个不爱书的人是做不好编辑工作的。赵老很推崇巴金所言："我过去搞出版工作，编丛书，就依靠两种人：作者和读者。"赵老自己的经历也印证了巴金这条经验的重要。他在整个编辑生涯中，紧紧依靠进步作家，包括鲁迅、周扬、夏衍、郑振铎、丁玲、曹靖华等，从而保证了编辑工作的正确方向和良好的质量。赵老认为，适应读者的需要出书，并不是迁就读者的落后面，而是要尽力提高他们。他每编一种书，都站在读者的角度，力求做到尽善尽美，使读者、作者都满意。他不但重视书的内容，而且十分重视书的装帧设计，"好马还需配好鞍"，使读者一见就爱不释手。他还认为，一个合格的编辑，不能墨守成规，要时时记住"创"与"闯"两字，敢于创新，勇于开拓。我想，赵老一生编辑出版的大量优质书籍为这些话作了最好的注释。

当时，我正在主编《中国出版年鉴》，因此向他求教如何编得更好一些。赵老给了我很多鼓励，也提出了一些很好的建议。《中国出版年鉴》设有"图书评介"专栏，包括报刊书评文摘、书评索引和新书简介，以全书的大半篇幅介绍上一年度全国出版的书籍。我们的话题转到如何写好书评和新书简介，赵老谈了很精辟的见解。他说，一篇好的书评或简介，应该以简练的文字，准确地概括这本书的精髓，诚恳地向读者作实事求是的介绍，帮助读者了解书，切忌广告式的吹捧或自我吹嘘，也不要写成"八股式"的一般介绍。赵老提出今天的出版工作者应该努力向一些有成就的出版前辈学习，例如鲁迅、叶圣陶、巴金先生等人都很重视向读者介绍书，写了不少具有鲜明特色的书籍介绍文字，每一篇字数不多，却都是很精彩的浓缩书评。

赵老还说，过去商务印书馆、开明书店、生活书店等出版单位都十分重视书籍宣传工作，如利用每本书的后面同时刊登同类书或其他新书的简介，便是一项便利读者的措施，这些传统很值得今天的出版界继承。

赵老对自己编著的书也很重视宣传工作。1984年生活·读书·新知三联书店出版了赵老所著《编辑忆旧》一书，此书集中地记录了他几十年来在编辑出版领域的辛勤劳作。时任三联书店负责人的沈昌文同志以魏复兴的笔名写了一篇书评，在《中国出版年鉴》1985年刊发表。书评简要介绍了该书的内容，认为它"对于中国现代文化史研究者，特别是对于年轻的编辑工作者来说，称得上是一部珍贵的史料和有用的教材"。赵老看后认为书评写得很好。1988年，香港三联书店出版了赵老的另一本著作《书比人长寿》，装帧、印刷、用纸都很精美，赵老看到后喜不自胜，他说"这正符合我在'良友'时代在出版形式方面的高要求"。他想在《中国出版年鉴》1989年刊介绍。1988年10月23日他写信给我说："84年那本拙作，蒙《出版年鉴》置于栏目之首，评论作者我暗中钦佩，但署名者可能是个笔名，我也不知是哪位同行。港版《书比人长寿》是否仍请他执笔？我认为他是了解我的。上海方面没有适当的朋友，还是由您这位大主编一手包办吧！"

我接信后即将赵老的愿望转达给沈昌文同志。时间不长，昌文就交来一篇千余字的评论。他抓住"书比人长寿"这一西方谚语的含义，联系赵老的特点，发表了一通议论。他指出赵老一生编辑工作的特色就是善编"长命书"，出版了一大批至今仍值得人们怀念的长命好书。文章指出，赵老也同样注重普及读物。要"长命"不是非要"大系"不可，小册子编得好也能"长命"。

赵老年轻时编的"一角丛书",其中就收有夏衍等人的名作。书评进一步提醒现今的出版社再编小册子,也应考虑一下书的"寿命"问题。

我将沈昌文写的书评稿复印后寄给赵老,不多日就接到复信,说对沈文非常满意。并告诉我上海《新民晚报》副刊编辑在他那儿看到这篇书评文章也大为欣赏,要求拿去先在报上发表,赵老特地来信征求我的同意。我当即回信表示同意,让好书出版的消息尽早广为人知,虽然港版书在内地一时还不易看到。

1994年2月,我随《汉语大词典》工作委员会主任刘杲到上海参加《汉语大词典》工作委员会会议的间隙,一同到虹口山阴路192弄赵老的住宅去看望。赵老时年已86岁高龄,但思维清楚,精神很好。在他的客厅内,靠壁有一排虽陈旧但十分整洁的书橱,陈列着排列整齐、开本装帧各有特色的"良友文学丛书""晨光文学丛书"、《中国新文学大系(1917—1927年)》等一大批图书,都是赵老60多年编辑出版生涯的心血结晶。在交谈中,赵老取出一大本他精心裱托过的书信夹,里面是鲁迅先生给他的48封亲笔信,其中包括鲁迅先生1933年1月写给他的第一封信和1936年10月鲁迅逝世前7天写给他的最后一封信。赵老将这批信一直珍藏在身边,这批书信凝聚了"作家和编辑互相信任、互相支持、并肩作战、奋斗图存"的战斗友谊。当我们告辞下楼回望时,赵老还站在楼梯口挥手致意。此景此情,历历如在目前,想不到这次分别竟成永诀。

赵家璧同志虽已离去,但他的编辑出版业绩和道德风范却长存人间,值得我们久久怀念。

赵家璧致方厚枢信手迹（1988年10月27日）

开创社会主义出版学，
重视出版史料出版的先行者宋原放

2005年6月30日夜，我接到中国版协常务副秘书长潘国彦的电话，惊悉宋原放已于当日凌晨在上海逝世。噩耗传来，我眼前立即浮现出去年2月末在国谊宾馆和他晤面时的情景。那次是他来京参加接受我国出版界个人最高荣誉奖的"中国韬奋出版奖"颁奖大会和参加中国版协老出版工作者工作委员会会议（宋原放是中国版协"老委会"副主任）。他特地抽出半天时间，约集在京部分出版界老同志在他住宿的房间内聚会。会上首先听取了上海市新闻出版局正在筹建"出版博物馆"的领导小组副组长林丽成介绍筹建情况；接着交流了有关出版史料编纂等情况。宋原放虽然行动不便，外出时需要坐轮椅，但他的精神很好，高兴地和大家交谈，会后还与我们共进晚餐。想不到这次会见，竟是和他相见的最后一面。

一

我和宋原放相识于20世纪60年代初，我在文化部出版局出版处工作，因出版业务曾和他有很少几次交谈。1979年底中国出版工作者协会成立，他先后担任中国版协第一届理事、第二届副主席，第三、四届顾问，我先后担任版协一至三届的副秘书长，在协会举办的各种活动中和他交谈的机会增多。

1982年11月，中国版协应英国出版家协会的邀请，派出以中国版协副主席许力以为团长、理事宋原放为副团长的"中国出版代表团"一行10人访问英国，我作为代表团的一员，一同和宋原放相处了半个月。

11月7日，代表团到达伦敦后受到英国出版家协会的热情接待。在出席了主人安排的招待酒会后，从9日开始，代表团大部分时间分为两组与英国的多家出版社和书店进行访问活动。宋原放这次来英国访问附带有一项任务，就是与李约瑟博士会面并向他赠送上海古籍出版社刚刚出版的一册新书。

李约瑟博士是英国皇家科学院院士，是国际上研究中国古代科学技术发展史的著名学者，当时正在剑桥东亚科学技术史研究中心做研究工作。他经过几十个寒暑的辛勤研究，在54岁时所著的《中国科技与文明》第一卷问世（中文译本名为《中国科学技术史》，由科学出版社出版），到1982年已出版7卷，共20册、800万字，据说计划要编写20卷。

李约瑟博士对中国有深厚的感情。新中国成立后，他曾任英中友好协会主席，多次来我国访问。1980年12月9日是他的80寿辰，为了祝贺他对中国科技史研究的巨大贡献，上海古籍出版社《中华文史论丛》编辑部在国内外学术界的热情支持下，出版了一部纪念论文集：《中国科技史探索——李约瑟博士80寿辰纪念论文集》，共收入包括11个国家的国际知名学者的论文31篇。论文内容大部分是关于中国古代科技成就和发展的专题探讨，也有关于李约瑟博士生平和他从事科学研究经过的介绍。本书出版国际版（根据原稿用中、英、日三国文字排印）和中文版两种版本。

我们访问剑桥时，在剑桥大学出版社的午餐招待会上，作为代表团副团长、上海市出版局局长的宋原放，把刚刚出版的《论文集》国际版送给李约瑟博士；代表团同时还向他赠送了一方用福建寿山石镌有"李约瑟印"的篆字印章和一盒珍宝印泥。李博士十分高兴地接受了礼物，他立即将那方印章蘸上印泥在手背上印出红字，引起了大家的一阵笑声。李博士一再向中国代表团的朋友表示感谢。长期协助李博士工作的鲁桂珍博士拿到这本论文集后爱不释手，称赞本书的装帧设计和印刷质量好。李博士后来来我国访问，还专程从北京到上海作了学术报告。他对中国朋友们说："这次《中华文史论丛》编辑部为我出版纪念论文集，对一个外国人来说，是前所未有的。"这一巨大荣誉，只有《明史》为16世纪的意大利著名学者利玛窦立传才能与之相比。

二

中国出版工作者协会成立后，重视开展群众性出版理论研究工作，专门设立了"学术工作委员会"，其中一项主要任务就是推动和促进全国出版界加强理论研究工作。1983年11月13—19日，中国版协召开的首届全国出版研究年会在广西阳朔举行。年会的宗旨是"提倡出版工作者重视出版理论研究，促进群众性的出版科研工作；推动出版工作者善于把实际工作中的经验总结、归纳，提高到理论认识，并且利用研究成果，来推进出版改革的深入发展"。这次盛会受到全国出版界的重视，收到论文247篇，共有105人出席。会议由中国版协主席陈翰伯亲自主持。宋原放在会上讲话中说："为了总结、探索和逐步明确出版工作中一些带有规律性的问题，迫切需要建立社会主义出版学。"这是在全国出版科学研究中第一次提出"创建社会主义出版学"的倡议。

1986年1月，宋原放在《编辑学刊》创刊号上发表了《关于出版学的对象和任务》的论文，明确提出："社会主义出版学是一门以社会主义出版工作及其发展规律为研究对象的社会科学。"他对社会主义出版学的任务，出版事业的普遍规律，编辑、印刷和发行三个环节的特殊规律，出版学多层次的理论体系等方面提出了初步设想，祈望出版界的同志大家动手，从不同的方面总结出版工作的实践经验，共同来研究建立科学的出版学的理论体系。

老出版家王益在一篇悼念文章中说："原放同志如此热心于社会主义出版学的建立，不是偶然的。这与他长期从事编辑出版工作并重视培养干部有关。我记得'出版社既要出书还要出人'这个论断，是上海首先提出来的。他在工作中深切感到在总结经验和调查研究的基础上建立一门专门学科的需要，因此在适当的气候土壤的条件下，他的倡议就明确提出来了。"[①]

在宋原放的倡议下，出版界一度出现了出版学研究和讨论的热潮，他为全国性的社会主义出版学的建立和发展起了重要的领头作用。

三

宋原放对出版史料的收集整理十分重视。1993年1月，他在《江苏出版史志》发表《关于中国出版史的思考》的文章中说："史料是研究工作的基础，辩证唯物主义和历史唯物主义是帮助我们拨开历史迷雾的科学方法论。……前些年，有些学者急于求成，有重著述轻资料的倾向，不愿在史料上下功夫，这就难免随

---

① 王益：《出版史料》2005年第3期，第105页。

便抓个材料,胡编乱说,贻误读者。"

1981年1月,上海市出版工作者协会成立,宋原放担任副主席(1986年任主席)。上海市版协成立后,将收集、整理并组织出版史料列为版协的主要任务之一,并成立了文史资料委员会。经过一年多的酝酿、筹备,由宋原放、赵家璧担任主编的《出版史料》于1982年12月在上海创刊。这项工作得到出版界老前辈们的重视。时任中国版协主席的陈翰伯1985年6月2日给刊物编辑部写信说:"《出版史料》是一个难得的内容丰富的刊物,它已经出版了三期,我把其中的每一篇文章都看了,从中得到了宝贵的知识,分享了斗争胜利的喜悦。许多历史经验对于今天的出版工作者还是有用的。"信中还对刊物的内容方面提出多项建议,希望编辑部"再广泛地征求意见,把这个刊物办得更加吸引人"。

《出版史料》在困难的境况下坚持编辑、出版了十年,出到1993年第1期时,主编在《编后记》中突然作了如下的告白:"刚刚清茶一杯,简朴而隆重地度过本刊创刊十周年的纪念活动,各位领导、前辈、学者和专家的题词或撰文还历历在目","刚刚满有信心地展望未来:下一个十年,必将迎来更大的丰收,在这个百年大计的事业中作出自己应有的贡献,却不得不面对现实——《出版史料》再出2期(连本期在内)就停刊了"。

宋原放在1993年7月出版的《出版史料》终刊号的《编后》中写道:"编完这最后一期刊物,不禁抚稿沉思:十年编刊两茫茫,不思量,自难忘。32期《出版史料》的出版,800余万字的稿件的刊登,其中凝聚着作者、编者的多少心血;……而今,这一切都已成为过去,我们也只能面对现实,珍重现实,向广大的读者、作者,向众多十年来矢志不渝地关心本刊的朋友们道一声

'珍重'，说一声'再见'。"

在上海出版的《出版史料》虽然停刊了，但宋原放并没有放弃希望。他始终坚信对出版史的研究和对出版史料的挖掘、整理，对于出版工作的重要性，终会得到有关方面领导的重视和支持。于是，他抓住各种时机，或在报刊上撰文，或在中国版协老出版工作者工作委员会召开的会议上多次呼吁。在不少出版界的老前辈、老领导的支持下，宋原放怀抱多年的两大夙愿终于在21世纪初实现了。

（一）《出版史料》在北京恢复出版

2001年7月，《出版史料》在北京由开明出版社出版。宋原放担任了该刊编审委员会主任委员，他在新刊的《告读者》中兴奋地宣告：

出版界前辈王仿子、王益等老同志热心倡议恢复出版《出版史料》，得到新闻出版总署、民进中央、中国版协、开明出版社的大力支持。2001年，开明出版社打破了七年的寂寞，以丛刊的形式出版了四辑。故友重逢，受到出版界、读书界老中青同志的热烈欢迎。令人万分兴奋的是，在新世纪的第二个春天，《出版史料》以季刊正式出刊了。……我们深知新刊来之不易，会十分珍惜它，办好它。我们要团结全国出版史研究者、文化界学者，把《出版史料》办成一个求真求实的中国出版史的刊物，为出版人熟悉中国出版历史的具体实践和优良传统提供信而实的鉴往知来基础。

（二）《中国出版史料》10卷本的编纂出版

中国版协老出版工作者工作委员会召开的几次会议上，一些老同志呼吁重视出版史研究。宋原放久已有新编一套中国出版史料的愿望。1999年4月以后,他和中国版协学术工作委员会主任吴道弘等有志于出版史研究的老同志多次磋商,决定新编一套通史性质的《中国出版史料》10卷本,由宋原放担任主编。其中古代卷2册由宋原放、王有朋,近代卷3册由汪家熔辑注,现代卷5册分别由陈江、吴道弘、方厚枢辑注。经过几年的努力,这套史料的现代部分5册先由山东教育出版社于2001年4月出版;古代、近代部分5册由湖北教育出版社于2004年10月出版。这套古今兼收、总计400余万字的出版史料中,收集了许多珍贵的出版历史资料。出版界老专家胡道静在为本书所作的序言中说:"本书在着手编纂之前,经过郑重周密的考虑,所以框架结构完善,收录有条有理,故名为《史料》,实际成为一部可阅读的信史。"王益在为本书所写的序言中说:"它的出版,是我国出版界的一件大事。对于为此操劳的各位同志,包括接受出版的出版社的同志们,我谨表示崇高的敬意和衷心的感谢。"宋原放对这套史料集10卷本的圆满完成也感到十分高兴。

《中国出版史料》现代部分5册的编纂工作在北京进行,由副主编吴道弘总抓。这5册的编辑计划和选题目录送请宋原放主编审阅后,他两次来信写了2500余字,提出了修改和增补的详细意见。有的涉及出版方面重要的修改意见我曾送请新闻出版署的老署长宋木文审阅,他对宋原放的意见完全赞同。

《史料》现代部分5册于2001年4月出版后,几年来我们又收集到一些新的有保留价值的出版史料,续编了《中国出版史料》现代部分的《补卷》3册,80万字,所收史料的下限时间截至2005年12月,仍由陈江、吴道弘和我三人辑注。这3册《补卷》于2006年5月由山东教育出版社出版,宋原放主编已不能看到了。当我收到出版社寄来的样书后,谨将第一套书寄给宋原放的夫人沈沁汶同志，借此以告慰九泉之下的宋原放同志。沁汶同志在回信中说："谢谢您，将书寄给我。老宋离去已将近一年了，但他对出版史料工作的执着，并为此喜怒哀乐的情景仍常常浮现于我的脑海，他有时是那样的无奈……老宋如果在世看到补卷的出版，他不知道会怎样的高兴，怎样的喜形于色了。通过您们各位的努力，取得了成绩，我想他现在应该安心地安息了。"

（2010年6月30日）

晚年为我国现代出版史研究拼搏的赵晓恩[*]

2001年11月11日，赵晓恩同志走了。这位性格爽朗、业务精湛、处事干练、一生坚毅的出版老人，平静安详地离开了我们。我们和赵晓恩相识几十年了，20世纪50年代初，他在人民出版社时，吴道弘跟他在同一社里工作。60年代初，赵晓恩先后在文化部出版局和国家出版局工作，又跟方厚枢是同事。特别在80年代改革发展的新时期的二十多年里，赵老和我们之间的交往更密切了。

记得1980年赵老患肺癌做了切除手术后不久便离休了，那时他已是68岁的老人，可是他离而不休，很快就以饱满的热情投入到出版理论和出版史的研究中来。1985年边春光同志主编《出版词典》，邀集出版界一部分专家、学者（如宋原放、朱语今、周振甫）等组成近20人的编辑委员会，赵晓恩是编委之一。每次编委会开会，他总是以丰富的出版经历和出版知识，对词典框架和出版机构、出版人物及出版财务管理等词条，积极发表意见。一次在哈尔滨"出版之家"讨论条目的初稿时，赵老以略带绍兴口音的普通话慷慨陈词，可以看出他对出版理论和出版史的一些深思熟虑，给人留下很深的印象。

---

[*] 本文与吴道弘合写，原载《出版发行研究》2002年第2期。

1985年3月底,在北京浙江上虞籍人士座谈会上,胡愈之垂询赵晓恩动肺癌切除手术后的身体健康状况,赵欣然答谢,以五年来情况正常告慰愈老(1985年4月赵晓恩自注)

其实,赵老早在20世纪50年代末担任文化学院编辑出版系副主任时,对出版工作已经进行过比较系统的研究。后又主编了《出版业务知识》一书(1984年由文化艺术出版社出版),这是我国较早问世的一部出版知识性读物。接着,他为了总结自己大半生的出版经验,特别是为了总结自己在出版社的经营管理工作的体会和心得,开始酝酿写书,在写出《出版企业管理概论》一书的提纲后,广泛征求意见,反复进行修改,还约请专家唐家敖和吴道弘到他家中去认真讨论。这本书的初稿曾打印若干份分别征求意见。赵老就是这样从内容到文字,字斟句酌地推敲,直到满意为止。1992年该书由东方出版社出版,对出版社的培训工作起了有益的作用。

赵老平时注意阅读一些出版史料的书稿，也经常和一些正在撰写出版史著述的老同志保持联系。我们感觉到，这个时期的赵老尽管抱病在身，但他的精神已经完全沉浸到对出版工作的思考和研究中去了。他开始陆续撰写回忆胡愈之、邹韬奋、黄洛峰、陈翰伯等人的文章，写自己的出版经历等等。1997年底，赵老第三次住进协和医院，吴道弘前往探视时，在病房里他谈得最多的话题是如何写纪念杜重远的文章，这就是后来他写出的《中共的亲密战友杜重远》一文，文章中充满深情的怀念，也提供了宝贵的史料。他的心中仍在想着出版工作中的人和事、友谊和斗争，而对于自己的病况却谈得很少。

90年代初，生活·读书·新知三联书店北京联谊会决定要写生活书店、读书出版社、新知书店三店的店史，赵老参加了生活书店店史的编撰工作。他负责部分章节的撰稿，前后历时三年。1995年三联书店出版了《生活书店史稿》一书，赵老是该书的副主编之一。这是一部比较详细的生活书店店史，它的出版对于现代出版史研究是有重要意义的。20世纪30年代，生活书店从它的诞生到发展成长，跨越了三个历史时期，她的历史就是一部在中国共产党领导下的革命文化出版史的重要组成部分。生活书店在文化出版战线上，先后出版了1200多种进步书籍，30种进步刊物，对于广大人民的觉醒、团结、进步和统一，曾起了巨大的作用。

在这以前，王仿子同志曾经有过要把生活书店的经营管理的经验写出来的建议，赵老自己也有这样的愿望，觉得还有必要作进一步的研究。在《生活书店史稿》脱稿以后，又继续思考，多方搜集材料，整理成《生活书店的经营之道和斗争艺术》一篇长文，从1999年8月起在《出版发行研究》杂志上分六期刊载。

他在文章中说："生活书店的崛起，是和党的领导不可分的，同时和邹韬奋个人的品德、事业精神和艰苦奋斗的作风有密切联系。"他将生活书店"竭诚为读者服务"的精神，分解为四个方面：一、应时代需要在抗日烽火中崛起；二、特殊环境里经营出版的谋略；三、团结作者共同开拓新文化出版事业；四、为人民大众服务是唯一的宗旨。赵老并作了详细的论述，联系现实情况谈了自己的体会，例如，关于出版工作的作用，他说："出版工作者不只是做些具体事务性的工作，而应当对著作界起组织和推动作用"，"编辑出版者、印刷者和发行者，所有这些人，都是书刊的母亲、助产士和保姆，缺一不可"。在谈到两个效益的关系时，他联系到邹韬奋的一贯主张后说："今天我们强调社会效益第一，但不是唯一。反对的也只是不顾社会效益去片面追求经济效益的做法，绝不是不要讲求经济效益。'君子爱财，取之有道'坚持不赚不义之财。更重要的是要想到社会影响和效果，想到读者的利益，想到自己的社会责任和职业道德。"这是赵老有着深切体会、言简意深的论述。

中国书籍出版社还在1994年4月出版了赵老撰写的回忆录专集《六十年出版风云散记》。这本书是根据他亲身的经历和见闻，结合有关文史资料的整理研究撰写的。书中对20世纪30年代以来我国出版事业上的一些重要人物和重要事件，以及新中国出版事业的建设等，作了清晰的记叙和评述。夏衍在给这本书写的题词中说，书中所介绍的胡愈之、邹韬奋、黄洛峰、陈翰伯等人，他曾长期交往或共事合作过。"他们为事业献身的精神，给我留下了深刻的印象。……认真总结、概括他们的思想、业绩和工作经验，使后人从中得到一些有益的启示，是一项很有意义的工作。"王益在为本书所写的序言中说："这本回忆录大部分是他亲见亲闻的第一手资料；有些史迹，已鲜为人知，弥足珍贵。……回忆录贵在真实，而人的记忆难免有误。晓恩同志有一长处，他喜欢集思广益，不耻下问。所写的文章都要请人看过，再三推敲才定稿。我认为他的回忆录可信度很高，具有重要史料价值。"90年代末期，赵老对我国现代出版史的研究又开拓了视野。他认为应该深入了解以延安为中心的革命出版的历史，便下决心研究、撰写抗日战争时期延安的出版史。不少同志出于关心他的健康，也曾劝说他放弃这一课题，但他仍然争分夺秒地执着于实现这一愿望。赵老在和我们交换意见时，谈起这个愿望，他说："我过去长期在国民党统治区从事革命出版工作，深切感受到国民党反动派压迫的痛苦，同时受到延安精神的影响和鼓舞，懂得了应该珍惜出版工作并有幸为党领导的出版工作尽瘁一生。现在已届耄耋之年，老来不敢忘忧国，勉力把这一历史时期的出版资料搜集起来加以归纳梳理，也只是勾勒出那时的革命出版工作的发展线索和过程，提供一些粗浅的见解，为年轻的同志学习研究这段历史提供方便。"

从2000年初，赵老就广泛搜集有关史料，认真阅读毛泽东、张闻天等老一辈革命家的著作和党史资料，力求将抗日战争时期大后方和延安方面的出版史料掌握到手，经过几个月的努力后才开始动手写作。在写作中遇到某些说法不一致或有歧义的史料时，就多方设法查找原始材料，直至翻阅影印的革命报刊。对于延安的出版领导机构、报刊社的具体创办时间、出版数量、负责人姓名等等都一一查考清楚。为此，赵老常常从密密麻麻的报刊字丛中去查找出版消息或出版广告，务必得到满意的结果而后止。赵老写这篇文章，不仅仅是简单地罗列一些数字和情况，更是尽可能同时要提出自己研究的心得和体会。3万多字的初稿完成后，打印出来分别送请曾在延安工作过的曾彦修和一些对出版史有研究的老同志审阅，征求修改意见。经过半年的不断补充修改，全稿已达6万多字，命题为《以延安为中心的革命出版工作（1936~1947）》，于2001年1月至5月在《出版发行研究》连载。

要知道，赵老是经历过几次大手术的癌症患者，这时他已是一位86岁高龄的老人了。据赵老夫人赵文廉同志说："老赵真是完全忘记了自己的病痛，全身心扑在阅读和写作上，成天不离开原稿，反复琢磨修改，眼睛看不清了，还不愿放下手中的笔。"我们也完全感受到赵老的忘我精神。吴道弘有一次去赵老家看望时，见赵老坐在书桌前，桌上堆着原稿，一见面就谈到他托人在深圳寻访到了有关《挺进报》的史料，脸上流露出兴奋之情，说完就叹口气说："真累呀！"又像孩子般发出了笑声。在这段时间，赵老每有心得和进展，总是在电话中很高兴地告诉我们。赵老关于延安出版史的文章在《出版发行研究》上发表以后，他仍在不断思索，不断修改补充。同时赵老着手将近5年来在报刊上发表的出版史文章汇集，想用《以传播真理和唤醒民众为己任》的书名，作为《六十年出版风云散记》的续编出版。不幸的是，赵老刚刚编完这本书并写下代序以后，病体已支持不住，只得住进东方医院接受治疗。

赵老住院的81天，是他生命中与病魔顽强搏斗的最后一段日子。我们到医院看望时，他不是关心自己病情的恶化，而是念念不忘他的出版史研究成果的出版问题。我们劝他安心治疗，并承诺他的书稿出版问题落实后，与出版社的联系事项均由我们负责处理。

赵老的书稿最后定名为《延安出版的光辉——〈六十年出版

风云散记〉续编》，仍由中国书籍出版社出版。这本书收文12篇，17万余字的论文和回忆录，分为四个方面：一、记抗日战争和解放战争时期，以延安为中心的革命出版工作概况（附录《延安出版的报刊和图书一览》）；二、记述生活书店竭诚为读者服务的宗旨和经营出版工作的优良作风，以及在国民党统治区和反动派作斗争的策略与斗争艺术；三、纪念邹韬奋、胡愈之等革命文化战士的高贵品质和感人事迹；四、对新中国成立后出版工作的回忆和提出的若干改进意见。

2001年11月4日，我们收到中国书籍出版社送来的最后一校校样。一同于下午三时到达东方医院，这时病体极度衰弱的赵老仅能依靠鼻饲营养液维持生命。我们俯身病床前，将书稿校样在赵老的眼前展示，对他说："赵老，您的书稿最后一校的校样已赶出来，很快就要付印了，请您放心吧！"赵老此时已不能讲话，但从他的眼神中仍可看出，他的心里是明白的。想不到这次看望，竟成为与他的最后诀别。

《延安出版的光辉》一书是赵晓恩同志耗尽生命的最后精力完成的。我们读着凝结着赵老全部心血的这本书时，看到他在本书所收的第一篇文章《以延安为中心的革命出版工作》中写下的最后一句话："延安精神不朽！应大力弘扬，深入发展。"我们相信，新时期的出版工作者将继承光荣传统，让延安革命文化出版的精神继续发扬光大！

（初稿写于2001年，曾在《出版发行研究》发表，2011年赵晓恩同志逝世十周年修订、定稿。）

为文学出版事业奋斗终生的编辑家王仰晨[*]

每当我在图书馆和书店的书架上看到一长列排列整齐的《鲁迅全集》(1981年版)、《茅盾全集》《巴金全集》《巴金译文全集》以及鲁迅、郭沫若、茅盾、叶圣陶、巴金、曹禺等著名作家的文集、选集时,脑海中不由得就会浮现出为这些著作做责任编辑的一位同志的身影和许多书后的故事。这位为文学出版事业奋斗终生的编辑家就是王仰晨同志。

我与王仰晨相识始于新中国成立初期。我和他在中国图书发行公司总管理处一起工作的时间仅有两年多,但作为我的编辑启蒙老师,他踏实细致的工作作风和严肃认真的工作态度,对我后来长期从事编辑工作的成长有着重要影响,我们之间的师友之情

晚年的王仰晨(侯艺兵摄)

---

[*] 原载《传记文学》2008年7月号。收入《编辑之歌——怀念远去的英才》文集,首都师范大学出版社2010年版。

一直保持了半个多世纪。①

七十春秋　编辑人生硕果丰

王仰晨原籍山东禹城，1921年6月出生于上海一个工人家庭。这年是农历辛酉年，生肖属鸡，因此父亲为他取名"树基"，后来改名"仰晨"。他少年时期因家境贫寒，仅在小学读了四年书即辍学，从14岁起就到印刷厂当学徒，开始了人生道路上的艰苦跋涉。他从1935年到1955年的20年间，先后在上海、昆明、重庆、桂林、烟台、大连、北京等地，当过排字工人、印刷厂工务主任，做过校对、编辑等工作。

王仰晨从少年时期即爱好文学读物，参加工作后在业余时间读了不少文艺书刊，并试写和在报刊发表过一些散文、小说等作品。他多年来希望成为一名文学编辑的愿望，到1956年终于实现，成为人民文学出版社的一名编辑。

王仰晨在人民文学出版社几十年的编辑生涯中，曾责编过中、长篇小说30多部，并扶植了不少新作者。例如，杨沫的长篇小说《青春之歌》书稿是在别处两次退稿后，经他审阅予以肯定并担任责任编辑，1958年1月由作家出版社出版后，到1959年6月底就印了13次，累计发行总数达121万册。其他小说如《人望幸福树望春》《海岛女民兵》《红路》《渔岛怒潮》《沸腾的群山》等无名作者的处女作，都是经王仰晨作了大量的编辑加工后才得以问世的。经他编辑加工过的书稿，有的曾作为出版社的青年编辑学习的范本。在现代文学作品方面，他还编辑和终审了鲁迅、郭沫若、茅盾、叶圣陶、巴金、曹禺、萧红、沙汀等许

---

① 参见本书所收的《我和三联人》一文。

多知名作家的选集及单行本，以及多卷本的《茅盾文集》和《巴金文集》等。

"文革"厄境　《鲁迅全集》频遇挫

1966年"文化大革命"爆发后，许多出版机构被合并或撤销，编辑出版干部受到批判、迫害，大批图书被停售、封存甚至销毁，全国出版事业遭到新中国成立以来最严重的摧残和损害。

人民文学出版社"文革"后被诬蔑为"黑染缸""毒品制造所"，工作人员大都被视作"放毒犯"。出版的图书被批判为"封资修"和"名洋古"的"黑货"或"毒草"，连《鲁迅全集》（1958年版）也因注释被认为有问题而成为"禁书"，在书店中绝迹。1969年9月，出版社除留下少数人参加文化部出版组编辑出版"革命样板戏"图书外，都被"连锅端"下放到湖北咸宁文化部"五七干校"劳动改造了。

"文革"期间，周恩来总理在十分艰难的情况下对濒临灭顶之灾的出版事业给予关注。1971年2月11日，专门召集当时主管出版的"出版口"负责人讨论出版工作，指示召开一个全国性的座谈会。

3月15日，"文革"后首次召开的全国出版会议在北京举行。会议制订的"第四个五年计划期间全国图书出版工作设想（草案）"中，在"文学艺术读物"一节提到鲁迅著作的出版计划："鲁迅全集、鲁迅日记、鲁迅书信、鲁迅译文集、鲁迅整理的古典作品等，需要重新整理、增补出版，争取两三年内完成。同时，对回忆鲁迅和研究鲁迅著作的作品，亦应适当整理和出版。"会议通过的《关于全国出版工作座谈会的报告》经毛泽东批示"同意"，于8月13日以中央文件下达全国贯彻实行。

这年 6 月，人民文学出版社从下放干校的人员中，将王仰晨、孙用等六七人首批调回北京，准备着手鲁迅著作的整理出版工作。他们征求了有关方面的意见后，王仰晨草拟了《关于重印鲁迅著作的报告》，上报"出版口"领导小组。报告中写了对重新编注《鲁迅全集》的一些设想，并提出拟先行编辑出版有注释的《鲁迅杂文书信选》和《鲁迅创作选》等计划，但报告送出后迟迟未见批复。在等待期间，他们约请南开大学中文系和鲁迅博物馆的鲁迅著作研究专家编了有详尽注释的《鲁迅杂文书信选》。

1972 年 1 月 13 日，王仰晨再次写了《关于重版鲁迅著作几个问题的请示报告》，其中提出了重版鲁迅著作的全面规划，同时也提及已编就的《鲁迅杂文书信选》拟即付印，可望于近期内出版等情况。

当时在中央分管宣传和文教（包括出版）工作的是张春桥、姚文元，"出版口"对工作中的重要问题都要报他们批。1 月 21 日，姚文元对上述报告"批复"："先提一个意见，其它待研究。"鲁迅的"杂文以同书信分开为好，即单独编一本《鲁迅杂文选》"；"上海也要出类似选集"，"以协商出一种为宜"。

王仰晨见到姚文元的"批复"后，只得将正待开印的《鲁迅杂文书信选》从印刷厂撤下，并派人到上海联系。可是上海有关方面却答复，他们没有出版鲁迅选集的计划，也不打算正式出版《鲁迅杂文选》。王仰晨等即在北京组织力量根据"分开为好"的精神，夜以继日地重新编注了一本《鲁迅杂文选》，共收 99 篇杂文，近 40 万字（其中注释即达 13 万字），在印刷厂的支持下，很快完成了排校工作，打出清样于 3 月 20 日报姚文元审批，但送出后即杳无回音，虽经多次催询，对方都不予置理。

11月21日，王仰晨又将编选注释的《鲁迅创作选》打出清样送姚文元，并在信中催询之前送去的《鲁迅杂文选》审阅结果。12月2日，姚文元终于"批"了，对上述两种选集的答复却是："不必再选了。鲁迅的著作可以出单行本，如《呐喊》《彷徨》《故事新编》《野草》4种创作集都可以出鲁迅自己编印的单行本，以省注释之繁。其他杂文集亦然。"姚文元还将这个"批示"送江青、张春桥阅，两人都在当天就画圈同意。江青还加写了几句不伦不类的批语，因为它们并不符合编选这两个选集的初衷。

王仰晨关于整理、出版鲁迅著作的一次次报告，都被姚文元利用掌管出版审批大权，伙同张春桥、江青，不是以"待研究"为名加以扣压，就是下令"不必再选了"，扼杀了即将付印的鲁迅著作选本；他们还用"以省注释之繁"为借口，不准对鲁迅著作进行必要的注释。张春桥在一次"批示"中说，"应该相信工农兵是能够读懂鲁迅的书的嘛"，还有什么"注释要简单，不要搞烦琐哲学，不要把注释搞成专案"等奇谈怪论。他们的这些"批示"使许多专家辛辛苦苦完成的鲁迅著作注释本一一被扼杀于摇篮之中，花费的心血尽付流水。但在上海，由他们的亲信直接控制的"写作班子"所炮制的这样那样的鲁迅著作选集，却接二连三地出版。

1972年2月21日，美国总统尼克松访华，周总理要送他一套《鲁迅全集》作为礼物，为此总理办公室多次派人到人民文学出版社要求设法解决。但《鲁迅全集》10卷本当时已成"禁书"，不能送给外宾。要送只能送1938年出版的20卷本，而出版社仅有残旧的普通本也拿不出手。后经多方探寻，才从鲁迅博物馆库存的纪念本中选出一套赠送。

人民文学出版社作为国家的文学出版社，连鲁迅这样一位大作家的《全集》都拿不出来，这件事使王仰晨等人深感震悚，更觉得是一种耻辱。他们考虑出版《全集》新注释本遥遥无期，因此提出将1938年版无注释的20卷本先重印一版。9月初王仰晨写了报告由出版社报"出版口"后，姚文元批了"赞成"意见，又送江青、张春桥并周总理批示，最后由周总理批示同意。

《鲁迅全集》20卷无注释的新排重印本，人民文学出版社安排在上海印刷。在有关方面通力合作下，这套600多万字的《全集》于1974年初出版发行。为了这套书的排版、印刷，王仰晨在上海几乎工作了一年，还大病一场。但出版后出版社连一部样书也未给他，还是自己掏80元（当时他的月薪118元）按定价（社内连折扣都未打）买了一部特精装本留作纪念。这套《全集》是经周总理批准重印的，但出版社居然没有送周总理一套，使王仰晨深感遗憾。

1974年，王仰晨仍念念不忘《鲁迅全集》的重新注释工作，他于2月5日又写了一份请示报告，提出注释工作的具体方案及有关组织机构和人员编制等，经"出版口"报姚文元后，结果仍与过去同样杳无音讯。王仰晨和鲁迅著作编辑室的同志都认为，鲁迅生前就说过："我的文章，未有阅历的人实在不见得看得懂……"[①]鲁迅著作如不作注释必将影响普及。从长远看，对《鲁迅全集》的旧注释进行全面整理和补充势在必行。这是一项工程浩繁、颇费时日的工作，不宜无止境地久拖下去。他们反复考虑后，觉得不管姚文元何时能将报告批下或作怎样的批法，不妨先做起来再说，将工作成果预为积累，迟早必有用处。于是从

[①] 鲁迅1936年4月5日致王冶秋函。

六七月份起，就和一些高等院校的中文系联系，请各校分担一些注释工作。当时各院校都因未正式复课，所以大都乐于接受这一任务。

王仰晨在考虑对鲁迅著作进行注释工作时，立即想到了冯雪峰，他于1972年从干校回京后，出版社一直未分配工作。冯雪峰是《鲁迅全集》1958年版的主持者和组织者，是公认的了解鲁迅后期思想和创作的"通人"，如果请他参与注释工作是最理想不过了。经王仰晨与出版社"革委会"负责人多次争取后才被批准，但有多项限制：（1）冯雪峰不能参与编选、注释等重要工作，只能做一般资料性工作；（2）不许对外，不要来出版社办公，以防不良影响；（3）凡外来向他了解鲁迅情况的人，须经组织批准。王仰晨对这些限制不忍心向冯雪峰传达。冯雪峰却对能让他为鲁迅著作做些工作而感到高兴。这位多年来受到极不公平对待的老人，仍然甘心做一名普通编辑，以病残之身，为《鲁迅全集》注释提供了许多重要的、比较权威的历史资料。

冯雪峰从干校回京后，大约从1972年下半年起，到1975年春做癌切除手术前，他每周至少要到王仰晨家中一两次，主要是交流关于鲁迅著作注释方面的事。冯雪峰生病住院期间，医院遇事就会通知出版社；而出版社并不出面，只是转而通知王仰晨。在相当长的一段时间里，王仰晨经常下了班不回家，先去医院或是先去北新桥冯雪峰家中看望。1976年1月，周恩来总理去世的消息带给了冯雪峰最后的打击。这年的农历除夕，冯雪峰病危被送进首都医院，出版社于晚上8点钟打电话通知王仰晨，他立即赶到医院，一直陪在病房。冯雪峰在1月31日丙辰年的元旦午时撒手人寰，终年73岁，王仰晨亲手为冯雪峰净身和更衣。王仰晨和鲁编室同志约请各地为鲁迅著作做注释的任务，到1975

年上半年，全国已有13个省、市、自治区20多所高等院校中文系以及一些研究单位进行，参与其事者大都全力以赴，在调查研究、积累资料等方面取得了不容低估的成果。人民文学出版社将各地交来的初稿分别印成"征求意见本"，共26种（"书信"和"日记"因篇幅太大都未印），每种各印400本，分发有关方面征求意见。收到的单位和同志对这项工作十分重视，几乎对每本都认真仔细地提了意见。例如，叶圣陶老人1977年已83岁高龄，对送给他的本子都认真审读提出意见。他看了十来本后，对《野草》的注释（扬州钢铁厂工人理论组、扬州师范学院中文系注释）的内容作了好评，1977年3月14日在写给王仰晨的信中说："告诉您我以为高兴的事，《野草》注释看得相当满意，看过的十来本稿子里头，这一本最好了。因为看下去有味道，就不放手，看了四天就看完了。看以前的那些稿子，都没有这回的愉快。……《野草》的注释者体会鲁翁的心思很到家。这一册是不太好懂的，他们却体会得相当深入，而且恰当，少有牵强附会。他们博览鲁翁的著作，常常引用鲁集里的文章来阐明《野草》的各篇，使人看了觉得他们的理解的确是对的。""我还有些不满意处是他们能'深入'而不能'浅出'，不能用浅显简明的语言来阐说鲁翁的这些'散文的诗'。阐说也带着文艺的笔调，可能有些读者还嫌其不容易懂。"叶圣老的信最后说："我对这一册的注释者表示钦佩。"

鲁迅著作注释"征求意见本"所收文章的"题解"用6号字排，"注释"用小5号字排。叶圣老的视力不好，借助放大镜逐字逐句地认真看后还提了详尽的意见。后来累得他眼底出血了，王仰晨才没敢再送给他看。叶圣老的眼疾就是从那时起开始严重起来的。十多年后，王仰晨回想起这件事时还深感内疚。

1975年7月初，毛泽东就调整文艺政策发表谈话，作出指示，文艺界出现了"文革"以来未曾有过的有利形势。鲁迅之子周海婴和叔父周建人等商量，感到应该乘这个时机给毛主席写信，将长期没有解决的有关鲁迅著作注释等方面的问题向毛主席反映，请求他的支持和帮助。10月下旬，周海婴到胡乔木家中谈了有关情况和想法，请胡给予指点。胡乔木支持周海婴给毛主席写信，并对信的写法谈了意见。周海婴的信写成后，又请胡乔木转呈毛主席。

周海婴写给毛主席的信中说："近年来，我常想到关于鲁迅书信的处置和出版，鲁迅著作的注释，鲁迅研究工作的进行等方面有一些亟待解决的问题，也向有关负责同志提过多次建议，始终没有解决，感到实在不能再拖下去，只好向您反映，请求您的帮助。"

周海婴给毛泽东的信中提出的主要建议内容是：（1）由文物局负责将鲁迅书信全部影印出版，供研究工作者使用；（2）由出版局负责编印一部比较完备和准确的鲁迅书信集（包括鲁迅给日本友人的信等）；（3）编辑出版一部比较完善的新的注释本《鲁迅全集》（包括书信和日记）；（4）关于鲁迅研究，要有按照毛主席对鲁迅的评价写出来的观点明确、材料详细可靠的鲁迅传记，还要有年谱。

周海婴10月28日写的这封信，毛泽东于11月1日就作了批示："我赞成周海婴同志的意见，请将周信印发政治局，并讨论一次，作出决定，立即实行。"

毛泽东对周海婴的信的批示，彻底打破了江青、张春桥、姚文元等企图控制鲁迅书信等著作出版的阴谋，但他们毫无改悔之意。张春桥在不得不向国家出版局负责人传达时，只是拿文件给看了一看，说了句"你们去做计划报中央"。他一句不讲毛主席批示的重要意义，也不谈半句对周海婴的信的意见，却谈什么"我现在忙得很，这事那事一大堆，偏偏又碰上你们这个事"。"四人帮"的拿手武器是"帽子"和"棍子"，他们一会儿亲自出马，一会儿通过他们的心腹到处造谣，说周海婴写信是"有人指使的"。姚文元还派人调查周海婴"接近什么人"，叫嚣要抓"后台"。他们还通过别人肆意歪曲攻击周海婴这封信的内容，诬蔑它在感情上反映的只是"父子之情"，思想上则"反映了鲁迅研究上的一种旧的习惯势力的情绪"等等。

1976年4月23日至5月10日，国家出版局在济南召开鲁迅著作注释工作座谈会，与会的有13个省、市、自治区宣传部门负责人和参加鲁迅著作注释的单位代表及专家79人。会议传达了毛泽东关于鲁迅著作注释出版"立即实行"的批示，制定了《鲁迅著作注释出版规划（草案）》，明确了各地分工承担的任务。6月2日，国家出版局写了这次座谈会的报告，国务院于7月1日批转各地执行。

由于"四人帮"的干扰破坏，鲁迅著作的注释工作仍然阻力很大，困难重重，进展缓慢。济南座谈会后，王洪文、张春桥、姚文元曾分别单独接见参加会议的上海"写作班子"的一个负责人。姚文元说，这个会议请他几次，他就是不去；张春桥则说，"北京和你们没有领导与被领导的关系"，北京搞的"你们可以批"，"要打出威风来"等等。

济南会议制定的新注鲁迅著作单行本有26本，要求两年内全部出齐，而直到1977年9月止仅仅出版了两本。

拨云见日　《鲁》方付梓又编《茅》

1976年10月，江青反革命集团覆灭的历史性胜利，也给新版《鲁迅全集》的编辑注释工作带来新的希望。1977年5月，中央派王匡、王子野主持国家出版局工作，随后被分别任命为局党组书记、局长，党组副书记、副局长。出版局的新领导数次到人民文学出版社了解新版《鲁迅全集》工作进展情况，决定采取措施解决工作中存在的困难问题。

1977年9月11日，国家出版局领导小组向中共中央写了请示报告，提出："由于'四人帮'加以阻挠和破坏，这一重大任务一直未能顺利进行。""毛主席的重要批示下达迄今已近两年了，新注鲁迅著作单行本26本中仅仅出了《呐喊》《彷徨》两本，照这样的进度，15卷全部出齐，真不知要拖到何年何月！这完全有背毛主席的遗愿。"报告汇报了《鲁迅全集》注释定稿工作的现状，说明"当前的主要问题是无人定稿"。为此提出三点建议："一、请中央批准胡乔木同志分出部分精力来过问一下这项工作，主要是掌握方针和对注释中的重大问题加以指导和审定。二、约请郭沫若、周建人、沈雁冰、王冶秋、曹靖华、李何林、杨霁云、周海婴同志担任鲁迅著作注释工作的顾问。三、请调林默涵同志（现在江西等候分配工作）来协助胡乔木同志主持具体工作，同时还需借调冯牧（现任文化部政策研究室副主任）、秦牧（现任广东文艺创作室副主任）两位同志来加强原来搞注释工作的班子。"

国家出版局的报告经中央批准后，在胡乔木、林默涵的领导和主持下，使整个《全集》的编注工作有条不紊地开展起来，进度大大加快。

新版《鲁迅全集》是集体劳动的结晶，凝聚了众多同志的大量心血，仅从参加编注的人员来说，除了人民文学出版社鲁编室的同志，先后从各方面借调了30多人（如将参加"征求意见本"注释的同志计入，将十倍于此数），他们对此都作了不可磨灭的贡献。

王仰晨作为鲁迅著作编辑室主任，除了参加定稿讨论、审读注释和通读校样等工作外，还担负了繁杂的编辑事务工作，包括为借调人员安排食宿、参加校对等与出版业务相关的许多事务。为了保证《全集》于1981年鲁迅诞辰100周年前夕出齐，他分秒必争、全力拼搏，比其他人付出更多的心血。曾一同参加《全集》编注工作的何启治回忆说：当时，只有50多岁的王仰[1]白发已过早地爬上了他的头。由于长期劳累而致诸病缠身：严重的关节炎、高血压、慢性支气管扩张……每到冬春，咯血频仍——他身边的痰盂里常漂着淡淡的血丝。可这位正如鲁迅所说是"拼命地作，忘记吃饭，减少睡眠，吃了药来编辑"的人，却几乎总是第一个跑来上班，晚上往往又加班到八九点钟才回家。压在他身上的担子实在太沉重了：29种单行本，16卷《全集》的全部注释（包括索引）240万字，发稿前和付型前，他都要先后两次认真审读；此外还要完成编辑部庞杂的组织工作。他的时间实在不够用，便只好早来晚走，往往把星期日当成了第七个工作日！他最担心的就是没有完成新版《全集》的编注自己就病倒了。他说："只要能在这个岗位上完成党的嘱托，我心里就踏实一些；我身体不行，干完这件工作就差不多了，得分秒必争！"每当诸病同时发作，走路都很困难时，我们劝他在家歇两天，他却说，

---

[1] 人民文学出版社的同事对王仰晨都叫"王仰"，含有亲切之意。

拼命也要把《全集》搞出来，不然就无法交代！……他的母亲病重时，已近花甲的他每天中午还赶回去给老人喂饭、洗涤。在母亲住进协和医院那几天，他也没能陪侍在病榻旁。一个星期六的下午，终于把母亲从设在走廊的临时"急诊室"转到了病房，王仰稍感安心，便又回到出版社来上班。岂料，母亲竟然就在这个夜晚溘然长逝！让大家感到意外的是，第二天，星期日一早，王仰臂戴黑纱，竟然又到办公室来加班了……①

1981年8月末，作为鲁迅诞辰100周年纪念活动中的重要项目之一，新版《鲁迅全集》16卷终于全部出齐。和1958年的10卷本《全集》相比，新版《全集》总字数由253万字增至399万字（末卷未计入），注释由5800余条、54万字增至23400余条、近240万字。和10卷本之于这次新版一样，它无疑为日后编印更完善的版本提供了较好的基础。据人民文学出版社统计，这个16卷本的《全集》自1981年初版至1999年为止，普通精装印了10次，特精装印了3次，总印数共19万部，是几个版本中印数最多的。

茅盾于1981年3月27日逝世后，中共中央书记处讨论通过了中国作家协会党组关于编辑出版《茅盾全集》与筹建茅盾故居、茅盾研究会的报告。《茅盾全集》编委会于1983年4月召开第一次会议，决定自1984年3月起分卷出版《茅盾全集》。《全集》由人民文学出版社出版，王仰晨在完成《鲁迅全集》1981年版的编辑出版工作后，又投入了《茅盾全集》的编辑工作，担任《茅盾全集》编委会委员并任《全集》编辑室副主任。

《茅盾全集》按文体分类编年，收入作者从事文学活动以来

---

① 何启治：《思忆王仰》，2006年7月5日《中华读书报》，略有删节。

除翻译和古籍选注之外的各类著述1200余万字，共出40卷，其中前18卷和后7卷（34—40卷，不含附卷）共计25卷，是由王仰晨编辑的。

老友携手　《巴金全集》飨读者

王仰晨作为一个文学爱好者，在抗日战争开始前后，曾读过当时可能找到的巴金作品，它们以燃烧般的热情、炽热的爱憎和流畅的文笔征服了他。1939年夏初，王仰晨随印刷厂自上海内迁到昆明，第二年又迁往重庆。当时文化生活出版社重庆办事处是印刷厂的客户，它的不少书籍都由该厂排印。那时巴金在桂林主持文化生活出版社的办事处，常往返于桂林、重庆两地。1942年春巴金来重庆时，和王仰晨相识，两人从此建立了几十年深厚的友谊。

王仰晨在编注《鲁迅全集》1981年版的过程中就多次感到：如果鲁迅依然健在的话，那么工作中遇到的一些难题在作者的帮助下就可迎刃而解，现在则如大海捞针一般，即使"踏破铁鞋"也难以解决，甚至有的问题到最后只好暂时"挂起来"。在编辑《茅盾全集》时，即使作者去世不久，注释数量不多，也同样存在有些难题不易解决的现象。王仰晨由此想到编《巴金全集》的事，当作者健在时即着手编辑，会有很多有利条件。特别是巴金从事创作的时间长，作品多，版本也多，如能在他的直接指导下进行，不仅在选目、编排等方面可以听取作者意见，遇有疑难问题时也可在作者指导下迎刃而解，对于加快编辑进度和提高书稿质量将大有好处。

为健在的著名作家编印全集，新中国成立以来似未见先例，王仰晨提出为巴金编全集的做法曾引起有的老作家的非议，但王仰晨还是坚持自己的看法不变。

王仰晨为巴金编全集的设想得到出版社领导的同意后,就多次写信或口头和巴金商量。开始巴金并不同意,以四川文艺出版社已出版由他自己编辑的10卷本《巴金选集》已经够了等各种理由婉言拒绝。但经过王仰晨多次说明,他的热情和决心终于打动了巴金。王仰晨提出的编辑、出版计划也说服了巴金。一年之后,巴金终于同意,对王仰晨说:"《全集》的事,你愿意搞就搞吧。我知道你,你也知道我。"后来在写信中又说:"我活着的时候我还可以指指点点,出主意,想办法,你也多少了解我。让你来搞,这样总比我死后别人来搞好些。"1985年3月,巴金来北京出席政协会议,将他新中国成立前出版的几十本作品交给王仰晨。自此王仰晨就全力以赴编《巴金全集》,编辑中遇有问题就向巴金求教,都能及时得到巴金的回信答复。

《巴金全集》从1987年1月开始由人民文学出版社陆续出版,历时7年,至1993年10月出齐26卷,约960万字。

1992年11月21日,在《巴金全集》最后一卷即将发稿时,巴金写信给王仰晨,饱含深情地说:"……你为我的书带病工作了这些年,一个字一个字认真地、仔细地编写、校读,忍住腰痛,坚持坐在书桌前,或者腿架在凳子上,为了我的《全集》你花费了多少时间,多少心血,多少精力……我的书橱里有不少朋友的信件,其中有一大沓上面用圆珠笔写满了蓝色小字,字越写越小,读起来很费力,但也很亲切。不用说这是你的来信,我生活忙乱,常常把信分放在几个地方。我有一种奇怪的感觉,那里好像有什么东西在发光。这不是什么幻想,这闪光是存在的。我明白了。它正是我多年追求而没有达到的目标:生命的开花。是你默默地在给我引路。不管留给我的日子还有多少,不管我能不能再活一次，我默默地献出最后的一切，让我的生命也开一次花。"

巴金于1989年7月28日、1993年1月5日两次为《巴金全集》写了《最后的话》："书出到末卷，我可以讲最后的话了。树基，感谢你接受我的委托编辑这个《全集》。我把《全集》交给你，因为我相信你会把它编成一部对读者有用的书。我写书有我的需要，每一篇都是如此。读者读书也有自己的需要。我认为你懂得两方面的需要，容易帮助读者接触作者的心灵""……我讲话吃力，写字困难；笔在我手里重如千斤；无穷无尽的感情也只好咽在肚里。不需要千言万语，让我们紧紧地握一次手无言地告别吧。"1993年7月25日，巴金又在写给王仰晨的信中说："我到了九十。来日无多，可以休息了。树基，你也该休息了，谢谢你。"

但是，王仰晨还不想休息。此时他想的是：巴金除创作外，还有大量畅达、优美的翻译作品未收入《巴金全集》是一件憾事。于是又向巴金提出编《译文全集》的建议。巴金由于健康原因下不了决心，考虑了近一年才回信："我知道你我不搞，就不会有人搞出来。我们可以搞好这套书，有我们两个人几十年的友情作为保证。""这样，我就托给你了。"

王仰晨在《巴金全集》后期工作中

王仰晨从1994年秋开始了《巴金译文全集》的编辑工作，

中编 人物与回忆 203

这时他已74岁，健康状况又不好，但对关心他病况的同事说："我唯愿时针走得慢些，上帝对我宽大一些，让我可以在'走'时不要有太多的遗憾。"两位老人以病残之躯和难以想象的毅力又合作了三年，《巴金译文全集》10卷共350万字，于1997年秋由人民文学出版社一次出齐。

王仰晨从抗战胜利后开始与巴金通信，在长达半个世纪的时间内，巴金给王仰晨写了数百封的信。1997年巴金94岁诞辰前夕，王仰晨接受友人的建议，将现存的巴金给他的300多封信编成一个集子。在征得巴金同意后很快完成了编辑工作。

1997年11月25日，在巴金喜庆94华诞的日子，《文汇报》"笔会"副刊主编萧关鸿"把文汇出版社刚出版的《巴金书简——致王仰晨》样书送到两位老人手中。巴金见到这本还散发着油墨清香的寿书时，眼神里透出一丝惊喜。他用那双颤巍巍的手缓缓地翻动着几十年来同王仰晨的一封封书信，如同一泓清泉缓缓地流进了老人的心田。此时，巴老心中涌动着许多话语要向王仰晨诉说，终因疾病缠身，无法向老友表达。坐在巴金身边的王仰晨，也是一位不善言辞的人。他的目光始终凝视着巴老在病中为此书作的小序上。"

这篇《小序》是两个月前，正在杭州"汪庄"养病的巴老坐在轮椅上思考多时后口述的，全文150字的小序断断续续地通过女儿小林的笔端流到纸上，成为巴老搁笔后的一篇"长文"：[①]

小　序

我生活，我写作，总离不开朋友，树基就是其中的一位，可以说，我的不少书都有他的心血，特别是我的两个《全集》，他

[①] 陆正伟：《巴金与一位编辑的友情》，原载《上海滩》2004年11月。

更是花费了大量的精力。

我没有感谢他,但是我记住了他为我做的一切。现在,我把这本书献给他。

这是一本友情的书。半个世纪以来,我们相互关心,相互勉励,友情始终温暖着我们的心。如今我已九十三岁,他已七十六了,尽管我衰老病残,可我想,我们仍然有勇气跨入下一个世纪。

巴 金 1997.9.9

《巴金书简——致王仰晨》全书共收巴金自1963年12月28日至1996年2月23日写给王仰晨的信392封,其中1987年至1996年的信有245封,占全部书信的62.5%。在这批信中,有19封作为《巴金全集》的"代跋",有10封作为《巴金译文全集》的"代跋"。王仰晨在本书的"编后记"中说:"巴金同志是个极重友情的人。他总是满怀热情地给他周围的朋友以爱和温暖,希望和鼓舞。……几十年来,我就总觉得自己是在他长兄般的真挚关怀以至呵护下生活和工作的。尽管我和他长期不在一起,但友情却使我们的心十分贴近。……我手边还存有他的不少书信,从几十年前潇洒飘逸到如今扭曲变形的字迹中,我仿佛看到了他在人生道路上的艰苦跋涉,也看到了自然规律的冷峻和无情,这往往会使我涌起难言的惆怅和感喟……"

安然离世　知己亲朋长太息

王仰晨在编辑工作岗位上辛勤耕耘,特别是晚年带病进行鲁迅、茅盾、巴金几部巨著的编辑工作,长年超负荷的拼搏,使他的健康状况每况愈下,视力、体力日衰,肺病再次发作。2002年冬的一天,他应邀到现代文学馆去参加关于茅盾的座谈会,在上地铁口时腿部发软,一下子跪在石梯上,还是旁边路人将他扶起来。他仍坚持到会场开完会，主办单位用车将他送回家，家人从此就不再让他独自出外走动。

王仰晨的健康状况日渐恶化，终于2005年5月30日下午被120救护车送到离家最近的北京民航总医院，立即住进监护病房。谁也没有想到，他入院后的第13天就因肺功能衰竭于6月12日去世，连他生前嘱咐捐献遗体的愿望也来不及办理实现。

王仰晨84年的人生道路，有70年服务于印刷、新闻、发行、出版行业，其中不下50年的时间是在做编辑工作。王仰晨逝世后，他的次子王小平回忆说："爸爸有个久已有之的心愿，就是把自己写过的东西也编成一本小书。因为各种原因，这个愿望到他去世也没有实现。也许是他太习惯了编辑的角色，转换这个角色在他竟成为难以逾越的障碍。也许是他内心对读者的尊重已经成为敬畏，很怕自己的作品虚耗了读者的时间和金钱。只有家人知道，他还是有小小的而又执拗的不甘心，他就带着这种不甘心离开了世界，终身只是一名编辑。……爸爸走得安静（爸爸的双眼是完全睁开的，表情平静），他的后事也同样办理得安静。他说了不留骨灰，不开追悼会，不设灵堂，我们都照做了。他真的从这世上无声地消失了，他身后的安静和冷清，一如他的生前。这在爸爸，或许是求仁得仁，而在家人，却是在伤痛中添了酸楚。"①

王仰晨在编辑工作岗位上默默奉献了半个世纪，他生前在工作单位最后的职务只是一个编辑室主任。据他的次子王小平在一篇回忆文章中说，王仰晨在鲁迅著作编辑出版的十年间，遭逢过丧亲之痛，克服了疾病缠身等重重困难，他始终以敬业奉献的精

---

① 王小平：《爸爸是扇门》，载《出版史料》2005年第3期。

神以身作则，激励鲁迅著作编辑室的专家团队，也依靠社会力量，艰难地完成了《鲁迅全集》的工作。但是，在1991年4月成立的鲁迅诞辰一百周年纪念委员会名单中，没有他的名字；同年9月，在首都纪念鲁迅诞辰一百周年学术讨论会的主席台上，没有他的席位；1995年12月，他历时7年编辑的26卷本、960万字的《巴金全集》获得第二届国家图书奖荣誉奖以及第二届新闻出版署直属出版社优秀图书奖编辑一等奖，他是在事后才知道，因为没有人通知他参加颁奖大会。[①] 我也注意到，在王仰晨逝世后一个不短的时间内，首都的出版媒体上没有见到有关他去世的哪怕只有几行字的讣告或消息，在2006年出版界权威的年度出版物（2005年）"逝世人物"专栏中也找不到他的名字。但是，"王仰晨同志作为编辑家的历史地位不是行政级别能够限定的"。[②] 2002年8月，中国编辑学会刘杲会长在《我们是中国编辑——〈中国编辑〉代发刊词》中对编辑所作的"礼赞"说得很好，我从中摘录几句略作改动，以此敬献于九泉之下的王仰晨同志：

你默默奉献，好比无人看重又无法离开的空气；
你为人作嫁，好比燃烧自己而照亮别人的蜡烛。
你没有显赫的地位，却有穿越时空的翰墨芬芳；
你没有殷实的财富，却有寄托心灵的文化殿堂。

仰晨同志，你无愧于中国编辑队伍中一名杰出的代表，了解你的广大读者和出版工作者会永远怀念你！

（写于2007年6月12日王仰晨同志逝世二周年忌日，修改、定稿于2008年2月）

[①] 海客甲：《李何林与王仰晨》，原载《出版史料》2009年第2期。
[②] 刘杲：《浅议社会主义编辑职业道德建设》，原载刘杲著：《出版笔记》，河北教育出版社2006年版，第401页。

共同为我国出版事业努力的好伙伴戴文葆[*]

我与戴文葆同志相识于20世纪60年代初，当时我在文化部出版局，和他虽不在同一单位工作，但也有机会见面。到了80年代初至21世纪初，我们之间有了更加紧密的联系，随着时间的推移，我从各方面对他的学识、人品逐渐加深了解。并成为共同为我国出版事业努力的好伙伴。仅举出几件往事加以说明。

一、共同为两部出版百科全书的编撰出力

编纂出版大部头的百科全书是衡量一个国家和一个时代科学文化发展水平的重要标志。我国从近代以来，不少有识之士以及新中国成立之后的出版领导部门，曾经考虑出版中国的百科全书，1958年还提出开展这项工作的计划，但都未能实现。

"文革"中，原中央编译局副局长姜椿芳受"四人帮"迫害，被投入秦城监狱达7年之久。他久怀编纂百科全书之志，在身陷囹圄、双目几近失明的情况下，仍在构思日后编纂中国百科全书的蓝图。他于1975年4月重获自由后，为实现梦寐以求的愿望，仍时刻苦苦思索，未尝稍懈。1978年1月27日，姜椿芳

---

[*] 原载《光辉曲折的编辑生涯——戴文葆先生90诞辰纪念文集》，人民出版社2012年10月版。

在中国社会科学院规划办公室编印的内部刊物《情况和建议》第2期上，发表了八千言书——《关于出版中国大百科全书的建议》，立即引起多方面同志的注意。

1978年4月，胡乔木向邓小平同志提出编辑出版中国百科全书的建议，立刻得到积极的支持。国家出版局联合中国科学院、中国社会科学院，以三家党组的名义于1978年5月21日向中央提出编纂《中国大百科全书》的请示报告。中央宣传部出版局局长边春光见到报告后，在上面签批了拟请姜椿芳、朱语今、曾彦修等为筹备人员尽速筹备此事。报告最后经中央常委李先念等同意。中央批准的文件发到出版局等主管单位后，经过研究，决定成立一个出版社，配备三四百人的编辑和工作人员，随后成立了以胡乔木为主任的总编辑委员会领导此事；姜椿芳被任命为中国大百科全书出版社的总编辑，中国的百科全书事业从此开始起步。

《中国大百科全书》第一版原计划出版80卷，后压缩为74卷。其中有一卷"新闻出版卷"内分新闻学科和出版学科两部分，各自成立了编辑委员会。"出版学科"由许力以担任编委会主任，倪子明和戴文葆为副主任。编委会委员共17人，戴文葆和我都是编委之一，戴还兼任"编辑学"分支学科编写组副主任，并撰写了《编辑》和《编辑学》的长条目；我分工担任"中国出版史"分支学科的主编，并撰写了《中国出版史》的长条目1.1万字。

出版学科编委会成立后，差不多一两个星期就开一次编委会，首先制定框架设置和具体的条目，以及讨论在编写条目中的重要事项，接着进入撰写阶段。当时参加编辑工作的人员逐渐增加，大家都未参加过百科全书的编辑工作，缺乏经验，写出的条目初稿大多不能符合出版社的要求。后来经过出版社编辑的说明，遵照出版社提出的编写统一规定，通过一段长时期的努力，各编写组的稿件先后交稿，经过编委会主要负责人审阅后送出版社全部用打字机打出，再经出版社审阅定稿，最后全部稿件和新闻学科合并。《新闻出版》卷从1980年初开始启动，直到1990年12月由中国大百科全书出版社出版，整整花了10年时间，前后参加撰写稿件和审定校阅等工作的不下300人。

《中国大百科全书·新闻出版》卷全书150多万字，出版学科只有80多万字。许力以说，这本书我们自己感觉内容少了，读者也反映词条应更加充实一些。他向原编委会的人员建议重新再编一本，书名就叫《中国出版百科全书》，各编委都赞成，于是大家一鼓作气，重新开始了新的战斗。

新的出版百科全书，基本上是原编委会的原班人员担任工作，编委会人员略加调整，除了原来的主编、副主编以外，增加副主编高明光和吴道弘、周文熙，编委新增加邬书林和郑德琛、杨寿松等。各个分支编写人员和原来的相同，内容插图则比原来增加很多，全书篇幅达160万字。这本书从1991年初进入编纂阶段，直到1997年12月才由山西的书海出版社出版。

戴文葆和我在这两部百科全书的编纂工作中，虽然不在同一个编写组，但在召开编委会会议以及休息时间内仍有较多见面的机会。在每次见面时，我都带着工作中遇到的疑难问题向戴老请教，他都给我很多帮助。我在《中国出版百科全书》的编辑工作中，曾向他组织古代人物的部分条目，他交来的每一页原稿中，不仅内容妥善、文字简练，而且字面整洁，无一处修改涂墨之处，显示出一位资深老编辑认真、严谨的风范，令人敬佩。

二、在新闻出版署编辑系列高评委的日子

1992年3月20日，戴文葆和我同被新闻出版署聘为署编辑专业高级职务评审委员会委员（聘期三年）；1995年3月改名为全国出版系列高级职务任职资格评审委员会委员（聘期二年）（简称"高评委"）。在这5年中，先后在北京香山饭店、河北涿州、河北易县（清西陵）、天津等地召开多次高评委会议。每次会前，署高评委办公室都将北京前三年和全国后两年出版部门报送的申报材料送给每位评委审阅；在召开高评委会议时，对每位申报人材料评委们各抒己见评议，最后全体评委进行无记名投票，决定是否同意或否定。评委们在宾馆两人一间住宿，早晚还对申报人员的材料相互议论。在一次会议时，戴文葆和我合住一间，除议论白天评委讨论的情况外，还对当前出版界的情况交换意见，戴老在说话中对一些现象表示喜悦，也有担忧，谈了一些真知灼见，使我很受启发。在这5年的评委工作中，我和他加深了友谊和相互了解。

三、全国出版科学研究论文评奖中的一对好伙伴

1991年12月，由中国出版科学研究所发起，和有关方面共同组织了首届全国出版科学研究论文评审委员会；1997年5月，经新闻出版署批准，由全国科学研究论文奖评审委员会、中国出版科学研究奖励基金领导小组、中国出版科学研究所联合举行了第二届全国出版科学研究论文奖。以后陆续举办了第三届、第四届（2002年6月举办第四届时增加了中国出版协会为主办单位之一），这四届论文奖的举办，经出版各方面的专家组成的评委会

评出了优秀论文数百篇，对推动全国出版界重视出版研究工作起了很好的作用。有许多省、市、自治区出版协会纷纷举办全省或几省联合的评奖会。

戴文葆和我都是全国出版科研评奖委员会的委员之一，评委会委员分成几个不同小组，我们两人负责出版史小组。开始的两届报来出版史方面的论文数量较多，后来就越来越少。无论数量多少，我们都同样认真地评选。戴老和我都以"好中选优"的标准认真对待每一篇论文，特别注意有无创新的论点，做到"论从史出"，不是随意地推论发挥评论；另外还重视发现比较年轻的作者经过努力写出有一定水平的论文。两人看过的论文还要互相交换再看，写出评审意见。对于有的论文有不同意见，则相互坦诚进行认真研究。有几次戴老对个别论文的看法在电话中谈不清楚，还从东城来到南城我的家中交流，直到取得一致意见。各小组评论完毕后，在全体评委会议上汇报，最后经过无记名投票决定取舍结果，尽量做到公正、公平、透明。

我和戴文葆同志在共同参加上述活动后，还有过几次在电话中交流，之后见面的机会和电话都很少了。2007年4月25日，我收到他托人送来一本他的著作《射水纪闻》，书前附有一张卡片，写有下列文字：

源于爱国敬乡之诚　出于里门桑梓之情

拙作奉呈　厚枢学兄指政　作者生平惭愧之至　非敢宣耀之意也

其实，这本书2005年7月由河北教育出版社出版后他已送给我一本，这次送书后，他还给我打来电话，一再表示他的书迟送深感歉意。从电话中的声音语气我感到他的健康情况已大不如前，而且讲话中也有重复颠倒之处，我不忍心打断他的话说我已收到过此书。想不到这次通话竟是我们之间的最后一次。一年后就传来他逝世的噩耗，使我十分悲痛。

戴老的《射水纪闻》以翔实的历史资料，叙述了他的敬乡怀旧之情。书中不仅追寻了众多历史人物的业绩，而且寻访抄录了若干已散失难觅的乡土文献，对研究我国近代史具有一定的参考价值。我已将他第一次送我的书连同其他出版史方面的图书于2010年5月一起捐献给出版博物馆永久保存。

四、为深切怀念文葆同志做的最后一件事

2007年春，中国出版工作者协会学术工作委员会动议策划编辑一套"书林守望丛书"，为弘扬优良的职业传统做点实事。我作为学术工作委员会委员之一，义不容辞地承担其中一本介绍我国著名编辑事迹的文集。这套丛书分为两辑共20册，承担出版任务的首都师范大学出版社负责丛书的编辑人员很少。由于多种原因，我的这本书从2007年初开始启动，经过组稿编辑、出版社审稿、排出清样、校对等程序，差不多用了近一年时间，到2008年9月初我才收到出版社发来的清样。我想这本书应该有一篇序文，最合适的作者是曾任新闻出版署副署长、中国编辑学会第一、二、三届会长，第四届名誉会长的刘杲同志。但听说他的健康情况不太好，能否愿意承担此事？我抱着试试看的心情，将书稿清样送到他家说明来意，想不到他一口答应，说看过清样后再写。我高兴地回家等待。就在等的时间中传来戴文葆逝世的噩耗。我立刻想起应把他的事迹纳入其中，但又考虑本书稿件已经出版社审定排出清样，等待我退回后付型，这样的变动是否妥当？最后我决定请吴道弘同志提供一篇文章补入书中。不久刘杲同志亲自来到我家拿出打印好的序文问我有无修改之处。我看后

非常满意，说只需加上戴文葆同志的名字，怀念文章已请吴道弘同志提供。刘杲同志对戴、吴两人非常了解，说补充的文章他不看了，他还表示将改正后的序文以电子邮件直接发给出版社的责任编辑。他如此热心周到的帮助，使我十分感动。但仔细想来，刘杲同志从1956—1960年先后在湖北省的《学习生活》和《七一》杂志做编辑，后来调北京后长期和编辑工作结缘，也是一位老编辑了。所以他会乐于和我们一起，为编辑们共唱一曲赞歌。

刘杲同志写的序题名《编辑精神的嘹亮赞歌——〈编辑之歌〉序》。序文开头在列举包括戴文葆在内的21位著名编辑的名字后说："仰望这一排光辉的名字，谁不肃然起敬。他们的道德学问、睿智、文采、事业、贡献，已经载入出版史册。他们当之无愧是中国编辑的光荣代表，是中国编辑高扬的旗帜和学习的楷模。""他们的编辑思路和编辑实践各有独到之处。而作为编辑群体，他们共同铸就了高尚的编辑精神。这就是：崇尚文化的人文精神、服务读者的服务精神、'为人作嫁'的奉献精神、精益求精的敬业精神、与时俱进的创新精神。这是我们的民族精神和时代精神在编辑活动中的鲜明体现。如今编辑前辈已经谢世，他们铸就的高尚的编辑精神必将永葆青春，光照后代。"

为我国近现代出版史作出贡献的叶再生[*]

我和叶再生同志初识于1977年12月初，国家出版局在北京召开全国出版工作座谈会，这是"四人帮"覆灭后第一次召开的全国性出版会议，会上重点批判了林彪、"四人帮"炮制的"黑线专政"论。叶再生同志时任科学出版社副总编辑，他在会上的发言中，以大量事实揭批了"四人帮"破坏科技出版工作的种种罪行。1984年7月，文化部批准中国出版发行科学研究所成立以王益同志为组长，叶再生、邵益文同志为副组长的筹备组；1986年4月国家出版局成立"党史资料征集领导小组"，王益同志任组长，叶再生、蔡岐青同志任副组长。我于1987年调入出版科研所工作后，和叶再生同志成为同事，他为出版科研所的创建，为党史资料的征集、编纂工作，特别是他多年来从事我国近现代出版史研究工作的丰硕成果，都给我留下了深刻的印象。

2002年8月，我接到曾任上海市出版局副局长、现任中国印刷技术协会顾问的万启盈同志来信，委托我为《中国印刷工业人物志》第五卷提供一篇介绍叶再生同志的文章，我几次和再生同志联系，对他的经历作了较多的了解。在这篇怀念文章中，我想做一些介绍。

---

[*] 原载《中国出版科学研究所成立25周年纪念文集》，中国书籍出版社2010年版。

叶再生，1925年生，福建闽侯人。1941年1月参加革命，同年加入中国共产党。1943年11月在南京打入汪伪中国青年模范团，在中共地下党组织的领导下，开始从事编辑工作，担任中央电讯社的编辑，并从事南京市工商青年联谊会的工作，作为该会会刊的主编和出版者。1946年起，先后担任南京《新民晚报》编辑和记者。

叶再生（1925—2004）

新中国成立后，叶再生担任中国青年出版社办公室主任，全国青年联合会工商青年部副部长；1957年至1977年，先后担任第二机械工业部十二局设计院副院长、二机部政治部宣传部副部长。1977年9月起，叶再生调任科学出版社副总编辑，一年后任总编辑。1984年7月，调入中国出版发行科学研究所工作，专业职务晋升为编审。1993年2月离休。

1986年4月叶再生在国家出版局（1987年后为新闻出版署）领导下，曾任党史资料组工作小组副组长。他在小组组长王益，各省、自治区、直辖市出版局和一批出版界老同志的支持下，与领导小组成员一起，做了很大努力，使出版印刷史料的征集和编纂工作取得了很大成绩。

1992年2月，新闻出版署党组决定，撤销党史资料征集工作领导小组,将出版史料的征集、编纂和研究工作交给中国出版科学研究所负责。

创刊于 1982 年 12 月,由宋原放、赵家璧主编在上海出版的《出版史料》出版 32 期后,于 1993 年 7 月因与《编辑学刊》合并而停刊。为了保留一小块出版研究的绿地,提供研究信息,开展学术讨论,交流研究心得,叶再生和若干志同道合的同志,于 1993 年 10 月在北京创办和主编了《出版史研究》丛刊。没有经费补助,叶再生和几位副主编,除了纸张、排字、印刷外,所有编辑、设计、校对、发行等工作,全部由叶和几位副主编自己动手做,而且都是义务的。当时出版这类学术性刊物,都是亏本的,为了使刊物能够生存下去,所亏的费用也全部由叶再生从自己的工资收入和少量积蓄中负责支付。就是这样,他们克服了种种困难,坚持了几年,终于不得已于 1998 年 2 月停刊。《出版史研究》一共出版 6 辑、120 万字,发表研究论文数十篇。论文大多是作者长期调查研究的结晶。有的是过去稀有涉及的出版、印刷史中重要的问题,还有不少论文是重要的专题史或断代史;过去出版界很少了解和研究中国共产党早期在地下时期的出版、印刷历史,该刊也有比较集中的介绍。

二

叶再生对我国新闻出版史、印刷史的研究,所作出的重要贡献主要有下列几点:

(1) 对我国近代现代出版史的深入研究和《中国近代现代出版通史》(以下简称《通史》)的出版。

这部《通史》是国家"九五"重点图书出版规划项目,共 4 卷 21 篇 108 章 413 节,400 万字,于 2002 年 1 月由华文出版社出版。

叶再生通过对中国出版史、印刷史的缜密观察和分析，科学地论述了近代出版、印刷形成的条件，以及它的特点、标准和古代、现代出版、印刷史的本质区别，得出了下列结论："铅活字排版和机械化印刷技术传入中国后，引起了中国出版从手工复制发展到机械化生产，使信息的传播和交流突破了空间和时间的限制，并引发了出版在性质、机构、出版物内容、编辑思想、经营方式、人员构成等许多方面的深刻变化，使近代出版与中国古代出版相比，发生了质的变化，进入了一个崭新的历史时期。"作者从审视历史发展的视角，根据政治、经济、文化、思想诸因素，及其特征的不同，将近代这一历史时期划分为清末、中华民国初年至抗日战争前、抗日战争、抗战胜利和第三次国内战争等四个历史阶段。

《通史》资料丰富，观点鲜明，信息密集，有大量调查统计资料，有许多新的发现、新的研究成果和鲜为人知的史实。

（2）叶再生从世界出版的范围和国际学术交流的视角审视和论述铅活字排版和机械化印刷技术传入中国的历程、特点、分布和它所起的伟大作用。他认为："近代西方文明的输入和在中国的传播，呈现着十分复杂的形式和历程。它交织着先进的资本主义生产方式向落后的封建主义生产方式的冲击，正常的或非法的贸易、传统的文化学术交流，中国古老的儒教文明与基督教文明的对抗、交流和融合，也交织着西方资本主义扩张而向中华民族的侵略。侵略与反侵略的斗争覆盖并扭曲了正常的商业贸易和文化学术交流。现代化印刷出版技术的传入中国，也呈现着这种错综复杂的形式和过程。"

作者经过大量的资料搜集、整理和研究，厘清了铅活字排版和机械化印刷出版技术传入中国的政治、经济和文化背景，剖析了早期基督教出版社、印刷厂传入中国的历程、特点、分布和它所起的作用。据《通史》介绍，早期的基督教出版社、印刷厂，单在中国本土，即有分布在澳门、香港、广州、上海、福州、宁波、南京、汉口、西安、汕头、武昌、九江、福建兴化、广西梧州、河南上蔡县、长沙、郴州、四川嘉定、成都、重庆、北京、通州、山东潍县、威海卫、青岛、兖州等约50家。

叶再生在《通史》中论述了中国最早的一家出版社——澳门东印度公司印刷所、传教士马礼逊编的《中国语文字典》和中国最早一批铅活字的制造。印刷界、出版界、文化界长期流传的几乎已成定论的"中国最早的汉文铅活字，都是由外国人制造的"，或者是由"马礼逊雇工刻了中文字模"；谈到《中国语文字典》，只讲是马礼逊编写的或者说由他译自《康熙字典》，完全不知道也不提及中国人为这部著作所做的大量工作。

《通史》中提出："需要进一步明确一件重要的历史事实：世界上第一部用中文铅活字排版、机械化印刷的巨著——《中国语文字典》，从它的编写、审校、刻中文铅活字、排版、校对、印刷等整个生产过程，都有着许多中国人参与。《中国语文字典》的汉字，取自《康熙字典》，部首检字方法取自《艺文备览》，其第二部分，即《五车韵府》的蓝本，取自清末学者陈先生及其门生胡含一用毕生精力编著的著作。马礼逊在编写过程中还参阅了《佩文韵府》《尔雅》等许多中国人写的著作。此书排印时还有许多中国人参加了书写汉文、审校汉文等工作。而且，在中国也是世界上最早一批汉字铅活字的创制工作中，有许多中国人参加了这项工作，他们的功绩是不应抹杀的。应该肯定，P-P.汤姆斯是这项工程的设计者、组织者和监督人，也无理由否定他动手刻了汉字铅活字。他对中国现代化的出版和印刷工业的发展，对中国文化乃至世界文化的发展，是有很大贡献的。但是这一项工作，不是他一个人搞的，而是在众多中国人参与下完成的。"

（3）《通史》中首次披露了中国近代早期的重要出版机构——海关造册处及海关出版社。

关于中国最早官办的现代概念的出版机构，我国文化界、出版界、印刷界长期以来一直认为有两个系统：一个是类似外交系统机构的京师同文馆和上海、广州两地的广方言馆所办的翻译印书机构；另一个是军工系统的上海江南制造局和各地机器局所设的出版印刷机构。叶再生经过长期研究后，在《通史》中宣称：这里有一个重要的历史遗漏：实际上还存在着另一个重要的出版印刷系统——海关造册处及海关出版社。

清同治十二年（1873年）海关造册处正式成立印字房，对外称海关出版社（The Customs Press）。其任务有二，一是印制信票（现称邮票），一是印制书刊。中国最早的邮票——大龙票、小龙票、万寿票等就是海关出版社印制的。它印制的书刊，主要是有关中国国情的调查统计资料和有关中外条约、海关、税务等书籍，编印有《贸易年报》《通商约章类纂》《中国医药卫生状况的调查报告》《海关十年报告》等。

海关出版社成立的时间与上述另两个系统出版机构成立的时间基本相同，但由于海关进口设备便捷，因此，海关出版社的印刷设备和印刷条件都优于京师、上海、广州等地的同文馆和江南制造局；其次，海关出版社所出版书刊的数量远比另两个系统多，质量也比它们高，许多书刊都含有中、英、法、拉丁等多种文字。而且，它所出版的书刊，很大一部分外销，是中国最早开展书刊对外贸易的一家出版社。

（4）深入挖掘了大量出版、印刷史资料，为后人研究中国出版、印刷史提供了方便条件。

中国现代史虽然只是数十年前的事，但由于战争频仍，沧桑多变或者由于档案的失缺，或者由于人为的破坏，人们对于现代史上重要的一页——抗日战争时期大后方、各战区、各部队、敌后、日伪统治区以及各个历史时期的苏维埃区、抗日根据地、解放区的出版、印刷历史知之甚少，除对大后方一些省市稍有记载外，对于各战区、各战斗部队、敌后的出版历史、印刷历史的记载几乎是空白；中国共产党在各个历史时期的出版、印刷情况，近年来虽有不少同志做了搜集和撰写工作，但由于各种条件的限制，从整体来看，也还缺乏完整的全面的了解和整理。叶再生通过多年的研究，深入挖掘了大量的出版、印刷史料，特别是利用了他在党史资料征集工作小组工作时仔细收集的大量资料，在《通史》中用6章30节35万多字论述了抗日战争时期大后方各地的新闻出版和印刷情况，其中各种报纸一览、书刊目录、各类统计等表格资料就有25件；又有1篇3章23节共21万多字详细论述了孤岛上海、接敌区、各省敌后、边远省区、各战区、各战斗部队的抗日出版和印刷情况，其中各类新闻出版、印刷机构、书目、刊物统计、分类等表格和统计资料12件，并附珍贵图片20幅；书中所介绍的有关中国共产党的各个历史时期的新闻出版和印刷情况，是迄今各种书刊文献中资料最为丰富详尽、论述全面的一种。如关于中国共产党在苏维埃时期的新闻出版和印刷情况，过去研究此问题时，大多参阅张静庐辑注的《中国现代出版史料》上刊载的《第二次国内革命战争时期苏区出版物简目》一文，这篇简目收录书目（包括小册子）共97种（内30种不知出版地点），报纸刊物22种。后来学者有所增益，据统计，大致是书籍、小册子增加至200多种，报刊100多种。而《通史》中所刊的《苏维埃出版物通览》共辑录有书籍、小册子695种，书刊290种，合计985种。又如《通史》第3卷第13篇，用了7章26节约19万字，全面介绍和论述了延安、山东敌后、晋察冀、晋冀鲁豫、晋绥、华中敌后、华南抗日根据地和抗日游击区的新闻出版和印刷情况，并附有各种调查统计表，也是迄今收集资料最多最完整的。

三

《中国近代现代出版通史》是叶再生历时20年悉心研究的产物，为华文世界第一部中国近代现代出版通史著作，填补了中国出版史著述的空白。他常和我谈起，为了完成这部著作，他曾经舍弃了其他方面的许多事情，寒冬酷暑，备尝艰辛。但在亲朋好友的鼓励和支持下终于坚持了下来。因为他深信："中国出版事业需要知道自己的历史，她将会在自己走过的历史道路中得到营养，吸取教益。"他曾自费到美国几家大图书馆搜集资料，有些资料是国内未见的。他说，出版社为了出版这部《通史》，4册总页码3921页的巨著共印2500部，付出了巨额的纸张、印刷、装订费。因此出版社和他事前商定，对全书400万字不付稿费，要待出书后结算有盈余时再按两家对半的比例付酬。事实上，这类学术专著（每部定价398元）是不可能盈利的。出书后他曾多方设法，托熟人请出版媒体帮助宣传扩大影响，但收效甚微。叶再生的满腔希望一次次破灭，终于带着遗憾的心情，于2004年5月11日辞世，终年79岁。

2008年年初，我突然接到潘国彦同志传来一个令人吃惊和痛心的信息。说的是《中华读书报》2008年2月20日刊出的一篇题为《惨遭"极刑"的书与刊》的文章，作者何季民说，2007年国庆节至今，在北京潘家园旧货市场上出现了一批被拦腰用刀锯过的《中国近代现代出版通史》（四卷本）。他与该书出版社电话联系后得知，去年夏天出版社将存书卖给造纸厂，怕这些书再外流冲击市场，所以用电锯将书锯破，不料仍流落到潘家园旧货市场。潘国彦对我说：读了这篇文章，真使人感慨与痛心。想不到叶先生去世没有几年，这部书竟被出版社以每本一角多钱卖给了造纸厂化浆，如此作为，怎一个"痛"字了得？他准备写一篇文章呼吁，并将大致设想告诉我，我完全同意他的想法，希望他尽快完稿。

2008年6月25日出版的《出版史料》2008年第2期上发表了潘国彦写的《刀下留书与笔下存史——吁请重视当代出版史料的征集与研究》。文章在举出腰斩《通史》的事实后，说："面对这样的事实，我们除了痛心之外，亡羊补牢，是不是应考虑办几件实事。"他建议："出版单位处理库存书必须慎之又慎。在程序上应先特价上市（每年北京地坛书市就设有特价部），然后考虑将余书赠送给图书馆、资料室。报废图书应有严格的审核程序。"

一年之后，潘国彦同志也于2009年3月21日因病不治逝世。今天，我在写这篇怀念叶再生同志的文章时，潘国彦同志发出的呼吁和建议的声音仍在我的耳边清晰地回响而久久不散。希望他吁请出版界处理库存书必须慎之又慎和重视出版史料的征集与研究的建议能够得到真正的实现。

（2009年6月）

"无名英雄"的甘苦

1975年5月23日至6月17日，国家出版局在广州召开中外语文词典编写出版规划座谈会，我参加了这次会议的筹备和参与制定1975—1985年全国编写中外语文词典160种的规划（草案）。这次会议的报告和词典十年规划（草案）经国务院批准下达后，我根据国家出版局领导同志的指派，先后参加《辞源》的修订和新编《汉语大词典》《汉语大字典》的工作（我担任了国家出版局出版部和《辞源》修订组的联络员以及《汉语大词典》《汉语大字典》工作委员会委员）。从1976年到1994年的十八年内，我的工作岗位虽有变动，但和三部大型汉语辞书之间始终保持密切联系，经历了它们从艰难起步，克服一个又一个困难，终于全部胜利完成的全过程，现结合我当时的见闻，说说辞书编辑工作的甘苦和给我留下印象较深的人和事。

一

《辞源》的修订工作先由广东、广西、湖南、河南四省（区）《辞源》修订组和商务印书馆编辑部分别按所分配的部首进行编纂工作，写出初稿。最后的定稿工作移到北京，由四省（区）抽调的部分骨干和商务编辑部共同进行，然后由商务编辑部负最后定稿的责任。

《辞源》修订第一次协作会议于1976年1月15—27日在广州举行。图为会议领导人陈翰伯（站立者前排左起第四人）、陈原（左起第五人）与广东、广西、河南、湖南四省（区）和商务印书馆等出席会议的全体代表合影。

在《辞源》修订本四个分册内，找不到"主编"的字样，仅在第四卷的最后一页列有"编纂：吴泽炎、黄秋耘、刘叶秋"三人的名字。据陈原同志在《辞源》修订本出齐后写的文章中说，这部正文3620页、索引和历代建元表122页、全书1400万字的古汉语词典，有"两个人从头到尾'看'了一遍，先是辞典界外的学者黄秋耘，然后是辞典界内的里手吴泽炎（后来加入了刘叶秋）"。这三位同志确实对《辞源》修订工作的完成作出了突出的贡献。

吴汉炎同志我早就认识，他于1934年在上海大夏大学毕业后，即进入商务印书馆编审部工作，曾参加《辞源》简编本的审订工作。1958年后负责汉语辞书编辑出版工作，从1976年起主持《辞源》修订本的编纂。据说他经多年辛勤搜集积累的《辞源》资料卡片即达30万张。他参加《辞源》修订工作后，白天

中编 人物与回忆 **225**

在商务编辑部为《辞源》的修订工作忙碌，晚上在家中还继续工作。据吴老的女儿讲，他的父亲除每天晚饭时间问一句"今天发生了什么事"外，几乎和家人就没有讲过第二句话。他的一天24个小时，除不得不花上数小时吃饭、睡觉外，就是与辞书打交道，除了辞书还是辞书。可以说，吴泽炎先生是终生与辞书结伴的编辑家。

黄秋耘同志我过去曾在《文艺学习》杂志和其他报刊上读过他写的文章，直到1976年他到商务参加《辞源》修订工作后才和他熟识，并成了很谈得来的好朋友。他曾经担任中国作家协会《文艺学习》杂志编辑部副主任、广东省出版局副局长等职。据陈原同志说："这位出身清华，正所谓'学贯中西'的文学家，居然肯跳进火海（辞书的火海），这是我始料所不及的。有人说黄秋耘那时'遁入空门'，因为他主持《辞源》修订工作达数年之久，认真严肃，乐此不疲；我则以为毋宁说他跳进火海。"

曾在中国作家协会《文艺报》编辑部和黄秋耘一同工作过的胡德培同志告诉我，黄秋耘从1976年参加《辞源》修订工作，"前后五年有相当一段时间住在原王府井大街64号中国文联大楼（当时商务、中华楼上）的宿舍中，他在《辞源》修订工作中重视注明每一个语词的来源及其使用过程中的发展演变。核对书证，标明作者、篇目和卷次，工作非常细致认真。遇有疑难问题，或是请教他人，或是翻寻典籍，常常反复再三，直到找到确实可靠的解释或证据为止"。

1980年，黄秋耘写了一首七律诗抒怀：

《辞源》书成有感

不窃王侯不窃钩　　闭门扪虱度春秋

穷经拟作埋名计　　训诂聊为稻谷谋

怀旧每兴闻笛叹　　登高犹作少年游
万家灯火京华夜　　月夕花晨忆广州

2001下半年，商务印书馆前总编辑陈原曾作题为《〈辞源〉三主编》的报告，对黄秋耘等人在该书修订工作中的建树和贡献，有相当中肯的评价。黄秋耘2001年8月6日在广州逝世后，该馆在唁电中说："商务同仁至今仍非常怀念黄先生在商务的岁月。"即是指他对《辞源》修订本编纂工作中的卓越贡献。

刘叶秋同志是一位对古典文学和辞书学有深入研究的老编辑，多年如一日地从事《辞源》修订的编审工作。他曾抄录一份16世纪法国语言学家斯卡格卡写的一首诗来比喻编词典工作比干苦工还苦：

谁若被判苦役工，

忧心忡忡愁满容，

不需令其抡铁锤，

不需令其当矿工，

只要令其编词典，

管他终日诉苦衷。

刘叶秋却笑着对人说："我这辈子就是干这个（编词典）过来的，我并不觉得苦，倒挺有乐趣的。"这就是"苦中有乐"的经验之谈吧。

我和刘叶秋同志并不很熟，但是他了解我在国家出版局作辞书管理工作，并努力学习辞书学的情况后，主动将他写的《中国的字典》著作签名后托杨德炎同志送给我，对我很有帮助。

二

《汉语大字典》由湖北、四川两省协作编写，著名古文字学家和历史学家徐中舒教授任主编,湖北、四川两省高校六名教授任副主编,其中武汉大学李格非教授和四川大学赵振铎教授任常务副主编。

资料工作是编纂字典的基础。编纂《汉语大字典》一开始就十分强调资料的建设工作,他们用了将近三年的时间,查阅了大批图书资料,积累了七百多万张卡片。在进入编纂阶段时,每人对每一个字的释文都要字斟句酌、反复研究,使用的卡片少则数十张,多则上百张,甚至上千张,桌子上放不下,就在床上、地板上一一铺开。在赤日炎炎的酷暑季节,当时室内既未安装空调,也不敢打开窗户或使用电扇,怕吹乱了卡片。男同志们都"赤膊上阵",长时间俯首看桌上、床上排列的卡片,或趴在地下仔细查看卡片,反复研究如何写好释文,常常看得头昏脑涨、颈酸腿麻,个中滋味非外人所能想象。

由于各高校字典编写组分设两省多个地区,工作开展后面临多种困难,李格非、赵振铎两位常务副主编担负了十分繁重的任务。他们不仅要为如何保证大字典编纂的质量、进度召集会议进行讨论研究,还要为组织编纂队伍、协调各组之间的种种问题操心。这里仅从赵振铎在李格非病逝后所写的回忆文章中摘录两例以见一斑:

(1)编纂字典需要合适的人。李格非为了物色湖北的字典编写组人选,忙碌奔波于各地区,耐心地向有关方面讲述编写《汉语大字典》的重要意义。那时他已年近六十,健康状况本来就不好,但为了工作,到了农历大年三十,还在外地为调人而操劳。有一天,天上飘着鹅毛大雪,他不止一次滑倒在雪地上,到了目的地,已满身是泥,当地组织部门的干部深受感动。有人说:"看这个老同志的样子,他要的人就给他吧!"就是凭着这股韧劲，武汉大学字典编写组很快组建起来。

（2）"四人帮"覆灭后，字典编纂进入了新的时期。但旧的矛盾解决了，新的问题又出现了。学校步入正轨，讲课需要教师；恢复了职称评定，字典组不少教师都面临职称晋升问题。虽然中央对字典编写组人员的职称评定早有文件，但是在各个单位执行起来却不那样顺当。有人要求回原单位去上课，字典组内部开始变得不稳定了。李格非为此非常着急，多次在领导小组的会上为字典组成员的职称晋升问题慷慨陈词，听者无不为之动容。但就是这样，也还得不到一些人的谅解。有的人没有提到高一级职称，就指名道姓地指责他。李格非从不和人当面顶撞，但心里并不平静，不止一次向赵振铎诉苦，说要顾全大局，只有忍了。一次开完领导小组会，他对赵振铎说，面对这些责难，他想通了，写了一副对联："唾面自干，鼻吸五斗醋；掉头不顾，心萦一字经。""一字经"指正在编纂的《汉语大字典》。[①]

《汉语大词典》由著名语言学家、上海市哲学社会科学学会联合会主席罗竹风任主编，华东五省一市（江苏、浙江、安徽、福建、山东、上海）高校和大词典编纂处的八位教授、专家任副主编。

《汉语大词典》编纂工作开始后，先用了三年时间集中看书，收集资料，先后从一万多种古今图书报刊中收词制卡片八百多万张，从中精选两百多万条第一手资料，作为大词典确定词目和建立义项的依据。以第一卷第一个领头字"一"字为例，就利用了近四千张卡片，反复研究了古今汉语的语义、词法等各方面的问

[①] 赵振铎：《〈汉语大字典〉的功臣——忆李格非教授》，载《辞书研究》2003年第6期。

题，四易其稿，收列24个义项，超过了以往的辞书。以"一"作为字头的复词就收录一千八百多个，释文共计二十九万余字。

《汉语大词典》从资料建设阶段进入正式编写阶段，经过近十年的努力，工作取得了重要进展。大词典的编委会、编纂处决定特邀二十余位编写骨干集中于上海，自1985年1月起进行第一卷的决审定稿工作。这时，高校教学、科研任务与大词典"争人才"的矛盾已逐渐突出，有的协作单位要求往回抽人，有个别单位的编写队伍解体了，这些都对编写队伍的稳定产生了一定的影响。然而各地接到定稿邀请的编委，都义无反顾地集中到了上海。那时《汉语大词典》编纂处的生活条件如何呢？据参加定稿工作的山东大学吉常宏教授回忆说，他们"三个人共住一间用塑料板材组装成的十平方米左右的二层楼房里。初夏即觉骄阳似火、熏炙得难以午休；隆冬则四壁空穴来风，令人瑟瑟发抖。刮风，房顶鼓动作响；下雨，屋瓦叮咚成声。同仁们苦中作乐，谑称之为'风雨楼'。就是这样，编纂处已是左支右绌，窘相毕露了，同仁们都知道这是至关重要的阶段，仍是昼夜奋战，每天工作在十小时以上。我曾对山东同仁及编纂处的诸先生说：无论如何咱们得把第一卷推出去。第一卷出版了，这步棋就活了；第一卷出不去，胎儿死在娘肚里，十年辛劳就付诸流水了，且不说什么国家损失和浪费了。大约是哀兵必胜吧，同仁们竟这样闯了过来！"[①]

《汉语大词典》第一卷就是这样在"风雨楼"中定稿的。参与定稿的专家都是五省一市编写组的骨干，他们大多已年过半百，都已为《汉语大词典》艰苦奋斗了近十年。为了早日完成这

[①] 吉常宏：《〈汉语大词典〉往事拾零》，载《辞书研究》1994年第3期。

项大工程，他们克服了原工作单位和家庭个人生活上的重重困难。例如，吉常宏教授就是中止了已向出版社交稿一半的专著写作，甘做"风雨楼"的住户，连儿子结婚都无暇回家，一对新人只好从山东来到"风雨楼"探亲。有些首次来到上海的定稿编委，竟没有去过南京路，没有去过外滩，而全身心地投入工作。

1986年6月12日《汉语大词典》首卷问世前，中共中央政治局委员胡乔木同志来到《汉语大词典》编纂处，他走进编辑部的办公室，走进专家们工作过的"风雨楼"，对大词典编辑们的敬业精神给予极高的评价，并与编纂处的全体人员合影。

三

《辞源》修订工作从1976年1月开始启动，到1983年12月出齐4卷，历时8年，参加编纂工作的主要人员有109人；新编《汉语大字典》从1975年7月召开第一次编写工作会议开始，到1990年10月出齐8卷，历时15年，参加编纂工作的有三百多人；新编《汉语大词典》从1975年9月召开首次编写工作会议开始，到1994年4月出齐12卷（含附录、索引1卷），历时18年，参加资料工作及编纂的人员前后有一千多人。在这三部大型汉语辞书编纂队伍中，有许多语言学界的著名老专家学者；有一大批风华正茂的青年教师、专家，他们都在这几部辞书的编纂中度过一生中最宝贵的时光；还有不少老同志在原单位办了离退休手续后，自愿投入到几部辞书编纂队伍中来默默作奉献。也有一些为这几部辞书作出贡献的同志却未能看到它们的出版，三部辞书中仅《汉语大词典》一部就有47位专家学者离开人世时未能目睹出版成果。

对于所有参加过这几部辞书工作的知名和不知名的人们，他

中编　人物与回忆　231

们几年十几年在资料卡片中爬罗剔抉,在数千万字的书稿中字斟句酌、反复推敲,力求达到最满意的程度。他们所付出的心血和所经历的磨炼,可以借用陈原同志在《辞源》修订本问世时说过的一段话来表达:"时下的读者决不能想象那艰辛的历程,只有那些踏着沉实的脚步(有时却又是蹒跚的脚步)走过这段途程的,不求名利、不怕风雨的人们,饱尝到其中的甘苦。"

四

编一部工具书,特别是像《辞海》《辞源》《汉语大词典》《汉语大字典》这样的大型辞书,是很不容易的一件事。在《辞源》修订工作中,从广西《辞源》修订组抽调到商务印书馆担任《辞源》修订本定稿的顾绍柏同志,通过自身的实践体会曾经写过一篇文章,列举他在推敲词目释义和查书证等方面尝到的甘苦情况,下面节选一些事例可供参考:

古人有诗曰:"吟安一个字,拈断数茎须。"这里讲的是作诗之苦和推敲之细。修订《辞源》又何尝不是这样。当然,我们都不留胡子,不会有"断须"之虞;但为了几个字的释义而搔首抓腮,冥思苦想,不是常有的事吗?例如"磊落"一词,一般都释为"襟怀坦白"或"光明正大";而编辑部的同志结合书证进行推敲,发现以上训释不尽妥当。前者是根据今天的用法,与书证不合;后者是因为"光明磊落"连用,误将"光明"义传给了"磊落"。南朝梁刘勰《文心雕龙·明诗》:"慷慨以任气,磊落以使才。"唐韩愈《昌黎集》十七《与于襄阳书》:"世之龌龊者既不足以语之,磊落奇伟之人又不能听焉。"最后决定根据这两个书证,重拟释义;为了稳妥起见,议论一番,最后敲定成如下释义:"错落分明,引申指人洒脱不拘,直率任情。"这种为了对读者负责，互相切磋、反复推敲的情况是常有的。

又如"眉来眼去"这一词，一般人只知道它的通常义是"以眉目示意或传情"，但后来从辛弃疾词中发现了新义："落日苍茫，风才定，片帆无力。还记得眉来眼去，水光山色。"（《满江红·赣州席上呈太守陈季陵侍郎》）这里的"眉来眼去"显然不是眉目传情的意思。舒宝璋同志查邓广铭的《稼轩词编年笺注》，又发现了旁证，王观《卜算子·送鲍浩然之浙东》："水是眼波横，山是眉峰聚。欲问行人去那边，眉眼盈盈处。"我也从这里受到启发，在宋元人的词曲中，除了以眉眼喻山水外，还有以山水喻眉眼的。如《西厢记》三本二折："望穿他盈盈秋水，蹙损他淡淡春山。"——语本宋左誉《眼儿媚》词。又四本三折："泪添九曲黄河溢，恨压三峰华岳低。"辞书如果把"山水"和"眉眼"的相互比喻关系都作交代，可能更好一些。

以上例子说明，《辞源》推敲释义，也同创作一样要煞费苦心；不仅如此，而且常常要"踏破铁鞋"，查书见证。

修订《辞源》成天就是同古籍打交道。这里得首先感谢商务印书馆汉语编辑室和资料室的同志，他们为《辞源》审稿调集了一大批急需的图书，如丛书集成、四部丛刊缩编及续编、四部备要（部分）、万有文库（部分）、国学基本丛书（部分）、四库全书珍本初集、汉魏丛书、笔记小说大观、古本戏曲丛刊、学津讨原、格致丛书、说郛（商务）、诸子集成、《汉魏六朝百三名家集》《全上古三代秦汉三国六朝文》《全汉三国晋南北朝诗》等丛书和总集，《古今图书集成》《册府元龟》《太平御览》《艺文类聚》《文苑英华》《初学记》等类书，还有像《大藏经》《武备志》这样的稀世图书以及百衲本和开明版二十四史这样的善本书，还有新中国成立前后整理出版的二十四史、《全唐诗》《全宋词》《全金元词》《全元散曲》《元曲选》《词谱》《文选》等以及杂说、别集、古典小说、诗文选注之类，其余如古今字书、韵书、辞书、索引等亦较齐全。估计以上图书不下万册，分放在四楼辞源组的三个办公室（细分是五间），如果将三室看成三点，用线连接起来，正好成一个直角三角形。我们外省的和商务印书馆辞源组的同志共十几个人，为了查书，就这样沿着直角三角形的边线作穿梭运动，每人每天少则走几次，多则走十几次、几十次，脑子手脚来一个同时并举。而这对于我们外省的同志来说，已经算不了什么。我感到在商务印书馆工作比在下面方便多了。下面的图书资料没有商务印书馆的齐全，我们常常要远征到外单位去查书。一般说来，作家们正式进入创作阶段，是不会有这种奔波之苦的。有时为了弄清一个词条，要花上半天、一天，甚至几天时间，要翻阅十几种、几十种图书资料，弄得头昏脑涨；当然一旦问题获得解决，心里也是很兴奋、很激动的，这就叫苦中有乐。例如，河南的张珩同志在审改"饭牛歌"这一条时，曾花了很大气力。旧辞书和修订初稿只介绍了春秋宁戚在齐国东门外喂牛，待桓公出，扣角唱《饭牛歌》，桓公闻之，知其贤，因授以政；引《淮南子》为参阅书目，而对《饭牛歌》的具体内容完全不提。当然，在宁戚生活的那个时代，不可能产生这样的七言歌诗，是后人伪托无疑；但这首歌既然如此有名，历来为人传诵，读者很可能要了解一下它的具体内容和出处，如果我们的《辞源》能解决这个问题，岂非一件功德。老张查了《淮南子·主术训》，找不到《饭牛歌》的具体内容。再查清人沈德潜编的《古诗源》，有具体内容而没有出处，题解也只是引《淮南子》。他又根据宁戚与齐桓公的关系，查《史记·齐太公世家》，里面连宁戚的名字也找不到。我们建议他利用旧辞书查"长夜""漫漫""曼曼"等词,看能否发现线索,结果也是令人失望,虽有歌词内容而无出处,仅说明是"宁戚《饭牛歌》"。我们又建议他查《太平御览》。《太平御览》引《史记》,里面有歌词内容,但没有注明出自哪一篇。这时我们才提醒他查《史记人名索引》,他也恍然大悟。据索引,《史记》中仅有一处提到宁戚,那就是卷八三《邹阳传》狱中上书中的两句话:"宁戚饭牛车下,而桓公任之以国。"再没有别的内容,但是他从这两句的注中发现了出乎意料的材料,《集解》引应劭:"齐桓公夜出迎客,而宁戚疾击其牛角高歌曰:'南山矸,白石烂,生不遭尧与舜禅。短布单衣适至骭,从昏饭牛薄夜半,长夜曼曼何时旦?'公召与语,说之,以为大夫。"这是到目前为止,我们所能找到的最早的依据。新《辞海》也引了歌词内容,提供的材料来源是《三齐记》(见《离骚》"宁戚之讴歌兮"宋洪兴祖补注)。《三齐记》是晋伏琛所作,远不如东汉应劭注早。《辞源》要讲求源,所以引应劭注,而不用《三齐记》。

以上所举《饭牛歌》,是一个典型的"无头案"。应该说,旧辞书和索引给我们留下的"无头案"是很多的。随便举一个例子,《佩文韵府》收了欧阳修的两句诗:"寒暑借天势,豪忽肆凌轹。"漏列了篇名。如果《辞源》要引用,那就得把《文忠集》中的诗歌部分从头到尾查一遍,有时一遍查不到,还得查第二遍。万一碰到张冠李戴的情况,那就更苦。例如,王鸿芦同志审改"重重叠叠"这一条时,想引"重重叠叠上瑶台,几度呼童扫不开"这样的名句(《辞源》想把流传很广的名句吸纳在有关字或词之下)。要引就得按体例规定标上朝代、作者、别集、卷次、篇名。孩提时读过《千家诗》的人都记得,这是苏轼的《花影》诗句(《千家诗》就是这样标的)。但她和舒宝璋同志查

中编 人物与回忆

遍了苏诗也没有找到，最后通过查《古今图书集成》，方弄清楚此诗的作者是宋末的谢枋得，而不是苏轼。再查谢氏的《叠山集》，果然在第一卷中。

像这样费时费力地解决"无头案"，我们都经历过，并且不止一次。一般读者大概是难以想象的。读者将会发现，修订后的《辞源》不仅没有留下一桩无头案（张冠李戴的情形可能还有），而且基本上做到了每个词条提供详细出处或参阅书目。对此，著名学者白寿彝先生很欣赏，他曾在庆祝《辞源》出版座谈会上说，这是功德无量的事。词条提供详细出处或参阅书目，工作量是很大的，没有捷径可走，恐怕没有窍门可言。例如高诱，大家都知道他是东汉有名的训诂学家，但是《后汉书》没有他的传，也不见有什么野史提到他，《人名大辞典》仅有几个字的介绍："东汉（人）。著有《战国策注》。"我们这次做"高诱"条，不仅对他的生平介绍得比较详细，而且将材料来源一一列出，这就给读者提供了方便。再如"乃翁"这一条，我们引陆游诗"王师北定中原日，家祭无忘告乃翁"为例证。这两句几乎人人会背诵，而且知道诗题名《示儿》。如果其他工具书要引用，完全用不着查书；然而《辞源》却不能这样省事。因为按体例规定，它既要注明篇名，也要注明书名和卷次，这就逼着我们非去查《剑南诗稿》不可。我们知道这部书有八十五卷，收诗九千多首，其中以《示儿》为题的诗就有好几首，查起来要费时间。当然，我们多少还有点常识，知道这部书是按年代顺序编的，而且知道《示儿》（"死去原知万事空"）是他晚年的作品，所以不会从前面往后面查，而是从后往前查，这样就容易找到，它是第八十五卷的最后一首。这就告诉我们，即使是最容易的书证，《辞源》也不可能信手拈来。至于《剑南诗稿》中的《书怀》《书愤》

《自嘲》《解嘲》《书感》《书叹》《示客》《喜雨》《即事》《感怀》等等，都是同一诗题有好多首，散见于各卷，我们即使知道了这些篇名，查起来也是不容易的。还有两部书使用频率较高，查起来也很不方便，一是四部丛刊缩编本《白氏长庆集》，一是国学基本丛书本《东坡集》。前者只有一个粗略分类，没有总目，连分卷目录也没有；即使有篇名，也往往要从头查起。国学基本丛书本《东坡集》书前有总目，然而仅这份总目就抵上一本小册子。里面分前集、后集、续集、奏议集、外制集、内制集、应诏集，同时又分若干册、若干类、若干卷；即使在总目中查到了篇名，也还是不能立即查到原文，因为它尽管是排印洋装本，却没有总页码。凡查这部书的人，没有不喊头疼的。所以查苏轼诗文，我们总是先查丛刊本《分类东坡诗》和《经进东坡文集事略》，如果在这两部书中找不到，那就非查《东坡集》不可了。商务印书馆是有很多无名英雄的，他们为了给《辞源》修订提供方便，编制了很多索引，如《大藏经书目索引》《李太白诗题索引》《杜工部诗题索引》《音韵阐微索引》等。希望这方面的工作今后继续有人做。

下编

历史回望散记

"文化大革命"初期的出版界概况[①]

1966年5月至1976年10月的"文化大革命",使我国的社会主义出版事业遭到新中国成立以来最严重的挫折和损失。这场长达10年的浩劫,是从文化领域的"批判"开始的。出版事业作为文化领域的重要部门首当其冲,受到的摧残和破坏也更为严重。

一、出版界成为被"彻底批判"的"五界"之一

1965年2月,江青到上海与张春桥密谋组织批判《海瑞罢官》的文章。经过七八个月的精心准备,由姚文元执笔写成《评新编历史剧〈海瑞罢官〉》,于同年11月10日在上海《文汇报》发表,从而拉开了发动"文化大革命"的序幕。

1966年5月,中共中央政治局扩大会议于16日通过中共中央通知(以后被称为"五·一六通知")。同年8月,中共八届十一中全会于8日通过《关于无产阶级文化大革命的决定》(简称"十六条")。这两次会议的召开,标志着"文化大革命"的全面发动。

[①] 本文有部分内容曾载《当代中国的出版事业》上册,当代中国出版社1993年版,73—83页。

中共中央政治局扩大会议于5月16日通过的《中国共产党中央委员会通知》中，要求全党"高举无产阶级文化革命的大旗，彻底揭露那批反党反社会主义的所谓'学术权威'的资产阶级反动立场，彻底批判学术界、教育界、新闻界、文艺界、出版界的资产阶级反动思想，夺取在这些文化领域中的领导权"。

出版界成为"文化大革命"开始后被"彻底批判"的"五界"之一，最早受到冲击，也是最早被"夺权"的部门之一。

"文革"开始时，林彪、江青一伙为了篡党夺权，大造反革命舆论，煽动"怀疑一切、打倒一切"，严重搞乱了人们的思想。在出版战线，他们不仅全盘否定新中国出版事业所取得的成就，诬蔑17年来的出版工作是"反党反社会主义的黑线专政"，还全盘否定解放区出版工作的革命传统，全盘否定国民党统治区的进步出版工作。他们臆造出版界从20世纪30年代到60年代"贯穿着一条黑线"，诬蔑长期从事出版工作的大批领导干部，说什么老解放区来的是"走资派"，国民党统治区来的是"敌、特、叛"；业务骨干不是"黑线人物"，就是"修正主义苗子"。在林彪、江青一伙的煽动下，学术界、文艺界等各界的大批专家、学者和著名作家被任意扣上"资产阶级反动权威""反革命修正主义分子""反共老手"等帽子，列为"全面专政"的对象，一时造成极大的恐怖和严重的混乱。

二、出版界的"夺权"斗争

"文革"开始后，林彪、江青一伙把中央宣传部、文化部的领导班子成员打成"反党反社会主义的修正主义分子"，强加给他们的一条重要"罪名"，就是"反对毛泽东思想，压制毛主席著作的出版发行"。

20世纪50年代末至60年代初，在学习和宣传毛泽东思想中出现了简单化庸俗化的倾向。1960年3月24日，毛泽东主持召开中共中央政治局常委会，提出要正确地宣传马克思列宁主义、毛泽东思想，不能搞简单化庸俗化。根据中央指示，中央宣传部出版处处长包之静主持对这个问题进行了深入的调查研究，发现在一些图书报刊上，有些文章把毛泽东思想当成现成公式任意套用，把某些技术方面的创造发明，简单地生硬地说成是应用毛泽东某一句话的结果；有些文章则把毛泽东的战略战术思想，牵强附会地和医治某种疾病直接联系起来。根据调查的情况，包之静负责起草了《关于毛泽东思想和领袖革命事迹宣传中一些问题的检查报告》，明确提出在学习和宣传毛泽东思想时，要反对简单化、庸俗化和形式主义。1961年3月15日，这个报告经中共中央批准转发全党，对纠正林彪制造的思想混乱，正确宣传和学习毛泽东思想，起到了重要作用。[①] 这件事在"文革"中被批判为"刘、邓司令部批准阎王殿炮制的黑文件，使'简单化''庸俗化'两根大棒得到了'合法地位'，文件散发到全党全国，起了极坏的作用。从此'简单化''庸俗化'的大棒到处挥舞，极大地破坏了活学活用毛主席著作的群众运动"。林彪、江青反革命集团为此大做文章，将这件事作为中央宣传部"反对毛泽东思想"的重要罪证之一。执笔人包之静长期受到迫害，1971年10月于下放劳动地宁夏含冤去世。

从1949年10月到1965年，《毛泽东选集》一至四卷已出版1146万部，由于多为公费购买，需要量巨大，因纸张供应不足，印刷生产力紧张，需要分批印制，一时还不能充分满足需要；而

---

① 袁亮：《怀念包之静同志》，《出版史料》2004年第3期。

《毛泽东著作选读》甲、乙种本已出版7894万部（册），毛泽东著作的汇编本、单篇本已出版6.8亿多册，不仅已充分供应，在书店中已发生积压。因此，所谓"压制毛主席著作出版发行"的罪名，完全是别有用心的借题发挥。

1966年5月18日，林彪在中共中央政治局扩大会议上竭力鼓吹个人崇拜，宣称"毛主席的话，句句是真理，一句超过我们一万句"，"他的话都是我们行动的准则，谁反对他，全党共诛之，全国共讨之"。6月7日，林彪控制的《解放军报》发表社论，强调"毛泽东思想是我们的命根子，不论什么时候，不管什么样的'权威'，谁反对毛泽东思想，我们都要全党共诛之，全国共讨之"。这样，就把《毛泽东选集》供应不足，同"反对毛泽东思想，压制毛主席著作出版发行"的"罪名"画了等号。出版界的"夺权"斗争，正是从这一问题上打开缺口的。

1966年底，文化部报经中央宣传部和国务院文教办公室批准，于1967年1月10日在北京召开"全国毛主席著作印制计划会议"的筹备会，讨论1967年出版《毛泽东选集》一至四卷8000万部的计划。1月4日、5日，上海市在张春桥、姚文元的策划下，发生了《文汇报》《解放日报》被"造反派"夺了权，进而发展到向党和政府全面夺权的所谓"一月革命"风暴。这股风迅速蔓延到北京，文化部召开的毛主席著作印制计划会议筹备会被人民出版社、农村读物出版社的一个群众组造了反。1月26日，江青、陈伯达、王力在人民大会堂接见"造反"的头头时，

对这次"造反"行动表示坚决支持。①

三、"文革"期间出版管理机构的变化

1967年1月19日，文化部机关被"造反派"夺了权，包括出版事业管理局在内的各部门业务工作全部陷于瘫痪。

4月30日晚，周恩来在中南海小礼堂接见中央机关各派群众组织的代表，在讲话中提及："文教口子已经拆散。中央文革小组直接管中宣部、文化部、教育部、新华社。中央文革小组下设宣传出版、艺术电影、教育三组。出版局属出版组管。剩下卫生部另外分口。"

不久，中央文革小组办事组宣布：经中央批准，文化部由中央文革小组接管。决定委派王力、关锋、戚本禹负责具体接管工作。文化部出版局及其直属单位由中央文革小组宣传组接管，文化部其他司局及其直属单位由文艺组接管。

从1967年5月直到1976年10月"文化大革命"结束，全国出版管理机构先后有"毛主席著作出版办公室""国务院出版口""国家出版事业管理局"三个部门；地方的出版管理机构也有较大变化。

（一）毛主席著作出版办公室

中央文革宣传组从1967年4月开始，就派人分别和首都出版系统的两大派群众组织联系，了解情况，酝酿成立一个业务班子。经过短时期的磋商，于5月11日成立了"毛主席著作出版办公室"，暂时代行原文化部出版局的领导职权。这个办公室的

---

① 参见本书《当代中国出版史上特殊的一页》一文。

工作人员前后略有变动，参加工作时间较长的有13人，分别来自国家计委文教局，轻工局，文化部办公厅，出版局和首都出版、印刷、发行、物资供应等部门，由常工负责。1968年12月底，"首都工人、解放军毛泽东思想宣传队"进驻办公室，工军宣队共5人，分别来自解放军政治学院的解放军3人和北京新华印刷厂2人，由王济生负责。

1970年10月，根据周恩来总理的指示，毛主席著作出版办公室并入当年5月成立的"国务院出版口"。①

（二）国务院出版口

1969年7月，"首都工人、解放军毛泽东思想宣传队"驻文化部总指挥部接到中央文革陈伯达关于"出版工作要抓一下"的指示，总指挥部从文化部直属的出版单位中抽调了12名编辑出版、印刷、发行工作人员组成"出版小组"负责处理出版业务（主要是出版"革命样板戏"剧本、画册），由张指南任组长。

1970年5月9日，周恩来接见文化部工、军宣队领导小组负责人，宣布撤销驻文化部的总指挥部，支左的解放军和工人回原单位。调整文化部机构，保留电影、出版、文物三个口，逐步归国务院文化组接管。

5月23日，国务院批准成立"出版口三人领导小组"，领导文化部直属的出版、印刷、发行单位，由杜润生任组长。同年10月，"毛主席著作出版办公室"并入出版口后，成立"出版口五人领导小组"，由王济生任组长。1972年3月，中共中央决定在已建立党委的地方和单位，撤销"三支两军"的机构和人员。不

---

① 参见本书《当代中国出版史上特殊的一页——"文革"期间"毛主席著作出版办公室"始末纪实》。

久，王济生等军队人员根据解放军总政治部通知离开出版口，回军队原单位。国务院调原文化部副部长徐光霄为出版口领导小组负责人，主持出版工作。

出版口的机构设置为三部（政治部、出版发行部、印刷部）、二室（办公室、计财室）；后出版发行部分为出版部、发行部（发行部与新华书店总店为两块牌子，一套机构），机关编制为80人。

（三）国家出版事业管理局

1973年7月，国务院决定撤销出版口，成立国家出版事业管理局（简称"国家出版局"），直属国务院领导。局设领导小组，由6人组成，徐光霄任组长，下设办公室、计财室、政治部、出版部、印刷部，人员为60人。

1975年4月，原文化部副部长石西民任国家出版事业管理局局长。局机关下设三部（政治部、出版部、印刷部）、三室（研究室、办公室，计财室），编制100人。

（四）地方出版管理机构

"文革"开始后，各省、自治区、直辖市的出版管理机构随着本省（区、市）机构、体制的变化，出现了多种情况。如上海市于1969年8月打破社界，成立了全市统一的出版机构——上海市出版革命组（1970年10月1日改称"上海人民出版社"）；辽宁、江西、宁夏等省（区）将出版、印刷、发行工作合一，统称"新华书店"，广东、黑龙江等省统一改称"人民出版社"。1967年中央文革宣传组成立"毛主席著作出版办公室"后，许多省、区、市也纷纷成立同样的机构，多数称"××省（区、市）毛主席著作出版办公室"，也有称"出版发行办公室"或

"印刷发行办公室"。有少数地区称"××省革命委员会宣传组出版组",浙江省称出版事业管理局,江苏、安徽等省称出版发行局。1973年国家出版事业管理局成立以后,各省、自治区、直辖市改称出版局的逐渐增多。

四、"文化大革命"初期的出版界情况

(一)许多出版机构被合并或撤销

"文革"前,全国有出版社87家(不包括副牌,下同)。其中中央级出版社38家,地方出版社49家,职工10149人(其中编辑4570人)。

"文革"开始后,许多出版社被合并或撤销,到1970年底全国出版社仅剩下53家,其中中央级出版社20家,地方出版社33家,职工4694人(其中编辑1355人)。

"文革"前,文化部直属的人民、农村读物、人民文学、人民美术、中华书局、商务印书馆、文物7家出版社有职工1074人(其中编辑523人),"文革"后合并为人民、人民文学、人民美术、中华·商务4家,到1970年底,留在北京从事编辑出版工作的仅有166人(其中编辑63人)。

上海市"文革"前有出版社10家,职工1450人(其中编辑783人)。"文革"后,1968年9月,驻上海新闻出版系统的工军宣队团部根据市革命委员会指示精神,从各出版社和市新华书店等单位抽调50人。于1969年8月22日成立了"上海市出版革命组",恢复出书,至1970年10月1日改名为"上海人民出版社",有职工172人(其中编辑107人)。

"文革"开始后,中央、国务院各部委和各省、自治区、直

辖市的出版社，有的被合并或撤销，有的出版业务完全停顿。

（二）编辑出版干部受到批判、迫害，大批人员下放"五七"干校

"文革"开始后，出版界上自出版局局长、出版社社长、总编辑，下到县新华书店经理，几乎都被打成"走资本主义道路的当权派"或"忠实执行反革命修正主义的黑线人物"，受到批判、斗争。

"文革"后，商务印书馆被诬蔑为"宣扬封资修、大洋古的反革命修正主义黑窝点"，在1967年1月全面夺权的风暴中，商务印书馆的招牌还被"造反派"摘掉，一度被改名为"东方红出版社"。

中华书局"文革"后被诬蔑为"招降纳叛，为复辟资本主义制造舆论"的"大黑窝"，并一度被"造反派"改名为"人民文化出版社"。全局从事古籍整理出版工作的主要党员干部和业务骨干都成了"黑帮分子"和"牛鬼蛇神"，被揪出来隔离审查和批斗的近70人，占全局总人数的1/3以上。①

人民文学出版社"文革"后被诬蔑为"黑染缸""毒品制造所"，工作人员大都被视作"放毒犯"。1969年国庆节前夕，出版社被"连锅端"，除极少数几个侥幸者外，无论老弱都被送往一千多公里外的"广阔天地"，接受"再教育"去了。②

新中国成立后曾先后任新闻总署、出版总署副署长、民族出版社首任社长的萨空了，在任时亲自请示周恩来后影印出版了《五体清文鉴》，为清乾隆年间官修的五种文字对照的分类辞书。

---

① 俞筱尧：《金灿然和中华书局》，《回忆中华书局》下编，中华书局1997年版。
② 王仰晨：《鲁迅著作出版工作十年（1971—1981年)》，《出版史料》1988年第2期。

萨空了曾说过"我们做了一件连皇帝都没能做到的了不起的事。"但"文革"开始后,他即成为首当其冲的批斗对象,被迫手举着这本书接受批判。他所主张的努力满足各民族读者多方面、多层次正当需要的办社方针也被批为"杂家出版社"。①

1963年曾因《杂家》事件受到批判的罗竹风,1966年"文革"一开始就被作为上海出版系统头号"走资派"首先被揪出来批斗,关进"牛棚",隔离审查。1968年4月17日,《文汇报》点名批判罗竹风,随后发表的一篇文章把《杂家》打成"臭名昭著的大毒草",并说"姚文元的回击是得到无产阶级司令部的支持的"。这样,凡是当初支持《杂家》观点的人,一律被上纲到"对待无产阶级司令部的态度问题"而受到株连。《杂家》中提到的那位编辑被拉去陪斗,与《杂家》事件有关的人或被专题批判或被迫作重点检查。《文汇报》副刊原组织《杂家》一文的编辑余仙藻则被没收记者证,赶出文艺组。天津百花文艺出版社一位编辑因著文支持过《杂家》,全家被遣送到农村,受尽折磨。②

1968年8月25日,中共中央、国务院、中央军委、中央文革发出《关于派工人宣传队进驻学校的通知》以后,许多中央级出版社和省、市、自治区的出版系统也纷纷进驻了"工宣队"或"工人、解放军毛泽东思想宣传队",实行"由工人阶级占领上层建筑"。如上海市工军宣队新闻出版工作团进驻出版系统的有800多人,出版社每个编辑室中都派有一两名工宣队员,担任党支部书记或副书记,主要管"路线"、管"队伍的思想改造",

---

① 刘锦璋:《忆萨社长》,1993年3月31日《民族书林》。
② 《上海出版志》,上海社会科学院出版社2000年版,1186页。

称之为"抓脑子"。

1969年9月，文化部机关包括在京直属单位，除留少数留守人员和有出版任务的人员外，绝大多数职工连同家属都下放到湖北咸宁文化部"五七"干校。咸宁为古"云梦泽"，气候炎热，最热时达45℃，下放干部除进行繁重的体力劳动外，还要无休止地搞"清理阶级队伍""深挖'五一六'"等所谓"斗、批、改"的运动。中央其他出版单位和各地出版单位的大批职工也被下放。有的到"五七"干校，有的全家到农村落户。上海出版系统有不少人被以"战高温"（进工厂劳动），或以"四个面向"（工厂、农村、基层、边疆）为名把认为"有问题"的人赶出出版系统。

（三）大批图书被作为"封、资、修"的"毒草"封存、销毁

"文革"开始后，新中国成立后出版的图书，绝大部分都被批判为"封、资、修"的"毒草"，书店中停止出售，图书馆禁止借阅，有许多书甚至被焚毁。云南省革命委员会曾揩转云南省新华书店《彻底清理存书、处理毒草》的报告，要求全省新华书店除了马列著作、毛泽东著作、党和国家文件、鲁迅著作和高尔基著作外，其余统统销毁，仅省书店库房所存图书即被销毁2700种。[①]

1966年8月，在陈伯达、江青一伙的煽动下，红卫兵"破四旧"，勒令书店"永毒"，新华书店被迫将大批图书下架封存。北京市新华书店各门市部，"文革"前公开发行的图书有一万五六千种，"文革"初期被封存的就有五六千种，其中少数是出版社通知停售，多数是红卫兵和造反组织提出封存的。古旧书店经

---

① 郑士德：《中国图书发行史》，高等教育出版社2000年版，845页。

营的古书被批判为"宣扬封建主义",经营解放后出版的旧书,被批判为"宣扬资本主义、修正主义",统统禁售。北京中国书店因受到吴晗、邓拓等北京市领导人的关心和支持,常来购书,被诬为"三家村黑店","文革"初期至1972年,该店的古旧书均被封存。[①]上海市新华书店"文革"初期封存的上海版图书,共有5342种,1087万册;上海南京东路新华书店门市部,"文革"前有社会科学类图书1792种,"文革"开始后只剩下200种。

截至1970年年底,负责中央一级出版社进发货业务的新华书店北京发行所仓库中,封存的图书有7870种,830余万册。

据出版口调查,截至1970年底,有17个省、市、自治区封存的图书总计为33804万册。封存书种数最少的湖北有4500种,最多的河北有14158种,广西、贵州均有1.1万余种,陕西、青海、西藏为9000余种;封存书册数最多的陕西有5280万册,最少的西藏有114万册,辽宁、江苏、湖南、广西均有3000余万册,平均每省(自治区、直辖市)封存图书1988万册。

"文革"初期,有一份由"首都红代会中国人民大学三红文学兵团"为首署名编印的小报,大字标题为:"六十部小说毒在哪里?"列举"文革"前出版的60部小说,一一批判为"毒草"。这份小报当时流传甚广,成为部分红卫兵勒令书店停售有关书籍的重要依据。它将60部小说分为6个部分,其所列"罪名"和书名、作者如下:

(1)"反党、反毛主席,为刘少奇等反革命修正主义头目树碑立传"(6种):《刘志丹》(李建彤)、《六十年的变迁》(第

---

① 郑士德:《中国图书发行史》,高等教育出版社2000年版,845页。

一、二部)(李六如)、《保卫延安》(杜鹏程)、《青春之歌》(杨沫)、《小城春秋》(高云览)、《朝阳花》(马忆湘);

(2)"歌颂错误路线,攻击毛主席的革命路线"(5种):《红旗谱》《播火记》(梁斌)、《我的一家》(陶承)、《风雨桐江》(司马文森)、《晋阳秋》(慕湘);

(3)"歪曲阶级斗争,宣扬阶级调和论、人性论、和平主义"(15种):《三家巷》《苦斗》(欧阳山)、《火种》(艾明之)、《大波》(共4部)(李劼人)、《太阳照在桑干河上》(丁玲)、《苦菜花》(冯德英)、《文明地狱》(石英)、《在茫茫的草原上》(玛拉沁夫)、《山乡风云录》(吴有恒)、《三月雪》(肖平)、《变天记》《山河志》(张雷)、《普通劳动者》(王愿坚)、《我们播种爱情》(徐怀中)、《工作着是美丽的》(陈学昭);

(4)"歪曲和攻击社会主义革命和社会主义建设"(13种):《上海的早晨》(周而复)、《在和平的日子里》(杜鹏程)、《乘风破浪》(草明)、《风雷》(陈登科)、《在田野上,前进!》(秦兆阳)、《香飘四季》(陈残云)、《金沙洲》(于逢)、《归家》(刘澍德)、《水向东流》(李满天)、《过渡》(沙汀)、《南行记续编》(艾芜)、《高高的白杨树》《静静的产院》(茹志鹃);

(5)"丑化工农兵形象,歌颂叛徒,美化阶级敌人"(11种):《红日》(吴强)、《暴风骤雨》(周立波)、《破晓记》(李晓明、韩安庆)、《桥隆飙》(曲波)、《屹立的群峰》(古立高)、《红路》(扎拉嘎胡)、《清江壮歌》(马识途)、《辛俊地》(管桦)、《铁门里》(周立波)、《战斗到明天》(第一部)(白刃)、《新四军的一个连队》(胡考);

(6)"大写所谓'中间人物',反对塑造工农兵英雄形象"(10种):《下乡集》《三里湾》《灵泉洞》(赵树理)、《丰产记》

(西戎)、《李双双小传》（李准）、《山乡巨变》（周立波）、《东方红》（康濯）、《桥》（刘澍德）、《我的第一个上级》（马烽）、《高干大》（欧阳山）。

"文革"后到处高呼"毛主席是我们心中最红最红的红太阳"，"文革"前出版的书中，凡涉及"太阳"的词汇都成为"问题"。如《新华字典》中"阴"字的释义之一"乌云遮住太阳"，"毒"字下例句有"太阳很毒"，均有"影射"之嫌，会被"造反派"上纲为"恶毒攻击"，商务印书馆"文革"开始时刚有20万册《新华字典》印装好，因此不敢发行，写报告向上级请示后杳无音讯，只好全部封存（全国封存的《新华字典》有70万册）。上海出版的一本科技书中解释太阳黑子，被说成是"攻击毛主席"；还有介绍水稻杂交的，说是"敌我不分"，对《龟兔赛跑》的寓言读物，说是"宣扬爬行主义"，如此等等。

（四）出书数量锐减

"文革"开始的第一年，全国出版图书数量从1965年的20143种（其中新出12352种），骤降到11055种（其中新出6790种），减少将近一半。1967年，图书品种又猛降到2925种，只有"文革"前1965年的14.5%，1968年至1970年，每年出书均在三四千种。

1966年至1970年的5年内，全国49家出版社出版的图书（不包括马恩列斯著作、毛泽东著作、图片）总计2977种，总印数51.57亿余册（张），大部分是1969、1970年两年内出版的。其中政治读物大部分是选编报刊文章，种数占19.6%；共印26亿余册，约占图书总印数的50%。

再从1970年全国图书出版的具体情况来分析，全年共出图书（不包括毛泽东著作、毛泽东像，单张图片和中小学课本）

2773 种，总印数 9.12 亿册，用纸量 4.2 万吨，比前三年每年平均用纸量增长一倍多。

这些书绝大部分是地方出版单位出版的。全国 29 个省、自治区、直辖市，有 33 家出版单位出书，共出了 2494 种，占总数的 90%；中央一级出版单位有 14 家出书 279 种，占 10%。全国出版新书在 100 种以上的，仅有上海、浙江、广东、辽宁、江西、江苏、甘肃 7 个省市。

从书的内容看，绝大部分是配合当前政治学习的小册子，品种比较集中。2700 多种新书中，有 80% 左右是汇编报刊上发表的文章。分类情况是：

（1）政治读物：共出版 1843 种，其中汇编"中央两报一刊"[1] 社论、文章及《学习文选》等就有 993 种，占 53.9%；其余多是"活学活用毛泽东思想""革命大批判"文选以及工业学大庆、农业学大寨、全国学人民解放军通讯报告选之类的小册子。

（2）文艺读物：共出版 393 种，其中"革命样板戏"的剧本、曲谱、主要唱段选、剧照画册等就有 245 种，占 62.3%；其余多是根据"样板戏"和报上宣传的人物改编的故事、演唱材料。新创作的文艺作品很少。

（3）科技读物：共出版 298 种，其中医药卫生方面的书有 66 种，多为《赤脚医生手册》《中草药手册》、医药卫生常识之类；有关农业生产的小册子出了 54 种，自然科学方面的小册子出了 39 种。

（4）少年儿童读物：共出版 169 种，其中连环画册出版了

---

[1] "中央两报一刊"指《人民日报》《解放军报》《红旗》杂志。

86种，大部分是根据"样板戏"和报上宣传的人物事迹改编的；有10个省、市出版了《红小兵》（不定期出版的小册子）或"红小兵读物选辑"共58种。

（5）语言文字、历史、地理方面的图书几乎没有，仅辽宁省出版了一本《学生字典》（是1966—1970年五年内出版的唯一一本），地图出版社重印的地图21种。

从书的印数看，其中数量较大的有《红灯记》等4种"革命样板戏"剧本普及本和主旋律本，北京一地共印了1260万册；上海出版的《智取威虎山》连环画册印了500万册；辽宁出版的《学生字典》印了316万册；天津、上海出版的《赤脚医生手册》都印了100余万册。

（五）编辑出版队伍中的几种活思想

"文革"开始后的几年，新书出版的数量很少，原因在哪里？出版口于1971年2月召集12家中央一级出版社的编辑出版人员开了三次座谈会。据会上反映的情况，主要原因是在编辑出版人员中存在着"一怕、二等、三应付"的"活思想"。

"一怕"——怕犯政治错误。觉得"文化大革命"后，自己的思想跟不上形势，"弄不好就要犯错误"，不如少出几本书，"少出书总比多出书保险"。

怕选题吃不准，"费力不讨好"。上级交下来的任务敢大胆干，自己编新书则缩手缩脚。人民文学出版社的同志说："出版样板戏剧本，是上级交给的政治任务，我们全力以赴，保证完成。其他的书，从我们思想上就决心不大，能出就出几本，一时吃不准，放下也行，所以书出得很少。"有的编辑反映，由于有些政策界限不大清楚，什么书该出，什么书不该出，心里没个底，想来想去，"还是剪刀加糨糊保险"。

怕抓了业务被人说成是"不突出政治""用业务冲击运动",认为"抓业务危险"。领导干部中这种思想比较突出。有的出版社领导说,"少出几本书,天塌不下来,运动搞不好还了得!"

"二等"——"等四届人大召开以后,体制定了,方针任务明确了,才好工作。""现在斗、批、改任务很重,等清队结束、斗、批、改有了眉目再出书。"人民美术出版社1970年上半年除出版毛泽东像外,其他业务基本停止,下半年才开始抓,连环画册一年只出版了1种《无限忠于毛主席的川藏运输线上十英雄》。

"三应付"——由于思想上有了"怕"字和"等"字,出书就是消极应付了。有人说,现在是"过渡时期",能出多少算多少。有的出版社领导认为,出书无指标,无计划,是"软任务",能应付门面就行了。

有不少编辑都想改行。有的"文革"中分配到出版社的青年编辑不安心工作,对分配到工厂、部队的同学很羡慕。

也有些人反映,新的出版工作怎么搞,心里没有底。编出来的新书有的拿不准,而且"送审无门""没人拍板",也是出书少的一个客观原因。

上海市1969年8月成立"上海市出版革命组"后,不少人也存在"出版这一行是危险地带""编辑这碗饭不好吃"等"活思想",不敢大胆出书,4个多月内出书寥寥无几,全年只出版新书16种。

五、书刊印刷和图书发行

(一)书刊印刷

"文革"开始后,各地书刊印刷厂的厂长大多数被打成"走资本主义道路的当权派"。工厂管理中的各种规章制度，统统被批判为是对工人实行"管、卡、压"的"修正主义制度"而遭废除。工厂里的生产系统被打乱，一度出现为"操作无规程、质量无标准、产量无定额、生产无计划"的"四无"状态。

1968年2月，北京新华印刷厂被军管。5月，军管会上报了份关于发动群众开展对敌斗争情况的报告，5月19日毛泽东看到新华社《文化革命动向》内部参考特刊所载的这份材料后作了批示："在我看过的同类材料中，此件是写得最好的"，"建议此件批发全国"。5月25日，中共中央、中央文革小组转发了《北京新华印刷厂军管会发动群众开展对敌斗争的经验》，要求全国各地区、各单位"有步骤地有领导地把清理阶级队伍这项工作做好"。12月1日，毛泽东对北京新华印刷厂在对敌斗争中执行"给出路"政策的经验报告上作了批示，建议将此件转发各地参考。中共中央即转发了《北京新华印刷厂革委会在对敌斗争中贯彻执行党的"给出路"政策的经验》，介绍了该厂在整党中"消除废料""吐故纳新"，把党内的"蜕化变质分子""阶级异己分子"统统清除出去的做法。当时，北京新华印刷厂是毛泽东亲自抓北京"六厂二校"的典型单位之一，该厂的两份"经验"作为中共中央文件下发后，在全国造成了很大的影响。

实际上，新华印刷厂的这两份所谓经验，是"四人帮"的亲信干将迟群、谢静宜一手炮制的假经验。迟、谢两人从1968年2月以军管名义进驻北京新华印刷厂，直至"四人帮"垮台，在将近9年的时间里，一直把持这块阵地，干了许多坏事。江青从1975年2月到1976年9月"四人帮"垮台前夕，曾先后到新华印刷厂达10次之多，另外，还找该厂工人"座谈"一次，大肆推行其反革命政治纲领。

全国知名的北京新华印刷厂，是一个具有光荣革命传统的大型书刊印刷厂。它是以老解放区工人、干部为主体，在党的领导下建立和发展起来的；"文革"前17年工作中取得了很大成绩。迟群、谢静宜进驻该厂后，极力推行林彪、"四人帮"的极左路线，在"清理阶级队伍"中把镇压的矛头指向广大干部和工人，使全厂职工遭到了一场空前的浩劫。

迟、谢一手炮制的两份假经验，全盘否定新华厂17年的工作成绩，极力诬蔑该厂的工人、干部队伍，把一大批工人和干部打成"国民党残渣余孽、假党员、叛徒、特务、走资派、现行反革命分子"，说什么新华厂的人员中有"张作霖的卫生员，吴佩孚的机要通讯员，中美合作所渣滓洞里的少校教官，大特务戴笠的老部下，曾经为蒋介石在铁路做过一段护卫工作的，给李宗仁开汽车的司机，人员极为复杂"。实际上是打着介绍"对敌斗争"和"给出路政策"经验的旗号，混淆两类不同性质的矛盾。在清队工作中，他们无视党纪国法，大搞逼供，陷害、冤枉好人，实行法西斯专政。全厂在清队中被打、被逼致死的4人，被无辜定为敌我矛盾的60余人，受到审查和株连的上千人，占全厂职工总数的1/3。

"四人帮"覆灭后，1979年9月，在国庆30周年前夕，中共中央批复了中共北京市委和国家出版局党组为北京新华印刷厂彻底平反的报告，否定了迟、谢炮制的两个假经验，纠正了对新华厂的历史和解放以来的工作所作的颠倒和歪曲，推倒了强加给该厂广大干部的一切诬蔑不实之词，平反昭雪了在该厂所造成的一切冤假错案，彻底解放了套在全厂干部和工人身上的精神枷锁。

在"文革"期间，大量印制毛泽东著作、毛泽东像，只需由北京一地排版、供给纸型或印版，分送各地印刷，其他印刷厂排字、制版任务不多。在一般政治读物中品种少，印数大。国家投入大量资金购置的印刷设备，生产能力却没有能够得到充分的发挥。书刊印刷的畸形发展，造成了排、印、装生产力不平衡的新矛盾。据统计，1976年书刊印刷厂的职工人数是1965年的2.25倍，铅印产量是1.49倍，平印是1.6倍，装订是1.41倍，只有排版产量比1965年减少24%。

"文革"的10年内乱，使我国的印刷技术与发达国家的差距拉大了20年。当发达国家已普及激光照排、电子分色、高速胶印、装订机械化联动化的时候，我国书刊印刷业还滞留在手工铅排、铅版印刷和手工装订的落后状态。

（二）图书发行

"文革"开始后，红卫兵"破四旧"，书店是最早受到冲击的单位之一。北京王府井书店被勒令"铲除大毒草"。并在书店橱窗贴出"害人不浅"的大字标语，门市部被迫把大批图书下架，大部分书架、书柜上仅陈列了少数几种书的重复样本。

"文革"前，新华书店总店、北京发行所、外文发行所、储运公司共有职工767人，到1970年留在北京工作的只有272人，主要是发行毛泽东著作、毛泽东像、样板戏和"两报一刊社论"等图书。1969年9月，新华书店总店全体职工以及北京发行所、外文发行所、储运公司的大部分人员下放湖北咸宁文化部"五七"干校劳动。外文发行所全体职工142人刚登上去湖北的火车时，文化部军宣队一名负责人突然在车上宣布：新华书店外文发行所撤销，要他们长期在"五七"干校"安家落户"。

各地省级新华书店和部分市县书店的职工相继下放到"五

七"干校劳动，或到农村插队落户。省级书店的业务基本停顿。市县书店一般只维持门市营业，有的门市部也时开时闭。1970年5月后，许多省级书店被并入本省（自治区）"毛主席著作出版办公室"，有的被并入省人民出版社。辽宁、安徽、甘肃等省的市县书店下放后，一度与文化馆、广播站、电影院等文化部门合并为一个单位，称"毛泽东思想宣传站"，有些书店门市部改称"红化馆"或"敬展馆""忠字馆"。

许多地方的基层书店被"造反夺权"后，原来的规章制度和企业经营计划，被批判为是"职工头上的枷锁"，是不突出政治的"管、卡、压"，统统被废除。书店的业务骨干被调走，流动资金被挪作他用。在不少地方，一些老弱病残人员以及文化程度极低的人员被安插到书店工作。在"文革"后最动乱的一个时期，许多市县书店管理失控，"造反派"推行"无计划、无指标无考核"的"群众愿意咋办就咋办"的"三无管理"，造成进销失调，账目混乱，严重亏损的局面。有些基层书店门市部实行"五不开门"：搞"大批判"不开门，学"毛著"不开门，学江青在农村树立的"典型"——"小靳庄"唱歌跳舞不开门，批斗"走资派"不开门，打"派仗"不开门。许多地方武斗严重，有些书店被一派"造反"组织占为据点，书店的存书包件被用来做武斗工事，筑堡垒，以致弹穿、烧毁、散失图书无数；有的书店被炮火焚毁。

在"服务得越好会出修正主义"的谬论影响下，书店的服务态度和服务质量大大下降，"为读者找书，为书找读者"被批判为"没有阶级观点"，有些城市书店原来设有的专家、学者接待室，被说成是"为反动学术权威服务"而统统撤去。

"文革"开始后，大量发行毛泽东著作成为发行部门压倒一切的重要任务。在极左思潮的支配下,许多省、自治区以至市、镇的革命委员会成立后的第一件大事,就是大张旗鼓地开展"红宝书"发行运动,有些地方称"忠字化"运动或"红化"运动。《毛泽东选集》、"老三篇"、《毛主席语录》《毛主席诗词》等毛泽东著作以及毛泽东像等,通过各种形式层层分配,新闻媒体大造声势。在城镇,基本上是公费购买,由各单位按人头分发。在农村,则以生产队为单位,按户分发,秋收后扣款。有些农村举行隆重的"敬迎红宝书"仪式,物色"政治上最最可靠的红人"领队,挑选红色马匹套上用红色油漆新刷过的胶轮车,满载红色塑料封面的"红宝书",红旗引路,群众列队跟随,敲锣打鼓,送书到各村。各村则组织大批群众列队"恭迎红宝书"。湖南、福建、江西、安徽等省农村的许多农户还"敬立'宝书台'",专放"红宝书"。①

"文革"后,我国的出版物进出口贸易受到严重的影响。在出版物出口方面,除少数几种外文报刊可供出口外,国际书店已基本无书向外商提供。1970年香港三联书店向国际书店订书600多种,只供应了20种。朝鲜、越南要求国际书店供应《农业学大寨》一书,国际书店向农林部外事组询问能否出口,农林部外事组问出版口,出版口让问外交部,外交部又推给出版口,周转一圈,定不下来。天津人民出版社出版的《地雷战》《地道战》连环画册,香港三联书店要求订购,天津市政工组不敢点头,也不知道向何处请示能否出口,迟迟没有解决。

在出版物进口方面,许多单位停止或大量减少了外国书刊的订购,国家用宝贵外汇进口的许多书刊被销毁或查封。国际书

---

① 郑士德:《中国图书发行史》,高等教育出版社2000年版,847—853页。

店、中国外文书店、北京外文书店等单位的许多业务骨干被下放外地干校，有的地方外文书店、新华书店外文部被关闭，工作人员被遣散。1970年，新华书店外文发行所并入中国外文书店，1973年，光华出版社与中国外文书店合并成立了中国图书进口公司，归中国科学院领导（当时国家科委已解散）。[①]

[①] 仲辉：《我国出版物进出口贸易发展概况》，《出版史抖》第4辑，开明出版社2002年版。

"文化大革命"后期出版工作纪事[*]

一、"四人帮"及其舆论工具

1973年8月30日召开的中共十届一中全会上，选举中央领导机构，王洪文、康生当选为中央委员会副主席，张春桥当选为中央政治局常委，江青、姚文元当选为中央政治局委员。从此，江青与王洪文、张春桥、姚文元在中央政治局中结成了"四人帮"，加紧进行分裂党的阴谋活动，妄图打倒周恩来总理和一批中央领导同志，实现全面夺取党政军领导权的狂妄野心（康生在党的十大以后卧病不出）。

"四人帮"为了篡党夺权，竭力控制舆论工具，通过舆论工具大造反革命舆论。"四人帮"的御用舆论工具有所谓"北翼"和"南翼"。"北翼"即指"梁效"，它名义上是北京大学和清华大学两校的"大批判组"，实际上是江青亲自指挥、直接控制的写作班子、情报班子、秘书班子和侍从班子。江青把"梁效"叫作"我的班子"。她通过手下的迟群、谢静宜两人操纵这个班子。迟群说："班子要对我负责，我对江青同志负责。""四人帮"篡党夺权的每一个重大步骤，每一次升级，大都通过"梁效"炮制的文章号令指挥。从1973年9月到1976年9月，由"梁效"炮

---

[*] 原载《出版科学》2005年第1、2期。

制的文章，除署名"北京大学、清华大学大批判组"以外，还有柏青、高路、景华、安杰、秦怀文等十几个笔名，写了200多篇文章，公开在《红旗》《人民日报》《历史研究》《北京大学学报》等报刊发表的有181篇，其中有三四十篇是由江青、姚文元直接点题授意的所谓"重点"文章。

"四人帮"御用舆论工具的"南翼"即"上海市委写作组"（简称上海写作组），于1971年7月在张春桥、姚文元的提议下正式成立，由在上海市委兼任第二书记的姚文元主管，写作组名义上属上海市委领导，实际上除了张春桥、姚文元，谁也无权过问。党的十大以后，随着"四人帮"篡党夺权的步伐加紧，上海写作组进一步扩充了他们的班底。从1973年9月到1976年9月三年间，上海写作组及其下属历史组、文艺组等以罗思鼎、康立、石仑、翟青、方海、齐永红、梁凌益、戚承楼、石一歌等八十几个笔名，在报刊上发表了大批文章，其中利用历史反党的文章就达一百五六十篇。仅1973年下半年至1974年，在《红旗》《人民日报》发表的所谓重点文章就有十二篇。上海写作组直接控制的报刊共有八种，最主要的是1973年9月15日创刊的《学习与批判》。"四人帮"在上海的一些亲信曾自鸣得意地炫耀《学习与批评》在反党活动中的地位和作用：《学习与批评》是"小《红旗》"，"《红旗》不便登的我们登"，"别的省市都要看这份杂志，摸政治气候"。①

"四人帮"的御用写作班子发表的大量文章，按照张春桥的旨意，"讲历史都是讲现在，讲历史都是为了解决现在的问题"。

---

① 中国社会科学院历史研究所《历史的记录》编写组编著：《历史的记录——"四人帮"的影射史学与篡党夺权的阴谋》，北京出版社1978年版。

打着"讲历史"的幌子,大搞"古为帮用"的"影射史学",推行"四人帮"的反革命政治纲领,为"四人帮"篡党夺权效劳。

二、"批林批孔"运动中的出版工作

1971年9月13日林彪叛逃坠机身亡后,全国开展了对林彪反党集团的批判。在清查林彪问题的过程中,发现他藏有一些孔孟言论的卡片,又在床头挂有"克己复礼"的条幅,于是认定林彪与孔子的思想一脉相承,都要搞复辟。

1973年7月4日,毛泽东在和张春桥、王洪文的谈话中,讲到他不赞成否定秦始皇,认为林彪和国民党一样,都是"尊孔反法"的。7月17日,毛泽东会见杨振宁时又谈到儒法斗争的问题,说:"我们郭老在历史分期这个问题上,我是赞成他的。但是他在《十批判书》里边,立场观点是尊儒反法的。……法家的道理就是厚今薄古、主张社会要向前发展、反对倒退的路线,要前进。"8月5日,毛泽东向江青讲述中国历史上儒法斗争的情况,说历代有作为、有成就的政治家都是法家,他们都主张法治,厚今薄古;而儒家则满口仁义道德,主张厚古薄今,开历史倒车。他当场念了所写的一首题为《读〈封建论〉呈郭老》的七言律诗:"劝君少骂秦始皇,焚坑事业要商量。祖龙魂死秦犹在,孔学名高实秕糠。百代都行秦政法,十批不是好文章。熟读唐人《封建论》,莫从子厚返文王。"

毛泽东1973年下半年几次谈到评法批儒的问题,并写了《读〈封建论〉呈郭老》的诗,着眼点是针对那些怀疑以至否定"文化大革命"的看法,提倡"社会要向前发展,反对倒退"。但他并没有提出在中央的全盘工作中突出"批孔"问题,更没有主张要发动一场大规模的"批林批孔"的政治运动。这以后召开的中共十大及其后中央一系列工作部署中，都没有"批孔"的内容。显然，毛泽东并没有把"批孔"问题放在这样重要的位置。江青等却认为"批孔"是一个好题目，可以借"批儒"把攻击矛头一步步指向周恩来。十大以后，他们操纵的写作班子，连续发表大量"批孔""批儒"文章，借古喻今，竭力把批判"孔孟之道"引导到现实政治斗争当中，火药味越来越浓。

1974年元旦，江青等控制下的"两报一刊"联合发表社论，十分引人注目地提出"要继续开展对尊孔反法思想的批判"，"中外反动派和历次机会主义路线的头子都是尊孔的，批孔是批林的一个组成部分"。

1月12日，王洪文、江青又联名写信给毛泽东，建议向全国转发北京大学、清华大学汇编的《林彪与孔孟之道》的材料。毛泽东看后批示："同意转发。"18日，中共中央以当年一号文件转发了这份材料。转发的《通知》中说，这个材料"对继续深入批林，批判林彪路线的极右实质，对于继续开展对尊孔反法思想的批判，对于加强思想和政治路线方面的教育会有很大帮助"。《通知》中也没有出现"批林批孔"的提法。

参与整理《林彪与孔孟之道》这个材料的迟群（这时任清华大学党委书记、革命委员会主任）等当众炫耀说：编辑《林彪与孔孟之道》，是1973年下半年里江青亲自抓的一件事，是作为"当前的一个大方向"来看待的；江青对此"像抓样板戏一样"认真仔细，不仅反复审看，还多次作出指示，指导我们"一遍又一遍地改"。他们没有一个字提到周恩来和中央政治局事先是否知道这件事。几天后，迟群等又给江青写信说："您亲自抓批林批孔，抓部队、国家机关的政治思想建设，抓教育革命，抓知识青年上山下乡等大事。"这里只讲江青"亲自抓批林批孔"，连毛泽东也没有提到，这在当时是很少见的。[1]

中央一号文件下达后，江青显得格外兴奋和忙碌。她指使迟群等先后前往军队、国务院文化组和中共北京市委等单位，以江青的名义送去有关"批林批孔"的信件和材料。1月24日，江青以个人名义给中央军委和全军指战员写信，又要驻京机关部队开万人大会，动员开展"批林批孔"运动。25日下午，在江青策动下，在北京召开了有一万多人参加的党中央直属机关和国务院各部门"批林批孔"动员大会。迟群等在大会上发表长篇煽动性讲话；他们借宣讲《林彪与孔孟之道》的材料，大谈所谓"抓大事"和"反复辟"问题。江青、姚文元等在会上频繁插话，提出"不准批孔就是不准批林""要反对折衷主义"，等等。于是，一场声势浩大的"批林批孔"运动就在全国范围内迅猛展开了。

1974年1月23日，国家出版局向周恩来写请示报告，说《人民日报》编的《批孔文章汇编》（一）和《五四以来反动派、地主资产阶级学者尊孔复古言论辑录》二书，人民出版社已发稿，四五日内即可出书。《报告》提出《五四以来……》一书拟作内部发行，军队发至营以上，农村发至公社以上的意见。周恩来阅后批示"拟同意"，但此信在其他中央领导间传阅时，江青批了一段文字，提出将《批孔文章汇编》的书名改为《批林批孔文章汇编》，将《五四以来……》一书改为公开发行，此书的发行范围改为军队发至连以上，农村发至大队以上。

1月26日，国家出版局向各省（市、自治区）革命委员会

---

[1] 中共中央文献研究室编：《毛泽东传（1949—1976）》，中央文献出版社2003年版，1656、1657、1680、1681页。

文教组（出版局）发出加急电报，内称：根据中央指示，为了配合批林批孔学习需要，人民出版社正在突击赶印《批林批孔文章汇编》（一）（二）、《鲁迅批判孔孟之道的言论摘录》《五四以来反动派、地主资产阶级学者尊孔复古言论辑录》四本书，均由人民出版社统一供型，要求各地收到纸型以后，按特急件付印出书，印数请示省、市、自治区党委决定，做到各地新华书店门市部和农村供销社售书点都能迅速充分供应。

《批林批孔文章汇编》等四种书，1月23日晚发稿，人民出版社于24日上午即向中央报送审查清样，25日得到中央批准印刷的指示，立即开始打纸型，1月26、27日两天内，已将四种书的纸型用航空发往各地。据各地向国家出版局汇报的印数，全国第一批安排四种书各印5700余万册。人民出版社还出版了四种书的线装大字本各200套，平装大16开本各6000册，于2月7日全部出齐。

北京市组织中央各部和市属12家印刷厂赶印4种书，第一批各180万册于1月27日开始出书，31日出齐；第二批各100万册于2月5日出齐。其中市内每种书供应了230万册，其余各50万册供应印刷条件较差的西南、西北、华北、东北等地8个边远省、自治区。其他大部分地区于2月初开始出书，随即陆续供应。

北京市四种书发行230万册后，据新华书店调查，中央和北京市党政机关已基本满足，厂矿工人满足了70%到80%，但市区街道只供应到革委会和党支部，农村只供应到大队以上干部，社员和知识青年见到的很少。于是，北京市又各加印了70万册。部队系统则由部队自行印刷供应。

2月7日，北京维尼纶厂有人向市革委会写信，反映中央党校编写的《鲁迅批判孔孟之道的言论摘录》内误选了瞿秋白的话,经《北京日报》查实,吴德即向姚文元作了书面反映。姚文元于2月8日晚批:"经8日晚政治局讨论,觉得书中可以不删,因是鲁迅手编。我们编的摘录,还是不录为好。拟请党校再看一遍,能否增订一些,删去这两条,迅速出一再版本,原本则收回,由出版系统办。"

国家出版局接到指示后,即向全国发出急电将《鲁迅批判孔孟之道的言论摘录》停印停发。中央党校对该书删去2条,增加5条,对一条注文作了少许修改,人民出版社迅速出版了修订重印本。国家出版局于2月12日电告全国,由新华书店通过组织系统,用新版本换回旧版本,旧版收回后作化浆处理。

1974年,各地出版部门"选题出书紧密配合党的中心工作",出版了多种为批林批孔运动服务的各类图书,仅国家出版局的直属出版社除大量出版了《批林批孔文章汇编》等四种书之外,还出版了《反动阶级的"圣人"——孔子》《关于孔丘诛少正卯问题》《孔丘杀少正卯》《鲁迅批孔反儒文辑》、连环画《剥开"孔圣人"的画皮》、宣传画《工农兵是批林批孔的主力军》、诗歌集《我写儿歌来参战》、歌曲集《批林批孔战旗红》;荣宝斋出版了以批林批孔为内容的书法、字画;盲文厂出版了配合批林批孔的盲文读物,等等。

三、"评法批儒"图书泛滥成灾

从1973年下半年到1976年9月,全国出版部门在"评法批儒"的热潮中出版了大量的相关图书,其中有不少"四人帮"写作组炮制的文章先在报刊上发表,然后汇编成"活页文选"或以文集、丛刊等形式出版。

1973年8月5日，毛泽东向江青念了《读〈封建论〉呈郭老》的诗后，姚文元抢先将此事透露给上海写作组的头头，并授意组织文章。上海于9月15日出版的《学习与批判》创刊号上即发表了署名"石仑"的《论尊儒反法》一文，文章打着批判所谓"周公之典"的旗号，影射攻击周恩来。这篇文章经姚文元亲自修改，又在《红旗》当年第10期发表。姚文元在修改时把一些露骨影射攻击周恩来的话删去，如把"要求一切都按奴隶主贵族的'周公之典'办事"改为"按旧制度办事"，还加上"中国历史上，历来就存在'尊儒反法'同'尊法反儒'两种对立的观念和派别"。文章最后说："在无产阶级革命的进程中，要不要批判尊儒反法思潮，也是党内两条路线斗争的一个重要内容。"这是"四人帮"后来鼓吹"儒法斗争继续到现在"的反动口号的先声，并为他们揪"现代儒"埋下伏笔。

　　1973年11月1日，《红旗》第11期发表了署名"罗思鼎"的《秦王朝建立过程中复辟与反复辟的斗争——兼论儒法斗争的社会基础》一文，这也是姚文元授意写的，刊出前姚亲自修改了三遍。文章按照姚文元的点子，大批吕不韦搞"折衷主义"，并以吕不韦为中心，把秦、齐、楚、赵等一批宰相列为批判对象，用比附的手法，把矛头指向周恩来。文章发表后，上海写作组的头头对写作组的人员说："中央领导同志（指江青）说这篇文章好，好就好在批了吕不韦，吕是个宰相。"一语道破了他们的矛头所指正是周恩来。姚文元在《红旗》组稿会议上也称此文写得好，"比第一篇文章深入了一步"，布置再写几篇批"宰相"的文章，并点题要写评《吕氏春秋》《王荆公年谱考略》等。自此以后，在"四人帮"授意下，不批林、假批孔、大批"宰相"儒的文章相继出笼。

1973年12月16日,《学习与批判》第4期发表了署名"康立"的《汉代的一场儒法大论战——读〈盐铁论〉札记》一文,这也是姚文元授意写的。文章歪曲历史,把根据汉武帝遗诏辅佐昭帝执政的大司马大将军霍光,说成是"企图改变汉武帝时实行的那条加强中央集权、打击奴隶主残余势力的政治路线,收集了一批各郡国的所谓'贤良文学士',一手策划了盐铁会议"。文中借骂身任丞相的田千秋,影射周恩来"是一个相当圆滑的老官僚","他善于摆平关系,模棱两可,始终不表态,最后各方面都不得罪"。

"四人帮"在借批儒进行攻击的同时,还热衷于吹捧被他们所封的法家以宣传他们自己,最突出的是1974年为吹捧江青而出现的"吕后热""武则天热",在他们炮制的一些文章中,大肆鼓吹吕后"为人刚毅,佐高祖定天下,高祖死后,执政十六年,继续推行法家路线,是中国历史上著名的女政治家";"刘邦死后……吕后为防止发生动乱,决定亲自掌权"。狂热地吹捧武则天是"忧劳天下"的"明王""圣后",以及她是怎样"在儒法两条路线的激烈斗争中成长起来的一位杰出的尊法反儒女政治家",还鼓吹"武则天的反儒色彩远远胜过唐太宗,她推行法家路线也要比唐太宗更加坚决、彻底"。……明代法家李贽曾热情称赞武则天"胜高宗十倍,中宗万倍"。上海出版的《儒法斗争史话》一书中说:"武则天面对朝廷内外反动势力的夹攻,昂然挺立,镇定自若。"她当皇帝"有着广泛的社会基础""不愧为我国历史上一位杰出的女政治家"。1976年3月2日,江青在12省、自治区的会议上更加露骨地说:"有人……说我是武则天,有人又说是吕后。我也不胜荣幸之至。吕后是没有戴帽子的皇帝,实际上政权掌握在她手里,她是执行法家路线的。""武则天……不简单。她那个丈夫也是很厉害的,就是有病,她协助她丈夫办理国事,这样锻炼了才干的。"

1974年7月初,"四人帮"在上海的党羽布置赶写一篇宣扬吕后的重点文章,按照江青的口径,向写作人员下达三点要求:(1)要写"吕后是了解刘邦最深的,追随刘邦最紧,与刘邦共同生活最长,刘邦所建立的功绩是与吕后分不开的";(2)要写"吕后是刘邦最合适的接班人,是刘邦法家路线的忠实继承者";(3)要写"吕后是按照刘邦生前的法家路线办事的,除吕后外,没有任何人能够完成刘邦的未竟之业"。

张春桥看了文章后,对有关人员说:"这样的文章影射太明显,容易产生副作用,目前暂不宜发表。"此文虽未发表,但其中的一些论点却在某些公开发表的文章中流露出来。

"四人帮"为了利用出版法家著作搞影射史学,手段十分恶劣。1974年在福建发现了一本明刊本《史纲评要》,内容节自其他编年体史书,并无任何新的史料,但刊印者说是明代李贽评纂的著作。经过专家研究后,认为可能是伪托。但"四人帮"对这部书中有关秦始皇及其"焚书坑儒"措施的评语如"始皇出世,李斯相之,天崩地坼,掀翻一个旧世界","祖龙(指秦始皇)千古英雄,挣得一个天下"等大加赞赏,于是江青于6月19日亲自出马在"天津市儒法斗争史报告会"上对这部书吹捧了一通,迟群就秉承江青的旨意,压制不同意见,说什么"首长指示,法家著作不能轻易否定"。又派人到出版单位,诡称出版这部书是"中央决定",蛮横地要求在10天到半个月内把这部近60万字的书抄写、整理出来。经过有关方面突击,于当年11月出书,共印11万部,还印了大字本1.6万部。为了配合这部书的出版,《学习与批判》在第8期发表题为《从〈史纲评要〉看李贽的尊法反儒思想》的文章和《〈史纲评要〉摘编》的资料。"罗思鼎"的《论秦汉之际的阶级斗争》一文中，也特别引用《史纲评要》中的某些话，加以鼓吹。

据国家出版局版本图书馆收到的样书的不完全统计，从1973年下半年起到1976年底止，全国共出版"评法批儒"图书1403种，总印数1940余万册（不包括批林批孔图书和各地互相租型、翻印及少数民族文字版），约占同期出版的哲学社会科学类图书的1/4。在这1403种图书中，"批儒"的有496种（包括儒家著作批注，如《论语批注》《三字经批注》之类）；"评法"的有907种（包括报刊文章汇编217种，活页文选294种，"法家著作注释本"224种，"法家著作校点"或重印本34种，编写的《儒法斗争史》《法家人物评介》和资料138种）。

"四人帮"为了宣扬其"儒法斗争贯穿二千多年，一直影响到现在"的反动谬论，乱封的"法家"称号从史墨、管仲、邓析到魏源、严复、章太炎达86人之多。其中对几个人物的著作注释特别集中重复。如关于商鞅的有69种（其中仅注释《更法》的单篇就有11种）；荀况的有40种（其中注释《天论》的单篇有10种）；韩非的有69种（其中注释《五蠹》的单篇有13种）；秦始皇的有63种（其中《论秦始皇在历史上的进步作用》以及类似题目的有37种）；桑弘羊和《盐铁论》的有36种；曹操的有29种；柳宗元的有48种（其中注释《封建论》的单篇有20种）。中华书局出版、由该书局的编辑参与工作，署名北京汽车制造厂工人理论小组编写的《读〈封建论〉》，被誉为"创造了古籍整理贯彻'古为今用'方针的好经验，打破了工农兵不能整理古籍的迷信，是上层建筑领域革命的新生事物"。该书出版后就有16个地方出版社租型重印，还被译成5种民族文字版和盲文版，总印数达 100 余万册。

四、"法家著作注释出版规划座谈会"的召开

1974 年 5 月 24 日，姚文元在国家出版局报送中央的《出版工作情况反映》91 期上批："毛主席提出要注法家著作问题是需要规划的任务，建议出版局、科教组等能找一些人议一下，搞出一个规划，包含注释方针、著作目录、大体分工、完成时间、对旧注的取舍原则等，报中央审批。"姚文元批后将这期《情况反映》送张春桥和江青核批，25 日，张、江即批"同意"。

6 月 5 日，姚文元在国务院科教组、国家出版局代拟的开会通知中批：加（1）经毛主席批准，（2）交换关于加强马克思主义理论队伍建设问题。由科教组、出版局发省市革委会。吴德在向两单位口头传达姚文元的意见中说："关于注释法家著作，包括原来提出的注释方针，旧注取舍原则等一些问题都是主席的意见；关于会议后期再谈一下加强马克思主义理论队伍的建设问题，也是主席的意见。"

7 月 5 日至 8 月 8 日，科教组和国家出版局在北京召开了"法家著作注释出版规划座谈会"，北京、上海等 12 个省、市负责理论工作和有关专业人员、工农理论队伍代表及特邀的老专家等 60 余人出席会议。会议传达、学习毛泽东关于要注释法家著作的指示，就注释方针、著作目录、对旧注的取舍原则、大体分工和完成时限 5 个问题进行了讨论；拟定了《法家著作注释出版规划（草案）》，具体落实了分工任务。

8 月 7 日下午，中共中央政治局在京委员在人民大会堂接见出席会议的全体代表。王洪文、张春桥、江青等和到会的一百多人一一握手。王洪文开头讲了几句后，江青接着讲话，假惺惺地

讲要开展"争鸣"。她说:"我们要谨慎,要谨慎,要允许争鸣。比方我举一例子,×××教授说过扶苏是个儒,这话我也说过。(指×说)咱们俩都凭的是《史记》。后来,有个青年同志给我写信,说不是儒,看前边他像是儒,往后看,他不是儒。我收到信后,把信转给×××同志(中央党校写作组的头头),要他向×××教授打个招呼,要鼓励你那个对立面,不要一下子下结论,要谨慎……千万不要武断。要是不谨慎,不刻苦,咱们就要打败仗。"江青还对会议提出批评:"没有兵,是个很大的缺点,这个缺点大了。我有几个点,他们都提了意见,为什么不请他们?要道歉,要向部队道歉。"王洪文连忙说:"各省回去开会都要找部队。"张春桥接着说:"没有解放军参加,要道歉。各省回去传达要找当地部队,不要以为是国务院系统开的会就不找军队。"姚文元连忙说:"这是我考虑不周。"迟群紧接着说:"主要是我们考虑不周。"江青又说:"还有女同志太少,也是一个缺点。"

姚文元在接见时着重讲了这次会议中对"古为今用"问题讨论得还不是非常充分,但在《规划》里专门作为一条提出来。他说:"我们今天注法家著作,当然是为当前斗争服务的。古为今用搞好了,在注释法家著作的方向、效果上就能发挥巩固无产阶级专政的作用。"

江青最后强调说:"今天是'八七','八七'会议啊!咱们就是斗儒!斗林彪!那时'八七',是主席斗陈独秀。"[①]无耻地把自己与毛泽东相比,也暴露了"四人帮"把这次会议的矛头指向周恩来的罪恶用心。

---

① 据国家出版局整理的会议记录。

这次座谈会是"四人帮"一手策划的。会议打着落实毛泽东关于注释法家著作的指示的幌子,实际上是贯彻"四人帮"利用"评法批儒"的机会,大搞影射,吹"女皇",批"宰相",批"现代大儒"的反革命意图。

五、毛泽东提出调整文艺政策

"文革"开始后,文艺界是江青等长期以来插手最多的"重灾区",造成了万马齐喑的恶劣局面。1975年夏,毛泽东连续发表谈话,要求对文艺政策进行调整。7月初,毛泽东同邓小平谈话时提出:"样板戏太少,而且稍微有点差错就挨批。百花齐放都没有了。别人不能提意见,不好。"邓小平说:"现在文艺并不活跃。"毛泽东又说:"怕写文章,怕写戏。没有小说,没有诗歌。"毛泽东不满意文艺界的现状和对知识分子一概否定的做法,很大程度上是针对江青说的。不久,他亲自找江青谈话,指出:"党的文艺政策应该调整一下,一年、两年、三年,逐步扩大文艺节目。缺少诗歌,缺少小说,缺少散文,缺少文艺评论。""已经有了《红楼梦》《水浒》,发行了。不能急,一两年之内逐步活跃起来,三年、四年、五年也好嘛。""文艺问题是思想问题,但是不能急。人民不看到材料,就无法评论。""对于作家,要惩前毖后、治病救人,如果不是暗藏的有严重反革命行为的反革命分子,就要帮助。"……"处分人要注意,动不动就要撤职,动不动就要关起来,表现是神经衰弱症。"[①]

从1975年7月下旬起,毛泽东连续就文艺界有关人士的来

[①] 中共中央文献研究室编:《毛泽东传(1949—1976)》,中央文献出版社2003年版,1742、1743页。

信或材料多次写下批语，要求对文艺政策进行调整。来信中涉及出版工作的有两封，一是鲁迅之子周海婴请求支持和帮助他解决《鲁迅书信集》和新版《鲁迅全集》的出版问题；另一封是作家姚雪垠请求支持、帮助他继续完成长篇历史小说《李自成》的创作。

（1）1971年召开的全国出版工作座谈会上，提出的全国出版规划中把重新整理出版鲁迅全集、鲁迅书信、鲁迅日记、鲁迅译文集、鲁迅整理的古籍作品等作为重点出版项目，并要求集中力量，争取两三年内完成。但在这一规划的实施过程中，遭到姚文元等的多方阻挠和破坏。他们制造种种借口，阻挠鲁迅著作的出版。1975年毛泽东提出调整文艺政策后，文艺界出现了"文革"以来未曾有过的有利形势。周海婴和叔父周建人等商量并得到胡乔木的帮助，向毛泽东写信提出了有关鲁迅著作出版的几点建议。这封信通过胡乔木经邓小平转呈毛泽东。

周海婴这封写于10月28日的信，毛泽东阅后于11月1日就在来信上批示："我赞成周海婴同志的意见。请将周信印发政治局，并讨论一次，作出决定，立即实行。"

1976年4月23日至5月10日，国家出版局在济南召开"鲁迅著作注释工作座谈会"，有13个省、市、自治区有关方面的代表79人参加。会议传达了毛泽东关于鲁迅著作注释出版"立即实行"的批示，制定了《鲁迅著作注释出版规划（草案）》，明确了各地分工承担的任务。会后，国家出版局写了报告，国务院于7月1日批转各地执行。

（2）姚雪垠创作的长篇历史小说《李自成》开始于1957年10月，第一卷于1963年7月由中国青年出版社出版。"文革"开始后，《李自成》第一卷被"造反派"批判为"反党反社会主义的大毒草"，姚雪垠和他的《李自成》面临着灭顶之灾。就在这关键时刻，毛泽东向姚雪垠伸出了救援之手。原来姚雪垠在《李自成》第一卷出版后，曾由邮局寄给毛泽东一部，没有想到毛泽东不仅看了，还留下好的印象。1966年7月中旬，毛泽东主持中央政治局扩大会议，对列席会议的王任重（时任中南局第二书记，湖北省委第一书记）说："你告诉武汉市委，对姚雪垠要予以保护。他写的《李自成》写得不错，让他继续写下去。"由于有了这一"最高指示"，姚雪垠才未遭受揪斗之苦，也因此，《李自成》的原稿及大量藏书和两万多张读书卡片未被查抄、损坏。后来，姚雪垠下放干校，白天下地劳动，夜晚在宿舍等别人入睡后，悄悄地点上油灯，伏在床上写《李自成》第二部，天天如此，从未间断。

1972年，姚雪垠结束干校生活，回到武汉，但又得面对重重困难干扰和各种难题，无法坐下来从事写作。思前想后，他决定上书毛主席。

1975年10月19日，姚雪垠将给毛泽东的信寄给原在武汉市委任文教书记，时任中国科学院哲学社会科学部临时领导小组成员的宋一平，请宋设法转呈。在信中，姚雪垠向毛泽东汇报了《李自成》的写作状况及当前所处的困境，请求他的帮助。

11月2日，毛泽东看了姚雪垠的信和胡乔木写的情况报告后，用很粗的铅笔在报告上批示："印发政治局各同志。我同意他写《李自成》小说二卷、三卷至五卷。"

毛泽东的批示得到落实，姚雪垠于当年12月12日离开武汉到达北京，住进中国青年出版社的职工宿舍，不久他的夫人也来京同住，姚雪垠得以安心从事创作。1976年12月，《李自成》第二卷出版，到1999年，姚雪垠用了42年心血和精力完成的这部五卷 12 册、320 万字的巨著全部出齐。①

六、"评《水浒》，批宋江"大量出版各种版本的《水浒传》

1975 年 8 月 14 日，毛泽东对给他念古典文学的北京大学教师芦荻就中国古典小说《水浒》一书发表看法。他说："《水浒》这部书，好就好在投降。做反面教材，使人民都知道投降派。"又称"《水浒》只反贪官，不反皇帝。屏晁盖于一百零八人之外""宋江投降，搞修正主义""让人招安了"。毛泽东肯定了鲁迅过去对《水浒》的批评，认为金圣叹把《水浒》砍掉了二十多回，不真实。他提出："《水浒》百回本、百二十回本和七十一回本，都要出，把鲁迅的那段评语印在前面。"

芦荻把毛泽东关于《水浒》评价的讲话整理出来后，经毛泽东看过并同意。因为毛泽东提出要出版三种版本的《水浒》，就要汪东兴把这个谈话送给分管出版工作的姚文元看。由于受到毛泽东严厉批评而沉寂了三个来月的"四人帮"发现这正是一次"借题发挥"的好机会。

姚文元在看到毛泽东对《水浒》这段评论的当天，立刻给毛泽东写信，说"这个问题很重要"；它"对于中国共产党人、中国无产阶级、贫下中农和一切革命群众在现在和将来、在本世纪和下世纪坚持马克思主义、反对修正主义，把毛主席的革命路线坚持下去，都有重大的、深刻的意义"；"应当充分发挥这部'反面教材'的作用"。信中还就印发并宣传毛泽东对《水浒》

---

① 王维玲：《四十二年磨一剑——记〈李自成〉的写作和出版》，见《雪垠世界》，中国青年出版社 2001 年版。

的评论，以及出版三种版本的《水浒》提出具体意见。毛泽东阅后在信上批示："同意。"得知毛泽东谈话和批示内容的江青立即活跃起来。她先是对一些同自己关系密切的人大谈所谓评《水浒》的"现实意义"，声称"《水浒》的要害是架空晁盖，现在党内有人架空毛主席"，她所说的"有人"，显然是指邓小平。[①]

8月28日和9月4日，《红旗》杂志和《人民日报》先后发表开展对《水浒》评论的社论，提出开展对《水浒》的评论，"这是我国政治思想战线上的又一次重大斗争"；"要从《水浒》这部反面教材中吸取教训，总结历史经验，学会在复杂的斗争中识别正确路线和错误路线，知道什么是投降派"。就这样，毛泽东关于《水浒》的谈话，经过"四人帮"的引申、拔高、组织、策划后，就由泛论变成了实指，由文艺评论变成了政治斗争，形成了一场"评《水浒》、批宋江"的运动。据统计，在短短的两个月时间里，全国各报刊就发表了评论《水浒》的文章两千多篇。

国家出版局于8月15日凌晨接到姚文元直接传达立即落实毛泽东关于出版三种版本《水浒》的指示，经过紧张的工作，向全国出版部门发出通知：（1）《水浒》一百回本用明容与堂刻本《水浒传》作底本，对照其他百回本校正错字，标点后排简体字横排本，由人民文学出版社出版；一百二十回本用1961年中华书局上海编辑所出版的《水浒全传》，先按原纸型去掉陈洪绶插图和其他附录后重印，并重排简体字横排本，均由上海人民出版社出版；七十一回本用人民文学出版社1954年整理本，重排简

[①] 中共中央文献研究室编：《毛泽东传（1949—1976）》，中央文献出版社2003年版，1748—1750页。

体字横排本由该社出版。以上三种版本《水浒》书前均印鲁迅《流氓的变迁》一文中对《水浒》的一段评语，并加出版前言。（2）为应急需，以上三种《水浒》分别由人民文学和上海人民出版社在近期赶印一部分在全国发行；并由两社新排小 32 开本，提供纸型，由各地分区印刷。（3）上海人民出版社出过根据七十一回本缩编的六十四回本《水浒》（少年儿童版），增补内容，增印鲁迅的评语，改正前言，修订出版；金圣叹砍过的七十回本，用明贯华堂刻本《第五才子书施耐庵水浒传》（有金批语），少量影印，由中华书局出版，向全国发行。

于是，在很短时间内，北京、上海和许多省市大量出版了各种版本的《水浒》。此外，还少量出版了一百回本的大字本。

在"评《水浒》，批宋江"的高潮中，"四人帮"的写作班子按"四人帮"的旨意，又心怀叵测地在报刊和图书中大批所谓当今的"投降派""还乡团"。他们还以评论普列汉诺夫、汪精卫等人的生平为名，借题发挥，说什么"前半生是革命的，后半生是反动的"，别有用心地攻击中央领导同志。

七、"批邓、反击右倾翻案风"运动的发动和《评〈论总纲〉》等三本小册子的出版

1975 年夏天，是"文化大革命"中广大干部和人民群众少有的扬眉吐气的季节。人们发现，惯于颐指气使、唯我独尊的江青有很长时间没有公开露面。"中央开会批评江青"的说法也在社会上不胫而走，一时群情振奋。在这样的环境里，邓小平领导下的全面整顿，出现了新的高潮。

邓小平领导全面整顿，是在"三项指示为纲"的旗号下展开的。他第一次提出这个说法，是在这年 5 月 29 日的钢铁工业座

谈会上。他说:"毛主席最近有三条指示,一条是关于理论问题的,要反修防修,再一条是关于安定团结的,还有一条是要把国民经济搞上去。这三条重要指示,就是我们今后一个时期各项工作的纲。这三条是互相联系的,不能分割的,一条都不能忘记。"7月4日,他向中央读书班第四期学员又一次谈了这个问题,并且强调,当前,我们有好多事要办,"特别是要把国民经济搞上去"。

"三项指示为纲",是邓小平在特定历史条件下根据毛泽东几次讲话精神归纳出来的。它的着重点尤其在"把国民经济搞上去",很快成为这个时期同"四人帮"及其帮派势力进行斗争的有力武器。在以后几个月里,邓小平继续指导各个领域、各个部门果断有力地开展全面整顿,取得明显成效。①

邓小平对各条战线实行整顿的深入,势必要触及到"文化大革命"中实行的许多"左"倾错误和政策,逐渐发展到对这些错误的系统纠正。这种发展趋势,既遭到"四人帮"的强烈反对,也为毛泽东所不能容忍。这种深刻的矛盾加剧,终于导致"批邓、反击右倾翻案风"运动的发动。

1975年8月13日、10月13日,清华大学党委副书记刘冰等人给毛泽东写信,揭发清华大学党委书记迟群和副书记谢静宜的工作作风和思想意识等问题,两封信由邓小平转送给毛泽东。这件事引起毛泽东很大不满。他认为,刘冰等的意见代表了对"文化大革命"不满甚至要算账的一批人的态度。11月2日,毛泽东在对毛远新的谈话中说,"小平偏袒刘冰","清华所涉及的问题

---

① 中共中央文献研究室编:《毛泽东传(1949—1976)》,中央文献出版社2003年版,1739、1740页。

不是孤立的，是当前两条路线斗争的反映"。11月下旬，根据毛泽东的意见，中共中央政治局在北京召开"打招呼会议"，会上宣读了经毛泽东审阅批准的《打招呼的讲话要点》，公布了毛泽东对刘冰等人两封信的批示。此后，"反击右倾翻案风"运动逐步扩大到全国各地区、各部门，不点名地批判邓小平。1976年1月，毛泽东提议并经中央政治局通过，确定华国锋任国务院代总理和主持中央日常工作。3月3日，中共中央印发毛泽东关于"批邓、反击右倾翻案风"的谈话和华国锋2月25日在"第二次打招呼会"上"关于当前就是要搞好批邓"的讲话。此后，"批邓、反击右倾翻案风"运动在全国大规模展开。在这前后，江青一伙通过他们控制的舆论工具，极力诽谤、攻击邓小平和一批老干部。他们把国务院政治研究室邓力群按邓小平多次讲话精神主持起草的《论全党全国各项工作的总纲》草稿，胡耀邦、胡乔木主持起草的中国科学院工作汇报提纲草稿《关于科技工作的几个问题》和国家计委根据国务院指示起草的《关于加快工业发展的若干问题》草稿，诬之为"邓小平授意炮制的三株反党、反马克思主义的大毒草"，是所谓"邓小平修正主义纲领的产物"，横加罪名，发动批判。

1976年8月，张春桥、姚文元直接布置迟群、谢静宜通知国家出版局，由人民出版社出版《评〈论全党全国各项工作的总纲〉》《评〈关于科技工作的几个问题〉》和《评〈关于加快工业发展的若干问题〉》。这三本小册子，按照迟群传达"四人帮"的意见，只收"北京大学、清华大学大批判组"和上海、辽宁两地的文章，并以两校大批判组的名义写了编者前言。

迟群、谢静宜在8月12日晚对国家出版局和人民出版社负责人布置出版任务时，拿出张春桥、姚文元关于印制三本小册子的文件和张春桥给迟、谢布置出三本小册子的信。信中提出："如果北京各印厂因防震排印有困难，可以请出版社安排到外地（如上海）排版、打纸型。"迟群说："这是中央批邓以来第一批正式材料，是不以中央名义出版的文件，这样更容易发到群众手里，要同批林批孔四本书一样印发。"迟、谢还提出要出大开本，经说明大开本不易印制，才同意出小开本。

迟、谢在布置任务时说：完全照原稿印，一字不能改。但人民出版社编辑部拿到原稿后还是组织了人力做了核对工作，主要是核对引用的马、恩、列、斯和毛泽东语录有无错误，结果发现在三本小册子的批判文章中，毛泽东语录错了一个字，标点错误有三处，有一条语录是过去没有公开发表过的。在附录中引用的语录，同样也有错字、漏字、用错的标点和没有公开发表过的语录。当人民出版社将这些情况告诉两校大批判组后，他们向迟群作了详细汇报，迟群决定要在书中加按语对附录中的上述问题狠狠加以批判。经过研究后写成："编者按：邓小平之流根本不懂马列，引用革命导师语录时多有错漏，态度极不严肃。附录系按原件排印，未予改正，特此说明。"但对于他们自己文章中存在的同样问题，却连半句自我批评的话都没有讲。

8月14日，上海市在全国最早印刷发行批判《论总纲》等三本小册子，到22日前不到9天全市就印刷了600万册；北京市克服了因唐山大地震造成的困难也于15日开始出书，全国各地分印需要的纸型于14日、15日全部发出。

这三本小册子在印制过程中，迟群曾几次通过两校大批判组向国家出版局有关负责人了解各省的印数和发行情况，以借此"摸"各地党委对"批邓"的态度。

这三本小册子采取"内部发行"的方式。据统计，全国以汉文和蒙、藏、维、哈、朝5种民族文字以及盲文共印制9100余万册，实际发行8000余万册。

"批邓、反击右倾翻案风"运动尽管表面上沸沸扬扬，喧嚣一时，但它违背了全党和全国大多数人的愿望，它严重破坏了各条战线经过整顿刚刚出现的比较稳定的局势，使全国再度陷入混乱之中。这场运动使广大干部和群众更加厌恶"文化大革命"，更加认清了"四人帮"祸国殃民的真面目，因而对运动进行了不同形式的抵制。批判《论总纲》等三本小册子虽然发行8000多万册，但并没有获得"四人帮"希望"彻底批倒批臭邓小平"的妄想，相反，许多人看了这三本小册子附录的三篇文章后，都说："这是什么'毒草'？明明是香花！"

1976年9月9日毛泽东逝世后，"四人帮"加紧夺取党和国家最高领导权的阴谋活动。10月6日晚，以华国锋、叶剑英等为核心的中共中央政治局采取断然措施，毅然粉碎了江青反革命集团，从危难中挽救了党，挽救了革命，从而使长达十年的"文化大革命"这场灾难，终于以党和人民斗争的胜利而告终。

我了解的商务印书馆若干史事[*]

—— 八十回望访谈录

访问者： 听说方先生是商务印书馆的老职工，您是什么时候进商务工作的？

方厚枢： 我于1943年4月10日进商务印书馆南京分馆工作（当时对外名称叫"南京书馆"）。南京分馆是商务抗战前全国最大的分馆，位于南京太平中路252号。抗战开始后南京沦陷时馆舍毁于大火，馆中尚有不少存书放在别处由两名职工看管。1943年初，商务领导决定在原馆舍残址稍加修缮后恢复营业，因1938年7月后，商务被日本侵略者列入"与国民政府联系"的名单中，沦陷区城市的分支馆只能更改店名，南京分馆更名为"南京书馆"。

访问者： 您在南京分馆做了哪些方面的工作？

方厚枢： 我进馆后，先当了6个月的练习生，然后担任职员，先后在门市部做过营业员，在库房做过轧销（销货统计），还做过宣传推广等多种工作，直到1951年9月调北京中国图书发行公司总管理处时止。

---

[*] 本文为方厚枢接受出版单位和高校部分硕士、博士生访问时的访谈录，原载《出版科学》2009年第1期。

访问者： 商务对年轻的职工是否进行培训工作？

方厚枢： 我由于家境贫困，只在初中读了两年多的书就辍学就业，1943年16岁时进商务工作，当时在分馆中虽有老职工的传帮带，但主要还是依靠自学。参加工作以后，我自知文化底子差，又不甘落后，于是比别人加倍努力寻求知识，分馆开业后，职工的宿舍和门市部仅一墙之隔，我每天身处"书林"之中，早晚和假日可随心所欲地看书学习，汲取知识。我曾花了两年多的业余时间，将门市部陈列的近万种图书浏览了一遍，主要了解每本书的书名、作者、目录和"前言""后记"，并熟读总馆编印的有内容提要的书目和业务资料，借助于馆中丰富的辞典、工具书当老师，重点阅读了一大批图书，等于上了一所"没有围墙的学校"。经过几年的刻苦努力，我的业务能力和文化水平都有了显著的提高，弥补了过去失学时期的损失。

访问者： 抗日战争胜利后，商务的情况有了哪些变化？

方厚枢： 抗战胜利后，商务总管理处于1946年4月由重庆迁回上海，"南京书馆"也恢复了"商务印书馆南京分馆"的名称。总管理处将重庆分馆经理王诚彰调任南京分馆经理，并任命了新的会计主任和营业主任，除了原"南京书馆"的几名职工外，又从上海等处新进了近10名职工，并从上海总处运来一大批图书和文具，充实了南京分馆的门市部。

1947年前后，总处任命王学政（王云五之子）来南京分馆任副经理，他的任务是担任商务出版的《学生杂志》主编。我曾协助他做了一些编务工作，并试写了几篇文章在杂志上发表。

1941年太平洋战争爆发后，商务总经理王云五在重庆担任"国民参政会"委员，以后并被选为参政会主席团成员，一直忙于政务活动。1946年5月，他受蒋介石邀请，出任国民政府的经济部部长。于是，王云五向商务董事会提出辞呈。当年 5 月至 9 月，由经理李拔可代总经理。后因李健康状况不好，董事长张元济拟聘请胡适继任总经理，胡适表示不能担任，向张元济推荐时任教育部次长的朱经农担任，经商务董事会通过，朱经农于 9 月 24 日到职，任总经理兼编审部部长。1948 年 11 月，朱经农因出任我国参加联合国教科文组织会议首席代表而辞去商务职务。商务董事会另行推选董事陈夙之（早年留学美国，曾任中央大学工学院院长等职），于 1949 年就任总经理，后又聘协理谢仁冰为经理，协助陈工作。同年并聘秉志任编审部部长。

1946 年王云五到南京出任经济部长，因家未迁来，就住在商务分馆内，他除和分馆经理王诚彰有些接触并会见来访记者之外，和南京分馆的职工没有接触，但他的起居行动，分馆职工都了解。朱经农担任商务总经理以后，也在南京分馆住过一个短时期，他总是来去匆匆，很少和分馆职工讲过话。

访问者：1949 年 10 月中华人民共和国成立前后，商务的情况有了哪些显著变化？

方厚枢：1946 年 6 月底，蒋介石悍然撕毁停战协定和政协决议，发动全面内战后，国民党统治区通货膨胀，货币贬值，物价飞涨，民不聊生。

1949 年 5 月 27 日上海全市解放，商务当时既无新书出版，旧存书又不能适应新中国成立后人民群众的需要，营业萧条，亏累很大。总馆共有职工 507 人，职工工资虽已按 7 折减发，仍然入不敷出（据商务董事会记录：自 1949 年 7 月至 1954 年 3 月，商务职工累计减薪总数共计 117 亿元旧人民币），又借贷无门，困难重重。

1949 年 8 月，商务印书馆由董事陈叔通、经理谢仁冰面陈上海市政府文化局夏衍局长,建议政府准予商务印书馆公私合营。

访问者: 新中国成立后,人民政府对私营出版业的政策如何?采取了哪些措施?

方厚枢: 全国解放后,整个私营出版业,包括出版社、印刷厂、书店,都面临很多困难,并非商务一家。据出版总署1950年3月初步统计,在北京、天津、上海、南京、杭州、济南、武汉、长沙、广州、重庆、西安11个城市中,共有私营书店1009家(从业人员7600人),其中经营出版的有244家,专业发行的有765家。

新中国成立后,出版总署对私营出版业的改造工作,从1950年到1953年,主要采取了以下一些措施:

(1) 1950年9月,出版总署根据中央调整公私关系的"统筹兼顾,分工合作,各得其所"方针,召开了第一届全国出版工作会议,向全国私营出版业指出了出版工作为人民服务的方向,要求他们遵守政府法令,接受国营出版业的领导。(2) 有重点地扶助私营出版业克服困难,维持生产。(3) 推动分散的中小私营出版业在自愿原则下联营。(4) 对具备公私合营条件的正当私营出版业在自愿原则下,进行公私合营。

1950年底,出版总署投资5亿元,将联营书店(54家新出版业在发行工作方面的联合组织)改组为公私合营,专业书刊发行工作;接着又将中华书局、商务印书馆、开明书店和生活·读书·新知三联书店、联营书店5个单位的发行部门从原出版机构中划出,于1951年起组成公私合营的"中国图书发行公司"(简称"中图公司"),成为新华书店以外的全国第二个大发行系统。这5家发行部门在全国35个主要城市中共有分支店87处,职工2058人,公私合营后,调整机构,在京、津、冀、沪24个大中城市设立分公司。中图公司成立前，商务、中华、开明三家发行机构亏损达 90 亿元，公司成立后，到 1952 年就盈利 75 亿元，1953 年盈利 100 亿元。商务、中华、开明、联营 4 家中的私股分别于 1953 年退出，公司实际上已成为国有企业，出版总署决定从 1954 年 1 月起，将中图公司并入新华书店。

访问者：商务的发行部门参加"中图公司"之后，出版部门到什么时候才公私合营？

方厚枢：1954 年 1 月 16 日，中共中央批准出版总署的报告中指示：对私营出版、发行、印刷业，必须积极地、有计划地、稳步地进行社会主义改造。改造的重点首先放在出版业方面。

1953 年 12 月，商务、中华的董事会均已向出版总署提出全面公私合营的申请。出版总署考虑两家原已有若干公股并早已为国家担任加工订货任务，事实上已具有国家资本主义性质，认为两家实行公私合营的条件已经成熟，拟将商务印书馆改组为高等教育出版社，中华书局改组为财政经济出版社（商务、中华的名义仍保留），即向中央写了关于进一步改造商务印书馆、中华书局的请示报告。

中央对商务、中华实行全面公私合营十分重视，作出指示："鉴于商务印书馆和中华书局历史悠久，在我国文化界有相当影响，因此，这次在对它们实行进一步改造时，必须郑重其事，只准办好，不准搞坏。"

出版总署胡愈之、陈克寒、黄洛峰等领导于 1954 年初分别邀约商务、中华董事会代表陈叔通、俞寰澄、舒新城、李昌允等正式会谈，分别达成协议，组成公私双方联合筹备组织。此后即在京、沪两地进行筹备工作，而以上海为主，由中共上海市委统一领导。

商务、中华两单位分别召开了股东大会，一致通过拥护公私合营并授权董事会进行的决议。两家到会的股东人数均超过历届股东大会，商务方面原估计有500人参加，实际到会人数有1200多人。

由于充分发动群众，依靠两家职工的大力合作，对资产的清点、估价、验收等繁重、复杂的工作在较短期内即顺利完成。共验收了商务各项资产456.35亿余元、中华395.34亿余元。

在筹备过程中，出版总署、高等教育部、中财委有关业务部门及华东局、上海市委先后抽调104名干部到高等教育、财政经济出版社担任社长、正副总编辑、副经理、厂长等主要干部及编辑和一般干部；对商务、中华的资本家和资方代理人，均按双方协议，由私方董事会指派人员担任两单位的副社长、副总编辑、经理、副主任等职。两家原有的实职人员一律包下，年老退休者19人，均按两家向例预拨了养老金，陆续支付。

商务、中华公私合营的筹备工作于1954年4月底大体上告一段落，5月1日，高等教育出版社、财政经济出版社正式在北京宣告成立。

访问者：商务什么时候从高等教育出版社分出，成为独立的出版社？

方厚枢：商务、中华分别改组为高等教育、财政经济出版社后，国务院陈云副总理对两家的改造情况很关心。文化部党组于1956年6月16日、7月2日两次写信向陈云汇报，信中除谈了两家出版社合营两年来的主要工作情况和取得的成绩外，并检查了商务、中华在进行全面改造中存在的主要缺点：（1）商务、中华数十年中出版的各种书籍约3万种，其中不少书籍有一定价值，为学术研究所需要，在合营后虽整理重印了一些，但数量很少，这一部分历史遗产没有很好地接受和利用。（2）两社在香港和南洋都有庞大的出版发行阵地，合营后虽仍保持联系，并做了一些工作，但没有全面规划、加强领导，对两社在香港和南洋的力量没有充分地利用和发挥。（3）对商务、中华原来的人员虽作了安排，但团结和改造工作做得较差。上层人员还不能真正做到有职有权。一般职工工资较高，合营时又保留工资，而且宣布不动，但1955年底1956年初，无论商务、中华以及调到新华书店的一部分发行人员，工资都动了一下。（4）董事会没有定期召开，1955年的盈利没有分配。

文化部党组于7月2日给陈云的信中说："在听了你和总理的指示后，我们准备分作两个步骤，来改进对商务、中华工作。第一步做两件事：（1）加强对于商务、中华过去出版的书籍的整理重印工作，并且更多地用商务、中华名义组织学术性质的书稿和工具书的出版，使得商务、中华在出版界发挥更大的作用。（2）积极地有步骤地开展商务、中华在海外的出版发行工作。……第二步准备将商务、中华从高教出版社和财经出版社独立出来。"

文化部党组于1958年2月5日向中央宣传部写报告，提出将高等教育出版社和商务印书馆分立为两个独立的出版社，将财政经济出版社改组为农业出版社和中华书局两个单位，商务和中华两家出版社均由文化部领导。今后中华书局以出版文、史、哲为主，而主要是整理出版古籍，也适当出版一些现代作者的文学研究、历史、哲学的学术著作；商务印书馆则以翻译外国的哲学、社会科学方面的学术著作为主，并出版中外文的语文辞书。

2月15日，中央宣传部向中央写了关于重新安排商务印书馆和中华书局的工作任务、调整机构和人事配备问题的报告，提出拟以中华书局为主要出版我国古籍的出版机构，以商务印书馆为主要出版世界学术著作的出版机构。这两个出版机构行政上仍隶属于文化部，今后在出版方针和出版计划方面应同时受国务院科学规划委员会下属的古籍整理和出版规划小组以及准备成立的世界学术著作翻译和出版规划小组的指导。2月19日，胡乔木在中央宣传部的报告上批示"拟同意"；又经邓小平、彭真审阅同意。

6月19日，中央决定调陈翰伯任商务印书馆总编辑，郭敬任总经理；任命金灿然为中华书局总编辑兼社长。

1959年11月26日，文化部党组报经中央宣传部批准，调整和加强北京、上海若干出版社的分工协作关系以及安排若干出版社的出书任务，向有关出版社发出通知，其中对中华书局、商务印书馆的规定为：（1）中华书局的主要任务是整理出版我国古籍。它应当在古籍整理出版规划小组的领导下对全国古籍出版工作进行具体安排。此外，它也适当出版一些不适宜由人民出版社、三联书店、人民文学出版社或科学出版社出版的当代著作家的文史哲著述，但在组织这些著述时，应与上述有关出版社充分协作。（2）商务印书馆的主要任务是翻译出版外国哲学社会科学书籍，编印外国语文工具书、课本和参考书。它所出版的外国哲学、社会科学书籍，着重在马克思主义以前的古典名著和马克思主义以外的当代各派学术著作。但各资本主义国家的兄弟党负责人的学术著作，以及一部分比较成熟的进步学术著作，应由人民出版社、三联书店考虑翻译出版。有关当前国际关系和国际问题的著作归世界知识出版社考虑翻译出版。

中华、商务的出版任务，一直到1966年"文革"前夕没有变化。

访问者： "文化大革命"爆发后，中华、商务的情况有些什么变化？

方厚枢："文革"开始后，许多出版机构被合并或撤销，编辑、出版干部受到批判、迫害，下放"五七"干校，大批图书被批判为"封、资、修"的"毒草"而封存、销毁。商务、中华的遭遇也没有例外。

"文革"后，商务印书馆被诬蔑为"宣扬封、资、修，大、洋、古的反革命修正主义黑窝点"。由于商务出版了吴晗主编的"外国历史小丛书"，曾任商务总编辑的陈翰伯成了"文革"后出版界首先被报纸公开点名批判的"反革命分子"。"商务印书馆"一度被"造反派"改名为"东方红出版社"的新招牌。

中华书局由于和齐燕铭、吴晗、翦伯赞等密切的工作关系，"文革"后被诬蔑为"招降纳叛，为复辟资本主义制造舆论"的"大黑窝"，并一度被"造反派"改名为"人民文化出版社"。

1969年9月底，中华、商务两家职工下放湖北咸宁的文化部"五七"干校之后不久，当时的出版管理机构"出版口"将中华书局、商务印书馆两个单位合二为一，名为"中华书局·商务印书馆"（简称中华·商务），两家"文革"前共有职工357人，其中编辑175人。到1970年底，留在北京的仅有16人，其中编辑6人。中华的出版业务完全停顿，商务则以"东方红出版社"的名义出版《毛主席语录》俄文本和英汉对照本。

"文革"开始后到处高呼"毛主席是我们心中最红最红的红太阳"，"文革"前出版的书中，凡涉及"太阳"的词汇都成为"问题"。如《新华字典》中"阴"字的释义之一"乌云遮住太阳"，"毒"字下例句有"太阳很毒"，均有"影射"之嫌，会被"造反派"上纲为"恶毒攻击"。商务印书馆"文革"开始时刚有20万册《新华字典》印装好，因此不敢发行，写报告向上级请示后杳无音讯，只得全部封存（全国封存的《新华字典》有70万册）。上海出版的一本科技书中解释太阳黑子，被说成是"攻击毛主席"，如此等等。

访问者："文革"初期的出版界状况，到什么时候才有所变化？

方厚枢：这就要提到周恩来总理，他在"文革"期间对濒临灭顶之灾的出版事业十分关心，多次作出指示和采取各种措施，为纠正极左思潮、恢复出版工作费尽了心血。

周恩来总理具体抓出版工作的恢复，是从《新华字典》的修订出版开始的。

"文革"初期，几万种图书被停售、封存，《新华字典》也难逃劫运。1970年春，小学开学后，要求供应字典的呼声很强烈。中央文革宣传联络员根据文化部工、军宣传队总指挥部反映的情况，向陈伯达写了书面报告，请示修订再版《新华字典》和《四角号码词典》。5月11日，陈伯达对联络员说："《新华字典》你们看一看，斟酌一下，如果没有问题就可以出版。《四角号码词典》不能出了，因为是王云五搞的，待以后考虑。"商务印书馆根据传达的上述意见，请了北京一家工厂的工人和两所中学的教师进行审查。9月5日，出版口领导小组向国务院值班室写报告，汇报对《新华字典》通读审查发现的"严重问题"，最后提出：鉴于目前还没有一本新编字典供应读者，考虑到《新华字典》收字较多，字义解释还有可取之处，拟将70万册存书加一《致读者》的条子，有组织地按成本发行，供"广大革命群众批判地使用"，这样处理如无不妥，即开始发行。

出版口的报告送到周恩来处，立即引起他的重视，除批准出版口的报告外，结合他平时了解的有关群众反映中小学生没有字典用、青年人没有书看等问题，决定召集文化、教育部门的负责人开会研究解决办法。

9月17日，周恩来在处理紧急公务后，不顾疲劳，于深夜11时50分召集国务院文化、科教、出版、图书馆、博物馆等几个单位的负责人开会。当出版口在汇报中提到《四角号码词典》不能用，因为是王云五编的时，周恩来立即反问："王云五编的《四角号码词典》为什么不能用？不要因人废文。一个人有问题，书就不能用了？它总有可取之处嘛！……要懂得'水有源树有根'。……《新华字典》也是从《康熙字典》发展来的嘛！编字典可以有创造，但创造也要有基础，要古为今用，推陈出新。新的出不来，旧的又不能用，怎么办？"周恩来强调，要有点辩证法，不要一听封建主义、资本主义就气炸了，那叫形而上学、片面性。他指示出版部门要贯彻古为今用、洋为中用、推陈出新的方针，多出书、出好书，解决青年一代着急没有书看的问题。在这次会上，周恩来指定科教组负责组织力量，对《新华字典》进行修订，争取早日出版发行。

周恩来在同出版口负责人几次谈话中，都很关心中华书局、商务印书馆的出版工作。在周恩来的关心和指示后，中华书局和商务印书馆逐步恢复业务，承担了"二十四史"、《清史稿》和外国历史、地理书以及中外语文字典的出版任务。

周恩来在纠正出版工作受极左思潮影响的过程中，特别关心为青少年出书的问题。他对《新华字典》的修订工作很重视，多次询问工作进度情况。1971年还指示让参加全国出版工作座谈会的全体代表，分组审阅《新华字典》（试用本）和修改稿，提出补充和修改意见，这是中国出版史上空前的一次动员全国力量会审一本小小的字典。

国务院科教组负责人刘西尧从商务印书馆、北京大学中文系和北京市教育局等单位抽调专人组成的《新华字典》修订组，从1970年9月下旬开始工作。当周恩来看到修订组送审的第一稿后，见到原字典中的"陛下""太监""僧侣"等许多词被删去，即要刘西尧转告修订组：不能认为"陛下"等都不能进字典。字典是工具书，有它的特点。反映资产阶级生活方式的字和词仍要用。要从群众的需要出发，不能主观，有些知识还是需要的：人民要了解历史，历史上的一些事物应该介绍的，不要回避。他还特别强调，字典除确实有错须改外，一般不必大改。

周恩来看到送审的第二稿后，在修订稿上批示："做了一点修改。"在字典的出版说明稿上，他一丝不苟地用铅笔逐句作了圈点。字典附录中的《节气表》，编者没有标明表中的月日是阴历或阳历。周恩来在《节气表》三字后面加了一个括号，写明"按公元月日计算"。他还在"役"字的注释最后，加上了一条"③服兵役"，使义项更加完备。

1971年6月2—4日，周恩来接见全国出版工作座谈会领导小组成员、部分代表及《新华字典》修订小组成员时，有人请示编写外语词典要不要收入燕尾服、新婚、蜜月等资产阶级生活方式的词汇，周恩来说："你不用怎么行？外国字怎么能取消？像陛下、殿下，怎么能不用？来个国王，你还能不承认陛下。Sir（先生）你用不用？现在还存在资本主义社会嘛！这都是极左思潮。"

当周恩来看到《新华字典》样书封面书名是拼集鲁迅的字，便说："我就不赞成这样的拼凑字作书名，拼字不是艺术。还有人把毛主席的字拼来拼去。主席题字都是完整的构思，不能随意拆开。比如主席写的为人民服务、艰苦朴素，都有完整的布局。

鲁迅没有给这本字典题过字。鲁迅在世时，还没有简化字，这个'华'字还不是凑成的吗？这是不尊重鲁迅。将来一考证，说你们尽造假。还是老老实实的好。封面不要用鲁迅的集字，不要弄虚作假。你们这样搞，我就不批准。"

在周恩来的关心和指导下，《新华字典》修订工作历时半年完成，连同印刷共9个月出书。在"文革"极其困难的条件下，《新华字典》（1971年修订版）终于在6月正式出版，全国新华书店第一次报回征订数高达8482万册，因印刷安排困难，到1971年2月全国共印制3453万册，余数次年再印。

访问者：1976年10月"文革"结束后，中华、商务有了什么变化？

方厚枢："中华书局·商务印书馆"1971年恢复业务后，出版方针任务问题一直没有解决。"文革"结束后，国家出版局于1977年8月任命陈原为"中华·商务"总经理兼总编辑。中华·商务临时党委会经过研究，于1978年2月21日向国家出版局党组写了关于中华书局·商务印书馆方针任务的请示报告，提出今后的主要任务是：以马列主义、毛泽东思想为指导，整理出版中国古籍，翻译出版外国社会科学著作和编辑出版中外语文词典等工具书。报告中提出：从当前实际情况出发，暂时保持一个机构，用两块招牌出书。3月7日，国家出版局党组批复：同意中华·商务临时党委会关于方针任务的报告。

1979年8月11日，国家出版局宣布商务印书馆与中华书局分立，恢复了"文革"前出版社的建制，陈原被任命为商务印书馆总编辑兼总经理。从此，商务全体职工在党的十一届三中全会精神的鼓舞下，进入解放思想、改革开放的新时期，多出书，出好书，为迎接社会主义文化建设的新高潮作出更多的贡献。

"文革"中关于商务印书馆的片段回忆[*]

史无前例的"文化大革命"距今已经过去近半个世纪，在"文革"中关于商务印书馆的史事，我已在《出版科学》杂志2009年第1期发表的《我了解的商务印书馆若干史事——八十回望访谈录》中作了简要叙述，近日我在翻检旧存的出版资料中又发现了一些史料，在此作些补充。

一、"文革"前夕商务印书馆、中华书局的基本情况

1966年6月13日，时任文化部出版事业管理局局长的陈翰伯，在向前来出版局的"文革"工作组汇报出版系统的基本情况中提到：①

商务印书馆 共计195人，其中干部185人（包括编辑干部105人），工人10人。共产党员32人，共青团员7人，共产主义小组组员26人。有1个党委会，2个支部。党委书记汝晓钟（副总编辑）、副书记徐君曼（副总经理）。

中华书局 共计148人，其中干部134人（包括编辑干部69

---

[*] 原载《商务印书馆馆史资料》新第3期，2013年11月版；2014年1月8日《中华读书报》"瞭望"1、2版。

① "文革"中商务印书馆、中华书局曾合并为一个单位，故此文反映了商务、中华的情况。

人），工人 14 人。共产党员 43 人，共青团员 17 人，共产主义小组组员 24 人。有 1 个党委会，2 个支部。党委书记金灿然（病休）、副书记丁树奇（副总编辑）、党委办公室主任王春。

二、"文革"后全国出版社的变化情况

"文革"前，全国有出版社 87 家（不包括副牌，下同），其中中央一级出版社 38 家、地方出版社 49 家，职工 10149 人（其中编辑 4570 人）。

"文革"开始后，许多出版社被合并或撤销，到 1970 年底，全国出版社仅剩下 53 家，其中中央一级出版社 20 家、地方出版社 33 家，职工 4694 人（其中编辑 1335 人）。

"文革"前，文化部直属的人民、农村读物、人民文学、人民美术、中华书局、商务印书馆、文物 7 家出版社有职工 11074 人（其中编辑 523 人）。"文革"开始后改变为人民、人民文学、人民美术、中华书局·商务印书馆（简称为中华·商务）4 家。到 1970 年底，留在北京从事编辑出版工作的有：人民 80 人（其中编辑 26 人）、人民文学 30 人（其中编辑 13 人）、人民美术 40 人（其中编辑 18 人）、中华·商务 16 人（其中编辑 6 人）。

据 1971 年从湖北咸宁文化部"五七"干校调回北京的人民出版社原总编辑张惠卿回忆：1969 年 8 月"中央文革"的陈伯达在当时主管出版的领导部门"出版口"一次会议上说，出版社都要撤销，只留下人民出版社几十个人主要出版毛主席的书就行了。[1]

据刘杲、石峰主编的《新中国出版五十年纪事》中 1970 年

---

[1] 张惠卿：《如烟往事文存》，上海人民出版社 2012 年版，第 282 页。

12月23日记载:"当时出版口所属4个出版社只有183人。出版口的负责人仍准备合并精简。周恩来针对这一情况提出批评:'你们没事干,不出书,没有群众观点。你们出版都不搞了吗?精简人员不是取消主要出版业务。'"①

据中国出版科学研究所原所长袁亮在《周恩来"文革"期间关心新闻出版工作纪事》一文中说,周恩来在几次同出版部门负责人谈话中,都要求恢复中华书局、商务印书馆的正常工作。他在1971年4月12日的谈话中,当中华·商务负责人汇报中谈到他们的人员中有些老弱病残人员时,周恩来立刻说,老弱病残也是人,他们圈点书也可以,也能工作嘛!周恩来问:顾颉刚在中华吗?回答说:在学部。周恩来说,他在学部有什么用,把他调到中华·商务来好一些。

周恩来在谈话中还问:中华·商务还有什么业务?(答:还出工具书。)周又问:地理、历史书还没有?(答:准备出一些。)在周恩来的关心和几次指示下,商务印书馆和中华书局逐步恢复了一些出版业务。②

三、关于《新华字典》出版工作的几份资料

(1)出版口关于《新华字典》审查情况和处理意见的报告。

"文革"开始后,几乎所有已出版的辞书都受到了批判、封存,正在编纂中的辞书都被迫停止。小学开学,连一本小字典也没有。各方面的反映十分强烈;许多学生家长和读者给报社和中央有关部门写信呼吁,要求出版字典等工具书。中央文革宣传联

---

① 《新中国出版五十年纪事》,新华出版社1999年版,第127页。
② 袁亮的文章原载《出版科学》杂志2001年第1期。

络员根据文化部工、军宣传队总指挥部反映的情况向陈伯达写了报告，请示修订、重版《新华字典》和《四角号码词典》。1970年5月11日，陈伯达口头对宣传联络员说："《新华字典》你们看一看，斟酌一下，如果没有问题就可以出版，《四角号码词典》不能出了，因为是王云五搞的，待以后考虑。"

出版口接到传达的上述意见，经过一番调查，于1970年9月5日向国务院值班室写了报告：

根据中央首长指示，我们请北京市一中、二十三中和特钢厂一起对《新华字典》（1965年修订重排本）作了一次通读审查。现将审查情况和处理意见报告如下：

这部字典是旧商务印书馆编辑出版的，它在"不要勉强与政治挂钩""工具书的稳定性"等修正主义原则支配下，选字、选词收录了一些带有浓厚封建色彩的、早已在人民生活中死去的生僻字；可是毛主席著作中和现实政治生活中一些最常见的重要词语，如"毛泽东思想""阶级斗争""无产阶级专政"等却没有收录。它在一些注释、举例中塞进了封、资、修的黑货，宣扬或反映了剥削阶级的思想观点。在通读中，发现有200多处明显地存在着程度不等的问题，其中严重的有几处，如93页"毒"字下例句"太阳很毒"。还有几处提到中苏关系的，如158页"好"字和513页"友"字下例句均是"中苏友好"，又如13页"保"字下例句"中苏两国人民的亲密团结是世界和平的保障"。

鉴于目前还没有一本新字典来满足广大工农兵和革命群众学习毛主席著作、学文化、学科学的需要，也考虑到这部字典收字较多，字形注音还比较准确，字义辩释也还有可取之处。因此，我们打算将存书（70万册）加一"致读者"（另附）有组织地内部按成本发行，供广大革命群众批判地使用。并请他们在批判地使用过程中,对编写新的字典提出宝贵意见。

我们准备组织一个十几个人的班子,同有关单位协作,深入工农兵,着手编写新字典。

这样处理如无不妥,即开始发行。

出版口三人小组

附 件

致读者

这部《新华字典》是旧商务印书馆出版的工具书。它在一些条目中塞进了封、资、修的黑货,宣扬或反映了剥削阶级的思想观点。考虑到这部字典收字较多,字形注音还比较准确,字义解释也还有可取之处。因此,我们将存书发行,供广大革命群众批判地使用。

伟大领袖毛主席教导我们:"不破不立。破就是批判,就是革命。破,就要讲道理,讲道理就是立,破字当头,立也就在其中了。"我们热切地希望,广大工农兵和革命群众在批判地使用这部字典的同时,对编写新的字典提出宝贵意见。信函请交北京商务印书馆,邮资由商务印书馆总付。

编 者

(2)周总理关于不要因人废文的指示。

1970年9月17日,周恩来总理召集国务院文化组、科教组、出版口等单位的负责人开会(多数是各单位的军代表)。周总理针对群众反映"中小学生没有字典用""青年人没有书看"等问题,对出版工作提出批评。当出版口负责人汇报中说到《四角号码词典》因为是王云五搞的,不能出了时,周总理作了"不要因人废文"的指示。会上,他指定科教组负责组织力量,对《新华字典》进行修订,争取早日出版发行。

下面是周总理同文化教育部门一些负责人的谈话节录。

王云五编的四角号码字典为什么不能用？不要因人废文。一个人有问题，书就不能用了？它总有可取之处嘛！马克思主义三个来源是德国古典哲学、英国的古典政治经济学和法国的空想社会主义。这三个来源还不是资产阶级的或受唯心史观限制的学说吗？可是它们都含有合理的因素。任何思想的发展都不是无根的，新社会是从旧社会脱胎出来的。剥削阶级的出身不能改，思想却是可以改造的，这就叫历史唯物主义。要有点辩证法，不要一听封建主义、资本主义就气炸了，那叫形而上学、片面性。

中华书局、商务印书馆就不能要了？那样做，不叫为群众服务。青年一代着急没有书看，他们没有好书看，就看坏书。毛主席在九届二中全会上讲，要学哲学，要反对唯心主义。同志们要好好读马克思、恩格斯、列宁、斯大林的书，读毛主席的书。

要懂得水有源、树有根。毛泽东思想是从马克思列宁主义发展来的，马克思列宁主义是毛泽东思想的根。《新华字典》也是从《康熙字典》发展来的嘛！编字典可以有创造，但创造也要有基础。要古为今用，推陈出新。新的出不来，旧的又不能用，怎么办？芭蕾舞是洋的，能说是我们创造的吗？我们编的芭蕾舞剧，基础是原来的，内容却是新的，形式又有了改造，这就叫作洋为中用。芭蕾舞还要发展。你们文化部门的同志要好好读几本马克思列宁主义的书，知道一点根嘛！毛主席的哲学著作，可以先学《实践论》，要通过实践来提高我们的认识。[①]

（3）出版工作座谈会会议领导小组关于《新华字典》修订再版问题征求意见的情况向周总理的请示报告。

[①] 周总理的指示载《周恩来选集》，人民出版社1984年第1版。

周恩来总理对《新华字典》的修订重印工作一直很关心，多次询问字典的工作进度。他不仅对修订送审稿亲自动手修改，还对修改原则、检字方法、封面字样以及降低印制成本等，一一作了指示。他两次接见出版工作座谈会领导小组成员时，同时接见《新华字典》修订小组的成员，直接向他们了解情况，解决修订工作中的问题。

下面是出版工作座谈会会议领导小组负责人写给周总理的请示报告

总理：

遵照您的指示，出版工作座谈会的代表和会议领导小组，对《新华字典》的修订再版问题进行了讨论。会议代表一致反映，广大工农兵和中小学教师、学生迫切需要这个字典，要求尽快付印。现将几个具体问题的讨论意见报告如下：

一、用修订本，还是试用本？大家建议，现在修改的《新华字典》用修订本再版，不用"试用本"字样，以免误解为新编的字典。但可在修订再版"说明"里头写上试用的意思。

二、注音问题。汉语拼音适用于中小学师生和部分工农兵，注音符号适用于一些不会汉语拼音的成年人。因此，大家认为原有两种注音方法均可保留。鉴于《新华字典》的字是按音序排列的，所以不必再增加同音汉字注音。

三、印数问题。各省初报数为8482万册。领导小组研究认为，既要满足需要，又要防止积压浪费，最好分批投印。第一批全国计划印4000万册，由北京统一供给纸型，分省印刷。在边印边发过程中，通过调查研究，再确定第二批的印数。北京、上海两地除供应本地需要外，重点支援印刷条件较差的省、区。

四、定价问题。大家一致认为，1965年版《新华字典》售价八角，太贵了。目前修订的《新华字典》，应努力提高印装质量，降低成本，根据略有盈利的原则，确定价格。

以上是否妥当，请指示。

吴庆彤　王济生[①]
1971 年 3 月 25 日

四、商务印书馆重印《现代汉语词典》遭到停售、封存、公开批判的厄运

中国科学院语言研究所编辑的《现代汉语词典》（试用本），于 1965 年由商务印书馆出版。原计划征求各方面意见，修订后正式出版，后因"文革"开始而中断。1972 年 5 月，出版口领导小组向国务院办公室请示，由语言所对这本词典负责修订。1973 年，由于各方面对词典的需要十分迫切，经征得领导同意，商务印书馆用 1965 年的词典原纸型重印一批，并在《出版说明》中说明这个稿本是"文革"前编的，于 5 月出版，内部发行。

1974 年 3 月 11 日，《红旗》杂志编印的《新书摘报》（试编）第 17 期刊载了陕西省韩城县燎原煤矿工人评论组对《现代汉语词典》的批评文章，指责词典"宣扬孔老二思想的核心'仁'字，为'仁政'寻求新的市场"；批评词典"露骨地宣扬崇孔尊孔，是在'向广大读者放毒'"。

姚文元于 3 月 12 日批："此件反映的情况是很突出的。请迟群同志阅后转科教组酌处。"并在"评论组"对"王道"一词的

---

① 吴庆彤时任国务院办公室负责人，出版工作座谈会会议领导小组组长；王济生时任国务院出版口五人领导小组组长，出版工作座谈会会议领导小组副组长。

评论作了旁批:"日本帝国主义的'王道乐土'?""四人帮"的御用写作班子"梁效"写了《评〈现代汉语词典〉(重印本)》文章在《北大学报》第三期发表,攻击《现代汉语词典》(重印本)"是对无产阶级文化大革命的直接否定""是资本主义思潮在文化界的尖锐表现""是同毛主席发动的批林批孔运动唱反调"。

姚文元的批语在国家出版局和商务印书馆传达后,《现代汉语词典》(重印本)就受到停售、封存、公开批判的厄运,给全国出版界造成恶劣影响,也对辞书编纂工作造成了很大的困难。

附:

陕西省韩城县燎原煤矿工人评论组
批评《现代汉语词典》的来稿(摘录)

陕西省韩城县燎原煤矿工人评论组寄来一篇评科学院语言研究所编的《现代汉语词典》(商务印书馆1973年5月版,试用本,发行量较大)的稿子,批评《词典》对孔孟之道的一些概念的解释,采取了"客观主义态度"。

来稿说,《现代汉语词典》"是在批林批孔斗争的高潮中出版的新词典,无疑,这对于帮助文化程度较低的同志批判叛徒、卖国贼林彪和他的祖师爷孔老二,将提供一定的方便。可是,翻开《词典》一看,使人大吃一惊。《词典》中对孔孟之道的一些概念的解释,竟然采取了不能容忍的客观主义态度。不看《词典》还罢,看了反而会中毒受骗。据《词典》出版说明称:'这个稿本是文化大革命前编写的,不论是政治思想方面,还是科学性方面,都会存在很多错误和缺点。'既然是文化大革命前编写的,要重新印行,起码要修改一下,把那些明显有毒的东西改过来。但是没有,而是原封不动采用了'稿本的原纸型'。试问,这究竟是'应广大读者的急需'（见出版说明）呢？还是向广大读者放毒呢？"

例如，我们翻开《词典》的921页，在"圣"字条里有这样的三条解释：

【圣人】旧时指品格最高尚、智慧最高超的人物，如孔子从汉朝以后被历代帝王推崇为圣人。

【圣庙】奉祀孔子的庙。

【圣经贤传】旧时指圣人写的经，贤人写的传（阐释经文的著作），泛指儒家经典。

解释不用历史唯物主义的观点去分析问题，而把孔子说成"历代帝王推崇为圣人"，而且是"品格高尚""智慧最高超"的圣人，这不是露骨地宣扬崇孔尊孔吗？我们不要求《词典》写批判文章，但用马列主义观点、用几句话解释"圣人"是完全可以的。在第三条解释中，《词典》完全陷入了封建阶级的正统观念中不能自拔，把儒家的著作吹捧为圣经贤传。孔老二的什么"圣庙"，是反动统治阶级修起并祭祀的，绝不能把它搬进社会主义的"词典"中，让工农兵去朝拜。

又如，《词典》对孔老二思想的核心"仁"字，对王道、中庸之道、忠恕等的解释：

【仁】仁爱：仁心、仁政、残暴不仁。

【仁义】仁爱和正义：仁义道德。

【王道】我国封建政治哲学中指君主以所谓仁义治天下的政策。

【恕】用自己的心推想别人的心：忠恕、恕道。

【中庸】儒家的一种主张，待人接物采取不偏不倚、不左不右的态度。

很明显，这完全是重复孔学家们的腔调。《词典》在举例的时候，竟不加分析地把那个反动透顶的"仁政"搬来，究竟是为了什么呢？只有一种解释，就是要宣扬，为"仁政"寻求新的市场。《词典》对"中庸"的解释根本没有触及本质。所谓"中庸"，就是孔老二要求人们百分之百地遵守周礼，不允许有一丝一毫的偏离。《词典》的解释固然使人很难捉摸，只要仔细分析一下，可以发现，作者在肯定"中庸"，并要读者接受。

来稿说，《词典》的作者在编纂《词典》时，不是以马列主义、毛泽东思想作指导，明显地存在着一种客观主义态度。客观主义，藐视公正，无褒无贬，实际上编纂者总是在或公开或隐蔽地表示自己的态度。我们诚恳地希望，《现代汉语词典》的编纂者们能够积极地投入批林批孔的斗争，用马列主义、毛泽东思想作指导，编出一本真正的社会主义的新词典来。这样的词典，工农兵是太需要了。

五、商务印书馆在编写出版中外语文词典十年规划中作出重要贡献

"文革"后到 1975 年初，书店中公开出售的中外语文词典，仅有《新华字典》《工农兵字典》《袖珍英汉词典》等少数小型字、词典，教学、科研、外事等方面需要收词较多的中型、大型词典的反映十分强烈。国家出版局和教育部会商后，于 1975 年 3 月 22 日联名向国务院上报《关于召开中外语文词典编写出版规划座谈会的请示报告》，最后送达当时主持中央日常工作的邓小平处，很快获得批准。

1975 年 5 月 23 日至 6 月 17 日，中外语文词典编写出版规划座谈会在广州召开。参加会议的有北京、上海、天津、辽宁、江

苏、广东、湖北、四川等 13 个省、市的文教、出版部门和有关高等院校负责同志及专业工作者，还有中央有关部门的同志以及工农兵和老专家的代表共 115 人。

这次会议的重点是讨论拟定 1975 年至 1985 年中外语文词典编写出版十年规划（草案）。列入规划（草案）的中外语文词典共 160 部，国务院于 7 月 22 日收到国家出版局关于座谈会的报告和词典规划（草案），经李先念等副总理圈阅后，送到邓小平处，小平同志不仅同意，还将报告和词典规划（草案）送给周总理批示。身患重病的周总理正在医院中，总理值班室于 7 月 31 日收到报告，周总理于 8 月 21 日在病榻上看了并批准这一报告，还加批了一句"因病在我处压了一下"，表示歉意。国务院在下达的通知中要求中央各部委以及各省（市、区）有关方面加强协作，力争提前完成规划中提出的任务。

国家出版局召开中外语文词典编写出版规划座谈会，是在"文革"后期，邓小平同志主持中央工作抓整顿时期进行的一项重要举措。《报告》经国务院批准下达后，尽管开始困难不少，进展不快，甚至被少数人指责为"刮业务台风"。但是，这项工作是具有历史意义的一项壮举。"四人帮"覆灭后，在 20 世纪 80、90 年代陆续问世的大批汉语、外语辞书大都是列入 1975—1985 年规划中的项目。

在完成中外语文词典 1975—1985 年十年规划的项目中，商务印书馆曾经发挥了重要的作用，从下列表中可以看出（外语词典中包括外汉词典和汉外词典）：

语　　种	词典规划种数	商务承担种数	其中：新编种数	修订种数
汉　　语	31	8	3	5
英　　语	28	7	5	2
日　　语	8	2	—	2
俄　　语	16	6	5	1
法　　语	10	4	4	—
德　　语	9	3	2	1
西班牙语	7	5	4	1
阿拉伯语	3	3	2	1
其他外语	48	43	38	5
合　　计	160	81	63	18

六、中外历史、地理著译出版情况

"文革"开始后，书店中出售"文革"前出版的大批历史、地理书籍几乎全部被批判为"封、资、修毒草"被停售、封存。

1971年2月11日，周恩来总理在参加国务院业务组会议后，于下午6时专门召集出版口领导小组负责人，讨论出版工作问题。总理问到去年出了些什么书，今年打算出些什么书。当出版口负责人作了简要汇报后，周总理指示：你们的计划我看过了，太简单，不行。计划中这些书要出，但不能只出这几种，青少年没有书看。新书要出，旧书也可以选一点好的出版嘛！1971年再不出书就不像话了。总理问到小人书、字典、样板戏、地理书的出版情况，当出版口负责人汇报后，总理说：字典这么长时间了还没有出来？地理书出了没有？世界地理一时不好出，中国地理可以出嘛!

4月12日,日理万机的周总理处理了紧急公务后,到深夜时才抽出时间,召集参加出版工作座谈会领导小组负责人和部分代表座谈。

总理说,你们管理出版的,要印一些历史书。我们要讲历史,没有一点历史知识不行。你们的出版计划中有没有历史书?现在书店里中国和外国的历史书都没有,不出历史、地理书籍是个大缺点。不讲历史、割断历史怎么行呢?中国人不讲历史总差点劲,读毛主席的著作还有不少篇幅是讲历史的嘛!读毛主席的著作也得懂历史。

总理还说,历史、地理书既然没有新的,把老的搞出来也好嘛!(有人提出地理书涉及边界问题,历史书涉及对人物评价问题。)总理说,政治地理不好写,可以少写一点,经济上出产什么可以说,多写点自然地理。政治经济地理中,他们国家是什么性质,照他们说的写就行了嘛!

1971年12月,商务印书馆出版了一本《杭州山水是怎样形成的》,是文革后出版的第一本地理读物。这本书是"文革"前商务出版的科普读物,原名《杭州的山和水》,经原作者修订以后,只是增加了大量毛主席语录,其他内容没有什么增补。为怕被人认为是"宣传资产阶级的游山玩水思想",书名特地改为《杭州山水是怎样形成的》,突出它是一本自然科学知识读物;作者署名也由实名改为"韦恭隆"(是"为工农"的谐音)。这本薄薄的小册子第一次就印了30万册,不久第二次印刷印了40万册,开创了地理读物发行量史无前例的纪录。这本小册子的改书名、改署名,"最高指示"多,印量大,很典型地显示出"文革"时期出版书籍的特征。

1971年9月8日，中共中央发出中央文件，批转国务院出版口领导小组《关于收集、翻译、出版世界各国历史书籍的情况》的报告，并写了批语：经"请示毛主席'可否予以同意，先照此计划进行？'毛主席批示'可以'。现转发给你们，请督促和推动有关单位努力完成规划中的任务"。

出版口在《报告》中提出了翻译、出版各国历史书的计划。据调查了解，全世界（除我国外）有188个国家和地区，已出版29个国家的84种国别史，审查后重印，或者另选新版书籍翻译出版；已有译稿的7个国家的国别史，立即编审加工，年内出版；尚未翻译的68个国家和地区的历史书，选择版本，翻译定稿后出版；尚未收集到的84个国家和地区的历史书，从速引进，然后翻译出版。

11月8日，各国历史书籍翻译出版领导小组成立，国务院办公室主任吴庆彤任组长，领导小组成员有外交部、中联部、科教组、出版口及中华·商务和北京、上海出版部门的负责人。

会议决定，尚未译成中文的68个国家和地区的国别史，分别由外交部、中联部七个研究所，和北京、上海、天津等12个省市承担，负责选择版本、翻译、定稿后交当地出版社出版，中央各单位交商务印书馆出版。

世界各国历史书由全国14家出版社联合承担出版工作，于1971年冬至1973年陆续出版。

1973年8月9日，出版口领导小组向国务院写了《关于出版外国地理书的请示报告》。《报告》中说："遵照中央领导同志关于出版地理书的指示精神，我们组织有关出版社作了一些初步了解，解放以来，外国出版了包括44个国家（地区）的地理书111种、区域地理书等49种。此外，还出版过一些地理学理论著作和地理知识读物。"

《报告》提出翻译出版地理书的初步意见中说："目前国内已收集到一百多个国家（地区）的外文地理书 400 多种，区域地理书 100 多种。对这批书应进行研究和选择后，有计划、有组织地翻译出版。还有近百个国家（地区）的外文版地理书至今尚未收集到，除请中国图书进口公司从速引进外，并希外交部、外贸部协助办理解决，努力争取在三五年内把大多数国家和地区的地理书翻译出版。"《报告》中说："翻译出版外国地理书的力量组织，拟同翻译出版外国历史书一样，根据全面规划、统一安排、分工协作的原则，组织有关省、市的力量完成。""如果这个计划可行，我们准备召开一次会议，同这些省、市讨论拟定一个三五年出版地理书的规划，并具体商定翻译出版分工的问题。有关日常的联系、组织工作，由商务印书馆负责。"

出版口领导小组给国务院的报告，周恩来总理于 9 月 11 日批"拟同意"，并将报告送中央其他领导同志核阅，均获得同意。

国务院于 1973 年 9 月 27 日将出版口关于翻译出版外国地理书的请示报告批转北京、上海、天津、江苏、广东、湖北、四川、辽宁等 16 个省（市）革命委员会，并抄送中共中央办公厅、军委办公会议、中联部、外交部、国务院文化组、国务院科教组、中国科学院、国家测绘总局、总参测绘局、外文局、出版口。国务院的批语说："国务院同意出版口领导小组《关于出版外国地理书的请示报告》，现转发给你们，请督促和推动有关单位努力完成报告中提出的任务。"

翻译出版外国地理书的工作由全国 17 家出版单位共同承担，陆续出版。

（2013 年 6 月 21 日）

请老编辑写老编辑的动人故事[*]

2007年春，中国出版工作者协会学术工作委员会召开会议，动议策划编辑一套"书林守望丛书"，为弘扬优良的职业传统做点实事。这一倡议得到出版界领导部门和一些老同志的赞成及大力支持，最终由首都师范大学出版社承担了这套丛书的编辑出版工作。经过几次会议的讨论、研究，确定丛书通过老编辑的生动讲述，反映编辑工作的创造魅力与内在规律，阐扬科学严谨、敬业奉献的职业精神，传承优秀的编辑传统与出版文化。丛书的目标读者是从事编辑、出版工作的业内同仁，重点是在第一线工作的中青年编辑，也包括大专院校出版专业的师生、出版科研单位的研究人员，也可供爱书人阅读。

我作为中国版协学术工作委员会的委员之一，义不容辞地承担了其中一本介绍我国著名编辑家事迹的文集——《编辑之歌》的编辑任务。

关于介绍著名编辑家的传记和汇编多位编辑事迹的文集已出版多种，如何来编出新的特色？我首先做了一番调研工作，对已出版的同类书籍和多年来积累的报刊上发表的编辑事迹特写等文章进行研究、比较后，拟定了编辑计划：（1）根据丛书每本篇幅

---

[*] 原载《出版发行研究》2009年第二期，有增补。

20万字左右的要求，选收已逝世的著名编辑家20人左右；（2）对每人的生平不做传记式的全面介绍，不论他们在出版界曾担任过何种高层领导，本书中均着重介绍他们在书刊编辑工作中的突出成就，并注重对其编辑工作经验的介绍；（3）约请了解情况的合适作者提供怀念文章。

经过反复研究，确定拟收的著名编辑家的名单后，分别向确定的作者打电话或写信，提出约稿要求。

收到约稿通知的同志在了解本书的编辑意图之后，都一致表示支持。在不到一个月的时间内我就收到了第一篇来稿——《知音和挚友——怀念编辑世家传人叶至善》。本篇作者史晓风曾任叶圣陶先生的秘书多年，与叶至善情同手足。他在文章中满怀激情地回忆了许多生动感人的故事。文中有一节《替至善兄了一遗愿》，说的是1998年春节收到叶至善寄来的一张贺年片，上面题了一首他的词作《蝶恋花》，反映自己的编辑生涯：

乐在其中无处躲。订史删诗，元是圣人做。神见添毫添足叵，点睛龙起点腮破。

信手丹黄宁复可？难得心安，怎解眉间锁。句酌字斟还未妥，案头积稿又成垛。

叶至善多才多艺，爱好音乐，曾在编辑工作的余暇将一些世界名曲和我国一些著名的唐诗宋词相匹配，著有《古诗词新唱》一书。有一天，史晓风跟叶至善说："我很喜欢你的《蝶恋花》。一般的词牌名与内容是'勿搭界'的，只有这首词牌名与内容很贴切。你也把它谱成曲子唱吧。还可以在《编辑研究》上发表，作为《编辑之歌》传唱开来。"叶至善苦笑了一下说："那也总得等重编父亲的文集以后了。"遗憾的是这一愿望在他生前未能实现。2006年3月4日叶至善病逝后，史晓风为完成他的遗愿，试用19世纪美国一位作曲家的《梦中情人》曲，配以《蝶恋花》词成为一首《编辑之歌》。时隔不久，史晓风又给我来信，说他查到了叶圣陶1979年6月26日写给贾祖璋一封信中的一段话，可以作为叶至善词中"难得心安，怎解眉间锁"一句作注解。叶圣陶的信中说："至善把给孩子编书的事看得太认真，有时说起社中的工作推不动，竟至于失声而哭。他一天到晚在家看稿改稿，看完了到社中去接头谈事，回来时高兴少，懊恼多。我是非常同情他的，但是我没有办法使他宽心。"

史晓风文章中谈的这件事使我很受启发，决定将我编的这本书命名为《编辑之歌——怀念远去的英才》。

回忆韬奋事迹的著作和文章已有不少，但专门写他的编辑工作的文章还少见。我知道雷群明对韬奋的研究已有多年，发表过有关韬奋与出版的专著和文章，他于2002年接任"韬奋纪念馆"馆长后，边工作、边学习，对韬奋的研究有了更多的收获。我去信请他写一篇专谈韬奋和编辑工作的文章，他很快寄来《韬奋的编辑实践与编辑思想》这篇内容充实的新作长文。

耄耋老人李纪申是巴金的亲属，曾和巴金同在文化生活出版社共事多年。他接到约稿信后复信说，"虽年过九十，却有义难推辞之感"，于是，"往事再拾，查阅资料，重作构思以应命"。在7月暑热中他写出万字长文《巴金的编辑生涯》，详细介绍了巴金解放前主持出版社、从事编辑工作的艰辛经历。

叶籁士在开创新中国出版事业中作出了卓越的贡献。张惠卿从1949年6月进华东新华书店编辑部工作后，就在叶籁士的直接领导下担任编辑工作多年。他应约写了《追念作为编辑出版家的叶籁士》，介绍了叶籁士对编辑工作所做的突出贡献的感人故事。

姜椿芳是我国现代百科全书事业的奠基者，我听说过姜老在编纂《中国大百科全书》中有许多感人的故事，于是约请百科全书专家金常政写一篇怀念姜老的文章，金常政又约请百科全书老编审黄鸿森合作来完成。他们两人都是跟随姜老从《中国大百科全书》最早进行的"天文学"卷起步直到《全书》第一版74卷完成，是了解情况最多的两位老人。黄鸿森已年近九旬，脑部供血不足；金常政也年近八旬且要照顾久病在床的老伴，但他们仍然克服困难，搜集资料，合作写成了《营造中华文化丰碑的巨匠姜椿芳》的万余字长文。

其他作者中，有的根据亲身的经历、见闻或多年研究的成果为本书撰写新作；有的在过去发表的文章基础上加以订正、修改或补充了新的内容。例如，王维玲将他1990年初写的怀念边春光的文章增补了近2000字，其中有的是过去漏写的，有的是面对今天出版界的现状，将边春光讲过的一些对编辑出版工作很有感染力、富有现实意义的话补充进来。王维玲在给我的信中说："边春光逝世后，中青社出版的大型文学双月刊《小说》约我写一篇纪念文章，我一口气写出这篇，感情色彩较浓。十多年过去了，回头再看心情仍很激动。若那时没有写，今天再叫我写，不可能有这么充沛的感情了。"

商务印书馆的老编辑柳凤运跟随陈原多年，曾在多家报刊发表过介绍陈原的文章，是出版界著名的研究陈原的专家。我请她从已发表的文章中选出较满意的一篇加以修改、补充后给我。但她在了解本书的编辑意图后，说以前在报刊上发表的都由于约稿时间急促、赶写而不够满意，坚持要重新思考写一篇新作。于是她花了较长时间重新构思，反复修改，甚至在老伴因病住院需要照顾的困难情况下仍未停止思考，成为我约稿最早而交稿最迟的一位作者。她的一丝不苟、精益求精，体现了商务老编辑的严谨精神，很使我感动。

《编辑之歌——怀念远去的英才》全书共收介绍21位著名编辑家的文章23篇，难能可贵的是，为本书提供怀念文章的18位作者中，多数是高龄老人，其中90岁、86岁、81岁各1人，71—78岁11人，61—68岁3人。这些作者都有丰富的编辑工作经验，有多位同志曾分别担任过人民、人民文学、中国大百科全书、文物、中国青年、上海人民等出版社的总编辑、副总编辑，或是著名杂志的主编、副主编，以及在出版社、杂志社工作多年的老编辑。他们之中有的是跟随著名编辑家多年的秘书，多数是和著名编辑家共事多年，或对他们的编辑工作情况十分熟悉而素有研究的人。因此，在他们所写的怀念文章中，具有叙事真实、文字生动，并善于总结编辑工作经验的特色。

本书通过老编辑的讲述，可以鲜明地显示，这些著名编辑家们都十分珍惜"编辑"这个头衔并引以为自豪。例如，叶圣陶在新中国成立后，曾先后担任过出版总署副署长、教育部副部长等重要职务，但他自己在晚年说，如果有人问他的职业，他就回答说，他的职业是"编辑"。在他94年长长的一生中，做编辑的时间超过60年。

叶至善从22岁起就跟着父亲叶圣陶学习当编辑，一直当了半个多世纪的编辑还"老觉着没做够"。1998年，中国少年儿童出版社为祝贺叶至善80寿辰，准备为他举办庆贺活动，他听说后表示不如出本集子，也许对编辑工作会有点用处。他花了一个半月的时间赶编了一册书，书中专收1979—1997年近20年以来他从事编辑工作时所撰写的有关文章一百篇，取的书名就叫《我是编辑》。书中如实反映了他的编辑工作经历，表达了他对编辑工作的无限热爱。在新书出版座谈会上，时任中国编辑学会会长的刘杲对这本书作了很高的评价，并说："叶老把他的文集命名为《我是编辑》，寓有深意。这是一种宣告。它宣告了叶老作为一位老编辑，对编辑职业的强烈的自信、自尊和自豪。"

周振甫自1932年进入开明书店从校对做起，到1989年他在中华书局退休，在长达半个多世纪的时间里，他把大部分时间和精力都用在了默默无闻的编辑工作上。他不但是一名资深的老编辑，还是一位著述等身的知名学者，成果累累，不胜枚举。这位优秀的学者型编辑家的巨大成就从何而来？从中华书局的老编辑冀勤生动传神的描述中就可知道：

"周先生像是特殊材料制成的人，他在工作中专心致志，从不闲聊天串办公室，不喝茶不吸烟，头也不抬地伏案审改书稿，如遇需要查什么书，便迈开碎步摆起双臂急匆匆去图书馆，很快查得，又急匆匆回办公室接着做下去，从不浪费时间。每天他总是早七时半到办公室，下午五时才走，往返挤公共汽车，从灯市西口到工人体育场，年复一年，日复一日，天天如此。直到1985年改为在家办公，每周到办公室半天。只有这时，周先生偶尔到我们办公室，就事说事几句话，说完转身摆起双臂走了，他不愿影响我们工作。……一次我问师母，周先生不是三头六臂，怎么能做那么多事？师母说，他每天晚上九点睡觉，夜里两点起床，开盏灯，不是看书就是写啊，做到早上五点多，我起床做早饭，他稍眯一下，吃过就上班去，振甫辛苦哚。周先生在一旁笑盈盈地说："弗辛苦，弗辛苦。"（冀勤：《难忘低调实干的编辑家周振甫》）。

通过老编辑的讲述可以看出，这些著名编辑家无不十分重视书刊编辑的质量。据史晓风回忆，叶圣陶在担任人民教育出版社总编辑时，对书稿的质量十分重视，许多中小学教材的书稿都经他逐字逐句修改定稿。他很欣赏毛泽东同志1949年9月为全国新华书店出版工作会议的题词："认真作好出版工作。"叶圣陶说："做任何工作都要认真，做出版工作特别需要认真。"他要求教科书不但"质文并美"，不许有一个错字、错标点，而且要求"及时供应，课前到手，人手一册"。据吴道弘回忆，王子野几十年来始终强调编辑工作的重要意义，以及对出版物质量的重大关系。1994年王子野病危期间，他还对前来看望他的新闻出版署主要负责人说："提高出版物质量是最重要的。"

在老编辑的讲述中，还对那些著名编辑家如何重视编辑工作者的自我修养，如何做好编辑工作的方方面面，以及如何培养编辑人才等，介绍了不少经验和体会。

回望历史，为我国出版事业作出重要贡献的编辑家英才辈出，灿若群星，他们为我国编辑出版史谱写了许多动人的篇章。众多新作家的出现和优秀作品的诞生，无不和他们的热情关怀与无私帮助密切关联。收入本书的21位编辑家，正如刘杲同志为本书写的序言中所指出的，他们当之无愧是中国编辑的光荣代表，是中国编辑高扬的旗帜和学习的楷模。他们的编辑思路和编辑实践各有独到之处。而作为编辑群体，他们共同铸就的高尚的编辑精神必将永葆青春，光照后代。

附

编辑精神的嘹亮赞歌
——《编辑之歌》序
刘杲

这是一曲编辑精神的嘹亮赞歌。

叶圣陶、邹韬奋、冯雪峰、巴金、赵家璧、叶籁士、罗竹风、周振甫、姜椿芳、金灿然、陈翰伯、严文井、王子野、韦君宜、陈原、叶至善、王仰晨、戴文葆、宋原放、边春光、龙世辉。仰望这一排光辉的名字，谁不肃然起敬。他们的道德、学问、睿智、文采、事业、贡献，已经载入出版史册。他们当之无愧是中国编辑的光荣代表，是中国编辑高扬的旗帜和学习的楷模。

他们的编辑思路和编辑实践各有独到之处，而作为编辑群体，他们共同铸就了高尚的编辑精神，这就是：崇尚文化的人文精神、服务读者的服务精神、"为人作嫁"的奉献精神、精益求精的敬业精神、与时俱进的创新精神。这是我们的民族精神和时代精神在编辑活动中的鲜明体现。如今编辑前辈已经谢世，但他们铸就的高尚的编辑精神必将永葆青春，光照后代。

物质的力量是伟大的，精神的力量同样伟大，两者相辅相成。我们做任何事业都离不开精神力量。就拿2008年来说，抗震救灾、奥运盛会、载人航天，哪一件大事不是举国振奋，举世瞩目？夺取这几件大事的胜利，离不开巨大的物质力量，同样也离不开巨大的精神力量。这就不难理解，为什么在几次总结表彰大会上，中央反复号召全国人民大力弘扬"伟大抗震救灾精神"，大力弘扬"北京奥运会、残奥会培育的崇高精神"，大力弘扬"两弹一星"精神和载人航天精神。古老的中华民族蕴藏着无穷无尽的精神力量。如今，为了实现中华民族的伟大复兴，更离不开大力弘扬以爱国主义为核心的民族精神和以改革创新为核心的时代精神。对精神力量的伟大作用，我们能够忽视和放弃吗？

联系编辑活动与这个道理是相通的。高尚的编辑精神同样具有巨大的精神力量，是引领和激励编辑活动获得成功的精神支柱。前辈编辑的事迹证明了这一点，当代编辑的经验也证明了这一点。

是不是情况变了，编辑精神不再适用了？事实上，有变也有不变。变的是编辑活动的经济环境和技术手段，不变的是编辑的职业功能和社会责任。社会主义市场经济的建立和经济全球化的发展，是变，信息传播数字化网络化的技术突飞猛进，是变，但是，编辑要传播和积累优秀文化的职业功能并没有变，编辑要促进文化建设、满足人民文化需求的社会责任也没有变；不仅没有变，反而要求更高、更严，这就是说，在改革开放的新形势之下，尤其需要坚持和弘扬高尚的编辑精神。我们迫切需要，在强化物质基础的同时，大力强化精神支柱。

商业大潮席卷大地。处处都是弄潮儿。一边是编辑精神的发扬光大，一边是拜金主义的渗透蔓延。编辑向何处去？是坚持编辑精神的觉醒，勇立潮头，破浪前进；还是甘当拜金主义的俘虏，四顾茫然，随波逐流？

在是与非、善与恶逼人做出郑重抉择的时刻，这一曲编辑精神的嘹亮赞歌，有如黄钟大吕、木铎金声。

2008.11.20

[注] 刘杲同志为中国编辑学会第一、二、三届会长，第四届名誉会长。

精心编校创特色*

——《中国出版年鉴》编辑手记

《中国出版年鉴》（以下简称出版年鉴）是中国出版工作者协会1979年12月成立后，在党的十一届三中全会精神鼓舞下，为了适应劫难后的出版事业恢复和发展的需要而决定创办的。1980年，中国版协名誉主席胡愈之欣然为出版年鉴创刊写了《发刊词》，文中写道："在八十年代第一年出版《中国出版年鉴》是一件大好事。这部年鉴将记录我们出版工作在新形势下的进展；而全国人民可以从这里看到我们在精神生产和物质生产两个方面的变化和成就。"可以说，出版年鉴是党的十一届三中全会的产物。

18年来，我们紧紧围绕新闻出版管理部门的中心工作，努力遵照出版年鉴的办刊宗旨和胡愈之同志的希望来编辑出版年鉴。到1997年底，出版年鉴已出版了17册（1990、1991年刊为合刊），近3200万字。出版年鉴在出版界各级领导的关怀和兄弟单位的大力支持下，经过不断摸索、积累，取得了点滴成绩：1996年，在中国年鉴研究会首届中央级年鉴评奖中被评为特等奖及框架设计、条目编写两项优秀奖；1997年，在新闻出版署首届署直期刊评比中获综合优秀奖。这些奖励给了出版年鉴编辑部以极大

---

* 本文为方厚枢与1995年继任《中国出版年鉴》主编的刘菊兰合作撰稿。

的鼓舞和鞭策。回顾出版年鉴走过的历程，我们深切体会到，她的生存、发展，一靠特色、二靠质量、三靠敬业。

树立定位意识　坚持办出特色

年鉴作为以编年体书写的按年度连续出版的资料性工具书，属于期刊的一种（年刊）。办期刊一定要找准自己的位置和明确读者对象。出版年鉴创刊之初，编辑部曾认真研究过日本、韩国等国和台湾地区出版的《出版年鉴》，它们基本上属于"全国总书目"加"名录"的模式。针对我国早已出版《全国总书目》的情况，出版年鉴没有必要再做大量的重复劳动。更主要的是，我国改革开放以来，全国出版事业蓬勃发展，涌现出许多新情况、新事物、新成果、新经验，这些都有必要通过出版年鉴记录下来。因此，我们认为，作为唯一反映我国出版情况的年鉴，除收书目、名录外，它应该定位于："全面、系统地记载全国出版情况，以评介优质图书为中心，提供实用性强的资料，努力办成蕴含丰富、查检便捷的出版信息库，为领导决策、编辑、出版、发行、教育、科研等活动提供多方位的服务；成为向国外展示中国出版成就的窗口，为世界了解我国出版概况、进行合作和交流铺路架桥，提供信息。"其读者对象是国内外出版界的同仁，文教、学术界、科研部门、大专院校师生和广大读书爱好者。

我们以分类法的原则，依据出版行业的内在特点及其从属关系来确定其框架的主体结构，合理设置了概况、纪事、规章制度、图书评介和概述、出版史料、全国图书报刊简目、出版统计及名录、索引等10多个栏目，还根据需要，各栏目下又设立了若干类目，并以条目为基本单位。18年来的实践说明，年鉴栏目的设置是合理的，既具有年鉴的属性，又突出了出版的特性。在编纂工作中，根据各个栏目的要求，我们在"全面、系统介绍全国出版情况"方面多下功夫，体现了为出版服务、为广大读者服务的特色：

一、反映出版工作的概况，力求全面、系统

（1）特稿、专文，体现导向。不定期在卷首刊载"特稿"或"专文"，发表对当前出版工作有指导意义的文章，弘扬时代的主旋律。

（2）"概况"全面，开卷速览。每期均有上年度全国出版概况的综述，从宏观上全面系统、提纲挈领地介绍全国及各省、市、区出版工作的全貌。

（3）纪事准确，存史备查。主要记录上年度全国出服界的重要活动，以及出版界的新情况、新成果及有价值的信息，具有重要的存史价值。

（4）法规文件，力求完备。凡国家出版局、新闻出版署和国务院各部委发布的有关出版工作的行政规章制度，以及全国人大、中宣部等党政部门联合发布的关于出版法规性文件均予收录。18年中共收458件，具有长期查考价值。

（5）人物介绍，突出贡献。记载出版界获国际、全国性及省部级荣誉称号者和受表彰者的先进事迹，弘扬他们为出版事业献身的精神。出版年鉴创刊以来，通过各种方式列名的出版工作者共有2300余人。

二、介绍优质图书，力求帮助读者了解全国好书概貌

20世纪80年代以来，全国每年出版图书均在几万种到10万

种以上，因篇幅所限，出版年鉴确定了以介绍优质图书为中心的编辑方针。18年来，主要通过下列方式来反映：

（1）获奖好书，重点介绍。除以条目刊登评奖活动外，还列出获奖书目，尤其是1997年刊特设的"获奖书介绍"专栏，重点介绍全国图书评奖中的三大奖项以及省部委评选的特等奖和一等奖图书。

（2）新书简介，好中选优。1980—1997年以各种形式介绍的新书计82240种，约占全部新书的10%强。其中有15940种新书均有内容简介，66300种仅列书名、作者、版别、定价。至今尚未发现一本受到出版管理部门查处的坏书。

（3）多种形式，推荐好书。如在"纪事"栏配合出版界的重要纪念活动，同时介绍一批相关的好书；在"图书出版综述"栏，分门别类地评介一个时期出版的图书；以辞书简目、少年儿童读物简目、少数民族文字图书简目、外国文字图书简目、盲文书简目等名称介绍同类书。为读者了解和选择有关图书提供了方便。

（4）书评成果，全面反映。"书评文摘"栏18年共刊出2150篇，同时，"报刊书评索引"栏选编全国省级以上报刊中的书评索引共19591条。

（5）专题书目，信息量大。这类专题书目介绍中有近几年以至10年来出版的情况综述，对重点书作简要介绍；辞书专辑还有1988年至2000年全国辞书编写出版规划。由于它资料全、信息量大，很受读者欢迎。

三、收集出版信息资料，力求完整、准确、及时

（1）统计资料，权威可靠。"统计"专栏收有全国图书、报

刊、录音录像制品及全国出版系统大量统计资料。这些资料均由国家出版管理部门提供，确保其权威性和准确性。

（2）报刊简目，简明扼要。"新报刊简目"简要地介绍上一年度由国家出版管理部门新批准出版的报纸、期刊的基本情况。

（3）出版名录，最全最新。出版年鉴所收的"名录"是目前所有出版类工具书中收录出版界名录最全、最新的一种。

（4）报刊资料，提供索引。1985年起开辟的"出版工作报刊资料索引"栏，内容涵盖出版工作的10多个方面，到1997年刊共收索引10342条，供各方面读者查考，较好地为读者提供了服务。

树立精品意识　坚持质量第一

创刊以来，我们始终以高标准严要求做好编辑工作。特别是新闻出版署提出"阶段性转移"战略、出版精品图书的要求后，我们在1995、1996年刊编审工作中制定了"提高质量，创办精品年鉴"的目标，并在各项工作中采取以下措施：

一、抓好组稿工作

出版年鉴的稿件，除组织国家出版管理部门各业务司局的主管负责人和各省市区出版管理部门专人撰写"概况"文章外，"新书介绍"稿均由各出版社提供，每年刊撰稿者有500人以上。为保证稿件的质量，我们组建了以各省市区出版协会为主体的年鉴编辑组，聘请中央各出版社的特约编辑，从组织上形成了全国的组稿网络；除在组稿时明确提出质量要求外，还根据来稿中存在的普遍问题，通过书信、会议等多种形式，提请供稿单位改进，或将较好的稿件作为范文印发参考。

二、做细编审工作

出版年鉴实行编委会负责制，始终坚持正确的政治方向，并将其贯彻在编审工作中。为此，每年召开两次编委会主要成员会议，商定每年度栏目的设置、调整，定夺重点稿件。我们在具体编审工作中力求做到：

（1）求新。年鉴由于是按年度出版的连续出版物，其大多数栏目应相对固定，这样才能保证读者查找资料的稳定性。但作为刊物，若无创新意识，则失去生命力。为此，在固定的栏目中，除每年的内容反映新事物、新成果、新经验、新信息外，还将一些栏目进行调整、改进。如，为记载出版业实施"阶段性转移"战略后大量涌现的精品书，将原"新书简介"栏目分解为"获奖书介绍"和"新书推荐"两个专栏；将原"出版史料"改为"书摘与史料"，做到常编常新；还根据出版工作的需要，增设新的栏目，如为反映出版改革探讨中出现的新见解、新观点、新思路，开辟了"出版工作论点摘编"栏目；另外还特设了"纪念毛泽东同志诞辰一百周年专辑""纪念中国抗日战争暨世界反法西斯战争胜利五十周年"等栏目，体现了时代的气息。

（2）求精。首先，将每年收集到的出版界中数以千计、内容庞杂的资料进行分类、梳理，去粗取精，精选出重大的、有新意的、有特色的、有价值的信息，如"纪事"栏，选稿时掌握"大事不漏、小事不凑，重要的必录、无价值的不收"的原则，做到择优录选。其次，对选定的信息进行提炼、精编，严把政治质量关，及时解决疑难问题，纠正错误，核实稿件中的引文、数字，挤压水分，删除"穿靴戴帽"的内容，使条目文字简练。

（3）求实。真实性是出版事业的根本要求，也是年鉴编纂工作的精髓。我们在组稿和编稿中特别强调实事求是，按照客观事物的本来面目作真实的反映，剔除稿件中的虚假部分、不实之词，去伪存真，确保资料的准确性和权威性。为体现年鉴的鉴戒作用，我们不仅介绍出版成就、表彰好人好事，也客观反映存在的问题、弊端和应接受的教训。

（4）求规范。规范化是对出版物的基本要求。出版年鉴作为新闻出版署主管的一本刊物，在编辑、出版工作中更要自觉地遵守出版法规及出版物的各项规范，如出版管理条例、社会科学期刊质量标准，以及标点符号用法、数字的用法等等。

三、强调校对工作

一切出版物都要重视校对工作，尤其是出版年鉴，它是唯一反映我国出版情况的大型资料性工具书，其读者大多数是出版界"行家、里手"，对这部年鉴的质量要求会更高。由此，我们的思想上产生了"压力"，自觉意识到校对工作是确保出版年鉴质量的重要环节；在行动上丝毫不敢松懈，严格遵守"三校一核"制度，对重要的文章和条目，除"三校一核"外，再通读一遍；还制定了核查胶片的规定，把好印刷前的最后一关。我们不仅聘请水平较高的专职校对人员，还聘请几位离退休的老编审为特约编审，除编辑一些专栏外，还协助通读部分校样，以确保年鉴的校对质量。

四、重视印装工作

精品年鉴要讲究整体质量，其中包含版面设计、印装质量。

为提高质量，增进效益，我们从 1994 年起添置了电脑设备，实行自行排版、校改，不仅主动掌握了出版流程、缩短刊期、节省成本，而且做到不出现转页、不留空白页，使版面美观大方。

树立责任意识发扬敬业精神

出版物的质量高低，关键在于编辑人员的素质和责任感。出版年鉴在编人员很少，但大家都感到背负"中国出版"四个字的分量，始终如履薄冰。因为，一个观点的错误，很可能给读者误导；一个提法的不正确，有可能使读者违反法令和政策；一字之差，也许使读者迷惑不解。这就需要我们有高度的事业心、责任感。我们努力这样要求自己：

一、加强学习

要加强理论学习，不断提高自己的政治理论水平，始终注意把邓小平理论和党的路线、方针、政策贯彻到年鉴的编审工作中；并进行高技术知识的学习，不断"充电"，以增强自身的业务素质。

二、增强责任感

出版年鉴的出版周期过去由于多种原因，长期存在脱期现象。1992 年底出版年鉴编辑部改由中国版协直接领导后，1993 年重组了新的编辑部。当时编辑部只有两个人，我们深知任务的艰巨，更明确自己的责任：不解决脱期问题，出版年鉴就不能生存，更不能发展。于是，我们下定决心：力争在两年内解决这一难题。"梅花香自苦寒来"，经过我们与外聘的几位编审的共同拼搏，采取有力措施，加快进度，终于在 1995 年初将脱期的 3 本年鉴全部出齐。从 1995 年起，出版年鉴做到当年发稿当年出版，走上了正常运行的轨道。虽然我们的工作非常艰苦，且无加班费，但看到为出版事业尽了自己的一份责职，感到很欣慰。

三、培养严谨作风

由于年鉴的性质和功能，要求编审人员在工作中养成一丝不苟、精益求精、认真细致的作风，对读者高度负责。出版年鉴中的数据很多，这些数据一定要准确，才能供读者使用。然而，我们在编稿中发现，有的数据前后矛盾，有的总数与分数之和不吻合。针对这一情况，我们见数字就抠，有疑点的数据就打电话到出版社核实，或与责编查对，甚至找到作者询问。有时一个数据要打几个电话才能核准。尽管如此费事，但我们心甘情愿，因为麻烦我一人，方便读者千千万万。

四、做好服务工作

为出版服务、为读者服务是出版年鉴的宗旨。我们每年用全书近 1/2 的篇幅介绍各出版社的优质书，以及出版单位的名录，免费为出版社提供一块宣传阵地，无偿为出版单位和读者服务。此外，在发行及其他工作中，加强与全国出版单位的联系，做好通联工作，竭诚为大家服务。

五、发扬奉献精神

出版年鉴经费并不宽裕，编辑部人员工资不高、津贴很少、无奖金，但是工作量大，从组稿、编辑、排版，到采购材料、联系印厂、发行打包全部承担。在这种情况下，大家仍然兢兢业业地工作，共同为编好出版年鉴、提高其质量作出努力。

出版年鉴创刊以来，始终得到国家出版局、新闻出版署和中国版协领导的热情关怀。在编委会、各省市区年鉴编辑组以及各位特约编辑的大力支持和努力工作下，这部年鉴的编撰工作逐步成熟起来。据了解，出版年鉴不但受到全国出版单位的欢迎，在各大图书馆中也已成为读者使用频率较高的工具书之一，而且在国外也受到好评，日本、美国、英国、联合国教科文组织等出版报刊曾多次介绍，给予较好的评价，并多次使用其资料。

按照党的十五大对出版工作提出的"加强管理、优化结构、提高质量"的要求，我们认识到，出版年鉴的编校工作还存在不足之处，出版周期尚嫌长，如何面向市场经济还待摸索。为此，年鉴编辑部制定了1998年刊工作计划，提出"提高质量、缩短刊期"的新奋斗目标，决心在已有成绩的基础上再上一个新台阶！

（1998年4月）

编校工作琐忆[*]

一

1943年我刚满16岁时，进了商务印书馆南京分馆当练习生，半年后成为职员，先后在门市部做营业员，在仓库中做"轧销"（销售统计）、宣传推广等工作。

1950年末，在出版总署的推动下，商务印书馆和生活·读书·新知三联书店、中华书局、开明书店、联营书店五家图书发行部门联合组成公私合营的"中国图书发行公司"（简称"中图公司"）。公司总管理处编印的店刊《发行工作》于1951年4月创刊后，我成为该刊的通讯员，及时提供南京地区的图书发行动态。当时，我在商务分馆负责图书宣传工作，公司总处驻沪办事处服务科编印的《新书快报》，成为我重视的一份宣传品，收到后都认真仔细地阅读。我读了五期后，出于期望它编得更好的愿望，将发现的错字、漏字，以及定价、著作人等错误的地方举出50多处，并提出六点改进意见，写了一篇《我对〈新书快报〉的一点意见》寄给《发行工作》编辑部。这篇近4000字的文章很快和《新书快报》编者写的一份检讨同时在该刊7月31日出

---

[*] 本文第一部分及第四部分末段曾在《中国编辑》2013年第1期发表。

版的第四期刊出。编者在文后加的按语中说"……《新书快报》每期印五万光景，需费近千万（旧币），在读者、同业间亦起着较大的影响，因之我们要求负责编印的同志，今后能以更认真、更严肃、更负责的态度来作好这一件工作。""至于方厚枢同志这样仔细、精密地对待事物的态度，以及何培曾同志诚恳、坦率地进行自我批评的态度，我们认为也都值得加以发扬。"

1951年8月末，中图公司总处给商务南京分馆来函，调我到北京总管理处工作。

当年国庆节前夕，我到北京中图公司总处报到，被分配在人事处参加《发行工作》编辑工作。这本16开、每月一期近6万字的内部刊物，实际上就是人事处教育科主任兼《发行工作》主编王仰晨同志一人在独立支撑，我来后就成为他唯一的助手。我由一个对刊物编辑工作一窍不通的基层书店营业员突然进入从事编辑工作的新岗位，困难之大可想而知。但我十分珍视这一难得的机遇，下决心从零开始，发奋努力。我从来搞登记、往印刷厂送稿、取稿、校对、买纸、取书、打包、寄发，到刊物的通联和寄发稿费等所有杂事通通都干。王仰晨同志手把手地教我怎样做刊物编辑工作，使我在较短时间内熟悉了编辑工作，成为他一名得力的助手。

王仰晨对书稿的校对十分重视，每期稿件编辑付印前他都反复审阅，不放过一个错字、一个标点，使我也对校对工作十分重视。时隔不久，他奉调国际书店总店工作，《发行工作》的编辑就交我独立负责。我和他一起工作的时间仅有两年半，但作为我的编辑工作启蒙老师，他的踏实细致的工作作风和严肃认真的工作态度，对我后来长期从事编辑工作的成长有重要影响。我们之间的师友之情一直保持了半个多世纪，直到他逝世。

1954年1月，中图公司总处和新华书店华北总分店的业务部门合并，成立新华书店北京发行所。我开始担任办公室秘书，1956年被任命为宣传科科长，做了一些书籍宣传品的编辑工作。科内有一项任务，就是将中央一级在京出版社所有图书均通过北京发行所宣传科编印"订货目录"，向全国新华书店发出，定期报回需要数，再由京所几个发行科审核，根据实际情况进行核减或如数汇总后向出版社订书。这项任务的品种多、时间紧、印数大，宣传科每天都忙于编辑，再送印刷厂印出后，交京所秘书科分发全国。这项工作宣传科由一人负责编辑，由于任务重，负责编辑的一人工作不够仔细，结果出现一次差错，有一份订货目录中，在介绍一册革命烈士的事迹中，不知什么原因，在"革命"两字的前面多了一个"反"字，发现后全部订货目录已发往全国。这位同志慌了，才告诉我并写了一份检讨书。我向领导同志汇报，大家反映这位同志平时比较粗枝大叶，对校对工作不够认真，经过严厉批评后没有给予处分。后来这位同志被调往外地工作。不料"文革"期间，这次差错被提了出来，当地有两名公安人员来到我处，询问这人历史上有无问题。我实事求是地回答，这位同志历史上没有任何问题，只是工作态度不够细心，无意中发生这次差错，本人做了检讨，领导对他进行了严厉批评。我写了一份证明材料，经所领导阅后，由人事科盖章交给来调查的公安人员。一段时间后也未听说发生过什么问题。对于这件事我作为科长也有一定责任，对编订货目录工作增加了一位同志，特别要求他们重视校对工作。我也知道，"文革"期间，有的出版社曾发生过同类差错，因为犯错误的人历史上有问题而被打成"历史反革命"送进监狱监禁。

　　通过这次事件，更加深了我对校对工作的认识，对科内同志负责编辑的图书、报刊的校对工作都十分重视，不敢有丝毫懈怠。

1979年底，我由国家出版局出版部调研究室，协助研究室主任倪子明同志参与我国第一部《中国出版年鉴》（1980年）创刊号的编辑工作。我当时是在"不知年鉴为何物"的状态下进入这项工作的。年鉴创刊号是在陈原同志指导下，由倪子明担任主编。不料1981年中，他奉调生活·读书·新知三联书店任总编辑，《中国出版年鉴》的编辑工作由我负责主持。

我从1980年到2010年的31年内先后担任出版年鉴的编辑（1980）、编辑部主任（实际负责主编工作，1981—1986）、主编（1987—1994）、年鉴编委会副主任（1995—2003）、年鉴顾问（2004—2010）。从1980—1991年的出版年鉴编辑部人员虽有变化，但始终只有5人，而且其中有2人是未做过编辑工作的新手，只能做些辅助工作。每本年鉴的篇幅少则180万字，多的在200万字以上，每本年鉴的校对少的要三校，多的要四校，我作为年鉴的主要负责人，在年鉴送印刷厂的付印前都要仔细再校一遍，生怕内容出现差错，特别担心不要出现政治性的差错。当时编辑工作完全手工操作，没有电脑，印刷厂用铅排，按短版活安排印刷，因而使出版年鉴的出版周期较长，以致1990—1991年只好合并出版，延期到1993年才出版。《新闻出版报》上发表读者来信，对出版年鉴越出越慢提出批评，我作为主编在该报作了公开检讨。

我由于担任出版年鉴主编的任务负担较重，健康情况日渐下降，1994、1996年曾两次患脑梗塞，幸而发现治疗及时，没有留下后遗症。我于1994年底辞去年鉴主编，从1995年起，由年鉴副主编刘菊兰接任主编，我改任年鉴编委会副主任，力所能及地协助年鉴做部分终审工作，直到 2003 年为止。

二

新中国成立前夕，毛泽东于 1949 年 9 月为即将举行的全国新华书店出版工作会议题了"认真作好出版工作"八个大字。毛泽东在历史上一贯重视校对工作。他作为一个作者，并不把文稿的改定看作写作的完成，还非常重视定稿付印后的校对工作；1938 年，有一次他把一篇文章改定付印时，写信交代郭化若："第一节最后修改毕，可即付印。校对须注意，你自己至少校对一次。"并特别提出："注意标点符号，不使弄错一个。"重要的文章，他不仅嘱托有关同志认真校对，还常常亲自反复校阅。1938 年 6 月 27 日，《论持久战》一文印行之前，他亲自作校对，并给出版科的同志写信说："都校了，第三部分请再送来看一次。""第一第二部分请你们过细作最后校对，勿使有错。"1938 年 11 月 8 日，他将在党的六届扩大的六中全会上的报告《论新阶段》修改好付印，写信嘱咐徐冰："请你们校第一第二次，我校第三第四次。"1949 年 4 月 25 日，北京《解放报》登载他的《五四运动》一文，多出四个字，脱漏两个字。他当天就为《解放报》编辑部写了"更正表"——改正过来，并附信说："请予登载为盼。"[①]

人民出版社 2000 年出版《人民出版社 50 年》画册上曾刊出几幅毛泽东亲笔在《毛泽东选集》付印清样上作的修改原样，其中除将"中共中央关于政策问题的指示"原题改为《论政策》

---

① 杨晓群：《严谨精细一丝不苟——毛泽东同志亲自校对文稿和更正启事的几个事例》，原载《文献和研究》1983 年第 7 期。

并在文前加注:"这是毛泽东同志为中共中央写的对党内的指示。"同时将文中的错字作了改正。

对于在报纸中如何减少差错,毛泽东曾在《对晋绥日报编辑人员的谈话》中说过:"报上常有错字,就是因为没有把消灭错字认真地当作一件事情来办。如果采取群众路线的方法,报上有了错字,就把全报社的人员集合起来,不讲别的,专讲这件事,讲清楚错误的情况,发生错误的原因,消灭错误的办法,要大家认真注意。这样讲上三次五次,一定能使错误纠正。"

1949年10月19日,在"全国新华书店出版工作会议"的闭幕会上,中央宣传部副部长胡乔木同志对提高书籍质量问题作了长篇讲话,他对校对工作的重要性说道:"校对实际就是编辑工作,也就是创作工作的延长。如果没有校对工作作为补充,创作者或者作家的工作也可以说是没有完成;这就等于一个工厂有许多产品,要使它达到消费者手里去必须有运输一样,如果没有校对工作,读者同原作者写的东西就不能见面,或见面还是歪曲的……所以要把校对工作看得很重要。我们应该使我们的书一个字一个标点符号也不错。"

胡乔木在讲话的最后提出希望,在我们出版工作的许多方面,每一个环节都要贯彻毛主席说的"认真作好出版工作"这个精神,"使我们的出版工作从头到尾,整个地都做得很好,没有哪一个地方,我们能够做好而没有做好的,凡是能够做到的都要做到。"①

出版总署胡愈之署长和出版局局长黄洛峰都十分重视校对工

---

① 方厚枢:《牢记"认真作好出版工作"的教导——回忆毛泽东、胡乔木为全国新华书店出版工作会议的题词和讲话》,原载《中国新闻出版报》2007年7月4日。

作，指示出版部门"应认真作好校对工作，把减少和消灭错字及其他错误看作严重的政治任务，应把校对工作的好坏当作检查出版工作的第一个和最主要任务。"新华书店总管理处出版部的领导对书刊校对都抓得很紧，严格把关，一丝不苟，并将有关应注意事项订为制度，共同遵守。①

人民出版社作为出版总署的直属出版社，领导对于图书、期刊的出版质量也十分重视，对于编辑、出版工作各环节发生的质量问题，都有人做出记录。总计第一季度在排、印、校对出错造成的损失的费用10866斤小米（当时人民出版社职工月薪平均给500斤小米）。人民出版社社长胡绳6月23日在编辑部召开的会议上说："大家都作了很大努力，想把工作做好，但我们一般地是照老办法做，没有向自己提出更高的标准，没有经常发挥新的创造精神，所以就使这些错误和缺点能够发生，发生了甚至我们也是视而不见。造成这种情形，领导上应该负主要的责任。"他要求出版社全体同志对工作做一次检查，这种检查的目的不仅是为了对已经造成的缺点和错误做出必要的纠正，而且是为了通过这种检查来建立我们对于国家出版工作的应有的高度严肃性。我们对于我们所编辑的出版的每一本书刊和书刊中的每一个句子，每一张图片，每一个标点符号，都应采取极端负责的态度，任何方面犯了错误，都应该看作是重大的政治损失。

三

我长期从事编辑工作，对校对工作一直比较重视。在收集出

---

① 赵晓恩：《新华书店总管理处的出版工作》，原载《六十年出版风云散记》，中国书籍出版社1994年版。

版资料的同时，也注意收集报刊上关于校对差错的事例。下面举出一些较典型的事例供同志们参考。

1927年3月26日，蒋介石以国民革命军总司令身份到达上海，上海市人民希望他能收回租界，各界人民在南市体育场为他举行欢迎大会。次日，全上海报纸刊登了欢迎蒋介石的消息。不料《新闻报》头版头条的醒目标题却是"欢迎奖总司令"。一字之差，该报负责人吓得魂不附体。后来报社调查，原来是一个老排字工把排好的版面从排字房搬出来，乘电梯送往底层时，电梯突然一震，"蒋"字被震了出来，找不到了，老工人见版面上少了大"蒋"字，慌忙返回排字房，在不明不暗中伸手到铅字架上摸了"奖"字，嵌进版面，因而造成"不敬"。报社带着调查材料，到负责上海宣传工作的政治部，那个老排字工立即被抓进监牢。后经人一再说情，才保住性命。

1928年，蒋介石国民党政府在南京召开宁、汉联合第一次全体中央委员会。会议期间，国民党中央党部举行盛大酒会，宴请与会委员。沪、宁各报均以头版头条刊出消息。不料上海《新闻报》刊登消息的大字标题竟是《全体委员举行兽宴酒会》。国民党政府大为震怒，结果查明是排字工人把欢宴的"欢"字排错了，审看大样的值班编辑查出后即令改正，不想排字工人在改样时却粗心大意地换上了一个"兽"字，造成天大笑话。

1935年10月，蒋介石到西安视察，西安各报均在头版头条以显赫标题和大幅照片报道这一消息。唯独《西安文化日报》只在次要位置以小字标题一过了之，想不到报纸标题"蒋委员长飞抵西安"的"蒋"字误排为"将"，蒋委员长便成了无头将军！报社人员大为惊慌，害怕当局追究。有人建议将报纸全部封存不发。但是老练沉着的宋绮云社长（中共党员，杨虎城将军的秘书）却坚持对大家说，"干脆将错就错，把报纸快点发出去，如果有人追问，就说不知道。"报纸发出后满城风雨，真是有人欢喜有人愁。主张抗日的爱国记者暗地里叫好。有关当局则气急败坏，当即派人追查，勒令停发报纸。陕西省主席邵力子立即传见宋绮云，厉声斥责道："这是一个极其严重的政治错误，蒋委员长追查下来，让我这个省长怎么交待？"宋绮云说："邵省长，这是工人校对时一时疏忽造成，责任由我来负，下一次一定多加注意。"邵力子无可奈何，只好警告一番了事。

1937年，桂林新成为广西省会。一天迎来一位中央大员——国民政府立法院军事委员会委员长何遂。《桂林日报》发表采访新闻，竟把这位何遂委员长的大名错成了"何逆"。第五战区总司令李宗仁大发雷霆，打电话给《桂林日报》社长，吼问，责令："你们怎么搞的？报纸出了这样大错误，应查明处置。"结果查明是社里最年轻的一个校对员，初到甲天下的山水，好奇贪玩，头天和几个同事到漓江远游，颇为疲累，回报社后未好好休息便上夜班工作，在昏暗的灯光下，面对龙飞凤舞的草字原稿，精神有些恍惚，以致酿这一大错。报社编辑部和经理部检查出该新闻稿的一二校都是校对员韦士宾未能把"逆"字改正，应负错误责任。全社议论纷纷，有人可怜他，暗地劝慰，表示同情；有人却大讲有关故事，据说当年孙中山转道广西督师北伐，到梧州时当地报纸的新闻中出现大错"将为大总统督师抵梧，梧州各界定于×日联合举行欢迎大会"里头的字"为"错写为"伪"，因一字之错，校对责任者被当地军政部门枪毙了。检查人中有人说了好话，说原稿是记者哈庸凡写的，字体很潦草。其中人名何遂的"遂"字写得像个"逆"字，容易看错为"逆"字，不能完全归于较对者，记者也应负其责任，姑念韦士宾年轻无知，尚能认错知过，也没有什么政治背景，属于无意成错，最后决定从宽处理，险情不了了之。

民国时期报上的差错常有发生。据老报人回忆，当年许多新闻界志士在同反动派斗争时，都曾利用过这一秘密武器，使反动派哭笑不得，而又无可奈何。比如，有的排字时，故意把"大总统"排成"犬总统"，把"三中全会"排成"三小全会"等等。当时，国民党政府有个外交官，名叫刘文岛，此人性格黏黏糊糊，是个糊涂虫，曾任驻意大利大使，有一次某报将他"错"印成"刘大便"，竟使这位刘大使从此得了个"刘大便"的绰号，遗笑人间。①

在外国报纸上也有差错发生，例如英国历史上，《泰晤士报》可以算得上是创办时间最长的一家大报，还是第一家刊登维多利亚女王彩色肖像的报纸。有一次，女王为泰晤士河上的一座新楼剪彩，该报对这一热烈场面进行了报道。但文章中把"Passed"（走过）这个单词排为"Pissed"（撒尿）。由于把"a"误排为"i"，因此"女王从桥上走过"成了"女王在桥上撒尿"，未经校对校出改正。第二天凌晨发现这一荒唐大错时，报纸已经全部印完，于是只得在校正之后，另外单独印一份送给女王，没有造成严重后果。

四

毛泽东关于"认真作好出版工作"的教导，距今已有半个多世纪，但审视现在的书刊校对工作质量不容乐观。20世纪90年

---

① 李宣奇：《民国报刊上的差错》，原载《文汇读书周报》1999年2月6日；韦士宾：《校对遇险记》，原载《群言》1995年第2期。

代，新闻出版署组织过几次图书质量检查，结果图书合格率只有三分之一左右，给学生用的教辅读物只有29.3%的图书编校质量合格。毛泽东关于"认真作好出版工作"的教导，我在编辑《中国出版年鉴》时转载一篇文章中将"认真作好"改写为"认真做好出版工作"，我还在一张报上专谈图书质量的文章中，也将"作好"改为"做好"，这个错误大概都是仅凭想象造成的。

我在工作岗位上，每逢主编或担任书刊责任编辑时，都对校对工作全神以赴，力求不出现差错，逐渐养成习惯，或曰职业病后遗症，看书看报只要见到出现错误，立即动笔改正。1993年4月退休后，自己订的报刊仅有几种，图书看得很少，刊物仅看少数报刊免费寄赠的几种。有些老同志了解我的习惯，也经常告诉我一些校对差错情况。例如2006年12月14日告诉我，有一份大报"就当前经济运行总体情况采访专家"，正题用特大号字："五大成效看宏观调控"下面用大字列出："经济运行向宏观调控预期方向发展"共有五条，其中第五条为："产销衔接较好，利润、败政收入增幅较大"。将"财政"的"财"字错刊印成"败"字，出现了错误，但在次日（12月15日）的报纸第四版上，作了更正说明。

我还接到过一位重视校对工作的老同志的电话，说有一家大报发表李瑞环同志的长篇讲话，在用大字署名时，竟将"环"字错为"坏"字，付印前审大样的负责人竟未发现而造成一大错误，幸而还未对外发行时被人发现，立即将这一页报纸改正重印，而将已印好的报纸全部送造纸厂监督销毁。

我在刊物上还发现过由于校对人员粗疏而造成的差错。例如2008年4月《最新资讯》中转载《光明日报》的一则消息《〈中华大典〉编纂出版工作取得重要进展》中提到："出版了《文学典》？魏晋南北朝文学分典 2 册、《历史典？史学理论与史学分典》3 册、《医药卫生典》药学分典？药物图录总部 5 册"，文中加了 3 个 "？"是什么意思？我想可能是编者发稿时加？表示待查，但付印时较对人员未发现而造成的错误。

  我还发现有些刊物上刊发的出版广告，没有认真加以重视，刊出的广告中多次发生不应出现的错误。2007 年第一期人民出版社的广告中在《刘杨体细解经典中的爱情》一书的书影却是《大国崛起》的书影；在《大国崛起》一书的书影却是《刘杨体细解经典中的爱情》；在 2007 年第二期北京师范大学出版社出版的《图注〈红楼梦〉》的整版广告中，在介绍中列出五点特点的第一点就是"《经楼梦》全文没有删节"；在 2007 年第四期人民出版社广告中更是混乱得出奇：在《强国之鉴》一书的书影却是《胡同九章》，在《胡同九章》一书的书影却是《五角大楼的新地图》，在《五角大楼的新地图》一书的书影却是《强国之鉴》。这些错误不知是否刊物负责广告编辑的错误。在另一份老刊物上，2008 年 3—4 期上刊出人民出版社出版的《叶圣陶叶至善干校家书》内容简介的第一句："叶圣陶是新闻出版总署第一任副署长……"这恐怕是出版社一位年轻编辑写的，他不了解出版方面的历史知识。因为叶圣陶担任出版总署副署长是 1949 年 10 月 19 日由中央人民政府任命的，而新闻出版总署是在 2001 年 6 月 1 日才成立的。

  写到这里，我还想到自己亲历的一件事，就是 2002 年底我写了一篇回忆"文革"时期有关古籍出版的回忆史话，投寄一家刊物编辑部。文章提到，1971 年 6 月 24 日，周恩来总理接见全国出版座谈会领导小组成员和部分会议代表的谈话中，询问"二十四史"的工作情况。中华·商务的负责人汇报情况中谈到：有人提出"二十四史"圈点时应有批判，并举《明史·本纪》第二十四卷中崇祯皇帝上吊前在衣襟上写的遗书中有"任贼分裂、无伤百姓一人"，认为在这句话的后面加上惊叹号，就是美化了封建帝王。周总理回答说，标点符号变了，文字还没有改。"二十四史"就是写帝王将相的，美化帝王将相的，你用惊叹号还是改不了美化他自己，惊叹号有什么用？标点"二十四史"，句号改惊叹号好办。其中提到少数民族过去都加"反犬"旁。把人家说成野兽，这比标点还厉害，你怎么办，还改不改？在这次谈话中有四处提到"惊叹号"，可是我写的这篇回忆文章中提到"惊叹号"处都被刊物编辑改为"叹号"，可能这位编辑还认为他这样改是认真执行标点符号规定的表现。可是，他在逐次改动中犯了两个错误。一是作者写的稿件中，凡是在一句话加了引号的文字如果没有确定根据是不允许随便改动的；二是"惊叹号"是1951年出版总署公布的标点符号用法规定的；而"惊叹号"改为"叹号"是1990年起实施的国家标准《标点符号用法》规定的，周总理在1971年的讲话，自然要用"惊叹号"，怎么会用1996年才实施的"叹号"呢？从这个例子中，说明今天的年轻编辑要有一点历史知识和在修改作者稿件时要有慎重的态度才好。

新闻出版纸的历史变迁

一

纸张是出版工作的重要物质基础。纵观我国造纸技术的历史，中国造纸术的发明和传播对世界造纸工业的兴起，文化科学的进步，人类文明和社会的发展都起了重要的作用。但是到了近代，我国机制纸工业的发展大大落后了。欧洲于1799年发明了造纸机，我国直到1881年才有外商在上海筹建华章造纸厂，于1884年开始投产。由我国民族资本创办的第一家机制纸厂——广州造纸厂于1882年在广州盐步村兴建，1890年开始投产。旧中国的机制纸工业不仅规模小、产量低，而且品种少、质量差。新闻、出版、包装用纸大量依赖进口。据海关统计资料，1903年（清光绪二十九年）进口纸张的价值为268.4万两银子，从1903年到1911年的9年间，进口纸张所用的银子高达3416.5万两。这些纸大部分用于出版书报杂志。从1891年到1936年的45年间，我国机制纸及纸板的年产量仅有八九万吨，而自1933年至1936年，我国平均每年进口纸张的数量高达30.6万吨，进口纸张占全国纸张消费量的70%以上。

新中国成立前，我国机制纸及纸板产量的最高年份是1943年，年产量为16.5万吨，到1949年新中国成立前夕，年产量下降到 10 万吨左右。

二

1949 年 2 月，中央宣传部出版委员会在北平成立后，对全国出版业概况作了初步了解，于 6 月 5 日写了一份报告，其中关于纸张供需情况作了如下估计：全国每年需用纸张约 7.5 万吨，而自己的新闻纸年产量最多只有 1.5 万吨到 2 万吨。每年需进口或改用土纸的数量要 5.5 万吨到 6 万吨。进口纸每吨约需 7 吨粮食去交换（以与苏联交换为例子），6 万吨纸，就要用 42 万吨粮食。当时东北机制纸售价每吨约合 10 吨粮食，比进口纸价高。报告提出建议，希望政府统一调配原料（特别是纸浆）给纸厂，减低其生产成本；对进口纸张应实行保护关税政策，提高进口税，以免洋纸泛滥。

中华人民共和国成立后，新解放区广大人民群众对革命书、报、刊的需要如饥似渴。新闻总署和出版总署成立后的首要任务之一，就是组织新闻出版部门尽快大量供应书、报、刊和学校开学急需的课本。当时面临的最大困难就是纸张供应不足。据 1949 年 10 月底调查，京、津两地共需新闻出版用纸 617 吨，而造纸部门仅能供应 380 吨。华北造纸公司所属纸厂月产新闻用纸 450 吨，但需供给机制木浆 150 吨，生产成本较高，每令纸价 17.1 万元（旧人民币），而当时进口新闻纸香港售价每吨 130 美元，以官价外汇折合人民币每令只需 5.2 万元，青岛商人进口的新闻纸每令售价 9.2 万元，都比国产纸价低很多。为了扶植我国造纸工业的发展，使新闻出版事业得到稳定的纸张来源，适当降低书报刊成本，必须加强对造纸工业和文化用纸分配等问题的组织领导。为此，新闻总署和出版总署于当年 11 月 21 日联名向中央人民政府政务院上报"解决新闻出版用纸初步方案",提出筹组文化用纸管理委员会的建议。

周恩来总理对新闻出版事业十分关心,于12月19日亲自主持召开政务院会议听取有关部门汇报,并作出指示,原则批准成立文化用纸管理委员会。这个委员会由财政部、贸易部、轻工业部、教育部、海关总署、新闻总署、出版总署和政务院财政经济委员会计划局8个单位派员组成,由黄炎培副总理任主任委员。

12月29日,文化用纸管理委员会在轻工业部举行成立会。会议遵照周总理的指示,确定了"扶植并发展本国造纸工业""限制进口外国纸张(不是绝对禁止)"和"决定文化用纸补贴政策"的三项方针和四项任务(计划文化用纸的生产问题、分配问题、统筹进口的问题、决定进口纸及国产纸的价格)。

为了加强新闻出版用纸的管理、供应工作,出版总署于1952年5月在印刷管理局设立纸张管理处,由印管局副局长沈静芷兼任处长,负责新闻出版用纸的统一管理,并接管直属出版社的纸库(新闻总署于1952年2月撤销建制,原由该署主管的全国报纸用纸的调度工作归并到出版总署)。以后历经出版行政管理机构的多次变化,新闻出版用纸管理机构也作了多次变动,至1979年3月成立纸张供应公司,1983年6月改组为中国出版纸张公司,负责全国新闻出版用纸的计划分配、调拨供应等工作,1986年1月与中国印刷物资公司合并。各省、自治区、直辖市也都先后设立了相应的机构,形成了全国新闻出版纸张的管理与供应系统,为保证新闻出版纸张物资的供应,发挥了重要的作用。

从1950年到1952年的国民经济恢复时期,我国造纸工业的发展速度很快。纸及纸板产量由1949年的10.8万吨,至1952年提高到37.2万吨,三年共生产75.2万吨,分配给新闻出版用纸共 18.1 万吨。这三年的实际使用量为 16.7 万吨（各类出版物的使用比例为：书籍 23%、课本 25.6%、报纸 42.8%、期刊 8.6%）。

1953 年我国进入大规模的经济建设时期，《发展国民经济的第一个五年计划》中明确规定："保证新闻纸、出版用纸的正常供应"是造纸工业的重点任务之一。纸及纸板的生产得到进一步的发展，由 1953 年的 43 万吨发展到 1957 年的 91.3 万吨，平均年递增 19.7%。

随着纸张产量的增加，分配给新闻出版部门的纸张数量也逐年增加。从 1952 年到 1956 年，平均每年增加 27%。但与需要的情况相比，仍有不小的差距。因此，从 50 年代开始，新闻出版用纸供需矛盾就不断出现，其中尤以 1956 年和 60 年代初期的情况更为严重。

（1）1956 年，国内纸张生产因原料、动力不足和设备不能如期投入生产，国际纸张市场紧张，进口困难等原因，新闻出版用纸出现了新中国成立以来前所未有的供不应求的紧张状况。全国新闻出版单位全年共需纸 20.2 万吨，轻工业部只能提供 17.5 万吨，缺口 2.7 万吨。由于供需矛盾日益尖锐，已威胁到若干报刊有停刊减缩的危险；有的出版单位在头四个月就将分配全年使用的纸用去大部分，有的地方已出现"停工待纸"现象。许多报社、杂志社、出版社和各省市纷纷要求文化部增拨纸张，函电告急，甚至派人坐催。文化部虽然拨出储备纸 8000 吨，仍不能消除紧张状况。

文化部几次向国务院提出要求解决纸张供应紧张问题，并直接向周总理写报告告急。国务院第四办公室于 6 月下旬召集文化、轻工业、商业、外贸各部负责人开会数次，向周总理写了报告。

7月28日，周总理主持召开国务院常务会议，专门讨论了贾拓夫提出的"关于文化用纸供需不平衡情况及解决措施的报告"和文化部代拟的"国务院关于节约纸张的指示（草稿）"。会议决定，要采取有效措施，该削减的就应该削减，以保证供应一致。除教科书必须保证外，其他报刊不一定全部保证用纸。全年的纸张分配计划，应再作适当削减。周总理指示，请中宣部召集有关部门再行研究，提出方案送批（8月21日周总理同意中宣部张际春意见批交文化部办）。

文化部根据国务院常务会议的决定和纸张资源情况，对下半年全国出版计划作了调整，除对中小学课本用纸保证供应外，对其他新闻出版用纸都不同程度地作了削减。国务院于8月9日发出通知，规定从10月1日起，国家机关、团体、部队、企业、学校中私人需要的报刊实行自费订阅。《人民日报》《光明日报》先后发表社论：《从各方面节约纸张》《报刊发行工作中的重大变革》《自己出钱订阅报刊》，对节约纸张、减少浪费问题作了广泛的舆论宣传。

经过多方面努力，1956年新闻出版用纸的实际用量为17.3万吨，较上年增长46.6%（其中书籍、课本、报纸、期刊增长率分别为40.7%、76%、42.9%、24%）。

（2）60年代初，由于"大跃进"以来"左"的错误和自然灾害的影响，我国国民经济发生严重困难。造纸所需木材、草料、煤、碱、漂白粉等原料、材料短缺，纸张产量不仅数量减少，质量也大幅度下降，出现了黑（色泽灰黄）、粗（平滑度低）、厚（定量超重）等问题。1961年春季中小学课本用白纸印刷的只有三分之一。一般图书不但出得极少，而且大部分是用未经漂白呈灰黄色的纸印刷的。

中央宣传部、文化部报经中央批准，采取保证重点、压缩一般、区别对待的方针，对新闻出版用纸的供应采取了下列主要措施：

在报刊用纸方面，1961年全国报刊用纸量平均比1960年压缩35%，其中《人民日报》的发行份数按1960年第四季度的实发数压缩5%，并于每星期一改出一大张；大公、光明、青年、工人四报各压缩发行量25%，并取消加张；其他中央级各报一律压缩35%；除人民、光明、大公三报外，其他中央级日报每星期日休刊。《红旗》杂志的发行份数按1960年第四季度实发数压缩5%，其余中央级期刊的用纸量压缩30%。

1961年9月，由于纸张供应情况更为紧张，再次对报刊用纸作了削减：中央各报按年初核定的用纸数量平均压缩45%，《红旗》压缩50%，《中国青年》压缩30%，其他期刊发行量在207份以上的压缩10%至30%。《人民日报》《红旗》《中国青年》三报刊用纸量的压缩从第四季度内开始实行，首先压缩县以下的发行份数，该三报刊每个公社可订一份，生产大队和生产队一律停止发行（对下放干部予以适当照顾）。县一级机关的发行数亦大力压缩，大中城市适当减少。其他报刊的压缩，从1962年第一季度起实行。

在图书用纸方面，除马列主义经典著作、毛泽东著作、大专学校教材予以重点保证，民族文字和外文图书维持1959年用纸量，其余各类图书用纸1960年比1959年实际用纸量削减45%。中小学课本用纸根据教育部提供的各类学校学生人数核算的纸张分配数（草案）安排供应，如有不足，由各地自行设法解决（如改用土纸印刷、组织旧课本回收再供应，某些辅助课本用书写纸印讲义等)。

文化部党组于 1961 年 9 月 29 日向中央写了《关于保证学校课本纸张的数量和质量，合理分配 1962 年图书报刊出版用纸并建议进一步压缩报刊用纸的报告》。

中共中央于 10 月 15 日向全国批转了文化部党组的报告，在文件中除说明"中央同意这个报告"，要求各地各部门予以研究和贯彻执行外，还写了大段批语，主要内容为：

"除了中央报刊用纸必须压缩外，各省、市、自治区和各部委也必须同样考虑压缩报刊用纸。同时必须努力增加一些纸张的生产和提高纸的质量。必须保证学校课本用纸的数量和质量，还要保证学生用的练习本的数量和质量，注意儿童读物的纸张质量，这些纸张必须是白纸，以保护青年一代的眼睛，为此必须做一系列艰巨和细致的工作，把现在的局面扭转过来。"

"今后出版书籍，种数要适当地多一些，但数量必须严格控制。一本书要印一万份以上的，中央级出版社须经主管领导机关批准；地方出版社须经过省、市、自治区文化厅局的批准。印十万份以上的，中央级出版社须经中央文化部批准；地方出版社须经中央局宣传部批准。不论任何出版机关，都须遵守这个规定。坚决反对出版工作中曾经出现过的严重浪费现象。"

教育部、文化部于 1961 年 3、4 月两次发出联合通知，提出"使旧课本再次利用，是解决今后课本供应不足的一项重要办法。……使用旧课本可以让学生将旧课本交给弟妹使用，也可采取统一定价回收的办法，或其他办法"，并介绍了广东省和上海市收售、回收旧课本的方法供各地参考。6 月 5 日，文化部、商业部联合发出通知，要求商业系统所属的废品回收部门收购到的旧书刊，在处理前首先应经当地新华书店鉴别挑选，并对旧书回收的范围、价格、经营分工及注意事项等作出具体规定。据新华书店总店了解，1961年各地新华书店回收解放后出版的旧书3500万册，80%业已售出。

由于纸张十分紧张，1961年全国实际使用于书籍（不包括课本）的纸张仅有1.54万吨，比1959年书籍用纸减少4.55万吨，倒退到比1951年全国书籍用纸（1.33万吨）略高的水平。

1961年，全国书籍（不包括课本）仅出版6930种，其中新书3870种，比1950年出版新书6408种还少2538种。文化部将妥善安排图书市场、缓和供需矛盾作为出版工作当前的主要任务，采取改进图书分配办法，加强计划发行，重印急需图书，挖掘存书潜力，收购旧书再售，开展租书业务，改善服务态度等项措施，以缓和图书供应的紧张状况。1962年初，文化部决定从储存的战备纸中拨出7000吨，由新华书店总店作市场调查，选择重印了260余种紧缺品种共1618万册供应市场。

从1950年到1965年的16年中，全国新闻出版用纸总计为244.87万吨，其中书籍59.34万吨（占全部用纸量24.23%）、课本63.45万吨（占25.91%）、报纸98.04万吨（占40.04%）、期刊24.04万吨（占9.82%）。

三

1966年"文化大革命"开始以后，新闻出版用纸的计划分配和管理工作，从1967年5月11日起，由"毛主席著作出版办公室"主管，1970年10月办公室并入"国务院出版口"后，由出版口主管，1973年9月国家出版事业管理局成立以后，即由国家出版行政机关主管，并随着机构的变化而作相应的变动。

1966年8月，中共中央作出"加速大量出版毛主席著作"

的决定，号召全国出版，印刷、发行部门"立即动员起来，全力以赴，把出版毛主席著作作为压倒一切的任务"。据统计，1966年至1970年全国印制毛泽东著作的纸张共计65万吨。这仅是由出版社出版经过批准的毛泽东著作的用纸量，"文革"开始后，"红卫兵"组织和其他群众组织以及机关、部队等单位编印的各种小报，私编私印未经批准的毛泽东著作，毛泽东像不计其数。据北京业余集报爱好者何理手存样报及其在北京几家主要图书馆的调查，已见到或有确切记载的北京地区的"文革小报"近1000种，约计8770期。全国出版的"文革小报"（铅印或胶印）超过6000种[①]，耗用了大量纸张难以统计。

"文化大革命"时期，由于生产情况不正常，物资短缺等原因，新闻出版用纸的供应不时出现紧张状况。但由于出版毛泽东著作是"压倒一切"的政治任务，从中央到省、市、自治区的党政领导部门都十分重视。为了保证毛泽东著作和毛泽东像的出版，国家计委专门成立了物资供应小组，一轻部、二轻部、化工部、物资部、商业部等有关部门全力支持，新闻出版用纸的分配数量仍能逐年增长。从1966年至1976年，全国新闻出版单位实际使用的纸张数量总计363.27万吨，较1950年至1965年的实际使用数量增长48.4%。其中书籍用纸（不包括课本）共110.07万吨（较1950年至1965年书籍用纸量增长85.5%），课本52.69万吨、报纸179.12万吨、期刊21.39万吨。

"文革"时期出版书籍的用纸数量虽然很多，其中用于印制毛泽东著作、毛泽东像的数量占有很大比重。1966年至1976年

[①] 引自陈业劭主编：《中国新闻事业通史》第3卷，中国人民大学出版社1999年版，335页。

全国出版图书的总印数300.17亿余册（张），其中毛泽东著作和毛泽东像的总印数就达108亿册（张）。其他图书印数较大的如：1966年至1970年，出版政治读物共印26亿余册，其中"中央两报一刊"（人民日报、解放军报、红旗杂志）社论的单行本和政治学习文件的印数即占70%，其余30%多为"活学活用毛泽东思想""革命大批判"之类的汇编报刊文章的小册子；这几年出版的文艺读物中，"革命样板戏"剧本和根据样板戏改编的图书占有很大比重，仅《红色娘子军》等6种样板戏，北京地区1970年至1972年6月间就印了3115万册。从出书的内容看，从1971年到1976年10月"四人帮"覆灭时止，全国出版7500多种哲学、社会科学类图书中，约有80%是跟着当时的政治运动转的小册子。这几年出版的522种著作稿（不是那些文章汇编的一般图书），真正称得上研究性的学术著作，公开发行的不过50种左右。粉碎"四人帮"以后，全国清理"文革"时的出版物，因内容错误而停售报废的图书（不包括课本）达5000多种，价值2亿余元，相当于1976年全国书刊印刷工业总产值的50%，损失纸张4万余吨。

四

1976年10月，江青反革命集团覆灭，"文化大革命"十年动乱终于结束。

1977年5月，中央决定王匡到国家出版局主持工作，随后被正式任命为国家出版局党组书记、局长。1978年3月，王匡作出一项有重要影响的决策，就是组织北京、上海等13个省市出版社和部分中央级出版社集中重印新中国成立以来出版的35种中外文学著作，计划每种印40万至50万册，于5月1日在大中城市同时发行，并要保证70%的数量在门市零售。当时面临最大的困难是纸张紧张，要马上拿出7000吨纸来印1500万册书，一时很难解决。当时纸库中存有为准备印《毛泽东全集》和《毛泽东选集》第六卷的一批专用储备纸，但这批纸不经中央批准，是不能动用的。王匡亲自赶到中南海，向中央主管文化出版的吴德说明需纸的紧急情况，要求借用一批专用储备纸，经同意后，才解决了困难。

宋木文在一篇文章所作的题解中，对当年这件事的重要意义作了如下的评述："……所有这些在'文革'中惨遭厄运的中外古今文学名著能够重见天日，无疑是对'四人帮'推行文化专制主义和文化禁锢政策的否定，而广大读者在各大城市（只能先供应北京、上海、广州等大城市）新华书店门外通宵达旦排队和在店堂内摩肩接踵抢着购书的前所未见的景象，则表明国家出版领导机关拨乱反正落实党的文化政策的举措是深得人心的。在当时，这可是个大举动。可以说，这是批判了'两个估计'之后在出版实践中一个大突破，既有思想政策上解放思想、拨乱反正的重要意义，又在很大程度上缓解了当时的严重书荒，初步满足了广大读者如饥似渴的需求。"

宋木文在这篇文章的"附记"中抄录了王匡的女儿王晓吟写给他的一封信，可以帮助今天的读者更加体会到当年这件事的难能可贵。信中说："……在那种情况下毛泽东全集还能不能出，不能出的话，纸能不能动，这可是要冒风险的。我父亲就毛泽东的书（指全集）能不能出的问题去问过吴冷西同去，吴笑而不答。问胡乔木同志，他说恐怕很难。于是我父亲便连夜赶到中南海去请示吴德同志，要求动用印毛泽东的书的纸印中国和世界文学名著。经批准后，就动用了这个纸把书印了出来。这是一个技术问题，弄不好也是一个路线问题，再来一次文化大革命可是要被打倒的。中国是一个历史悠久的国家，可是中国人的历史感却不怎么强，容易遗忘过去。在后来人看来一切都很容易。可是对当事人来说真是迈一步也不容易，这是一场生死存亡、宠辱枯荣的考验。"[1]

国家出版局继1978年3月组织重印35种中外文学作品，得到各方面普遍欢迎之后，又于6月组织7个省、市重印工具书、科技书、少年儿童读物57种共3200余万册，用纸6000余吨，于国庆节集中投放市场。重印这两批书虽然尽了当时纸张最大的可能，印刷的册数之多是多年未有的，但对于枯渴多年的广大读者需求来说，不过是杯水车薪，发到各地书店后很短时间内就被读者抢购一空。这一时期，全国新建和恢复了一批大专院校，原有院校也扩大了招生名额，各地区、厂矿纷纷开办各类业余学校，对教材的需要猛增；这种情况使原来就偏紧的纸张供应更加紧张。读者需要的图书，一般只能按需要量的20%至30%来安排印数。有些则只能达到需要量的十分之一或百分之几。如《全国中学数学竞赛题解》需要量为2700万册，只能印300万册。粉碎"四人帮"后，新出和恢复出版的报刊图书日渐增多，需纸量大大增加。由于纸张严重不足，有20多个省、自治区的中小学课本都未印足，各方面对此反映十分强烈。

1978年7月。王匡调任中共港澳工委书记、新华社香港分社第一社长。国务院任命陈翰伯为国家出版局代局长。他在工作上首先面对的两个大难题就是印刷落后和纸张紧张问题。

1979年1月15日，陈翰伯以个人名义给当时任中共中央秘

---

[1] 引自《宋木文出版文集》，中国书籍出版社，1996年版，第28—31页。

书长兼中央宣传部部长的胡耀邦写了一封信，信中开门见山地提出："按照三中全会精神，全党的工作重心要转移到社会主义四个现代化建设上来，这对我们出版部门来说，就是要全力以赴地多出书、快出书、出好书。而印刷落后和纸张紧张就像两座大山一样挡着我们的去路。"关于印刷落后问题，信中集中说了印刷技术落后、印刷力量不足和经营管理不善三方面的问题。

关于新闻出版用纸供不应求，陈翰伯的信中说："主要问题是：纸张生产能力低，供应不足，质量下降，品种不全。""纸张生产的增长是算术级数，而需要量则按几何级数增长着。年年缺纸，缺口越来越大。如今年，各出版社最低需要量约为60万吨，经计划会议核定，只安排了47.4万吨。是否能够按照这个计划数字拿到纸呢？难说。因为十几年来，纸张生产年年完不成计划。仅1973年到1977年就欠交凸版纸24万吨，占这五年计划供应量127万吨的18.9%。今后几年的前景如何？如不采取有力措施，十之八九，难以改观。因为妨碍新闻出版用纸生产的主要问题，如原材料和动力不足，以及管理体制等方面的问题，至今仍未很好解决。"

陈翰伯的信中提到，"总理于1974年指示：'今后七年应该把纸张问题解决。'五年过去了，总理的指示仍未落实。李先念同志1975年指示：'纸张问题很大，老是吃库存不是办法。切实增加生产，坚决节约用纸，保证质量、需要。'邓小平同志1978年指示，出版周期太长，这真害死人。'要下点功夫解决科学、教育方面的出版印刷问题。纸张很紧张。要把解决纸张问题、出版印刷问题列入国家计划。'……但纸张生产像打印刷翻身仗一样，涉及面广，许多困难不是一个部门所能解决的"，为此他希望能当面汇报一次，提出建议和听取指示。[1]

　　胡耀邦对陈翰伯的信十分重视，很快就召集国家计委、轻工业部、商业部和国家出版局等有关部门的负责人，专门商讨解决纸张紧张的紧迫问题。胡耀邦听取汇报后明确表示：教科书用纸必须保证，报纸不可一日缺纸，重要的书刊也要适当安排出版。此事请国家计委牵头，全国有关生产部门务必设法解决。会后，有关部门立即采取了措施。在1979年的全国计划会议上，调整了新闻出版用纸的生产计划，还特地调给约1亿美元外汇用于进口纸张和纸浆，使进口纸的数量从1977年的5万吨、1978年的9万吨，猛增到1979年的22万吨。

　　由于各方面的努力，新闻出版用纸供应不足的矛盾逐渐有所缓和，过去长期控制发行、不能敞开订阅的报刊，1980年以后逐步达到可以敞开订阅。从1982年起，地区、省辖市和县级所办的报纸也都纳入分配新闻纸的计划。新闻出版用纸基本上能够按照需要逐步满足供应，各地的库存纸也陆续得到补充。

　　回望历史，从20世纪50年代至80年代，我国新闻、出版用纸基本上是处于供不应求的状态，在数量和质量方面，都不能适应新闻出版事业发展的需要，所以我国出版用纸的管理和供应工作一直是采取"统筹兼顾，保证重点，加强计划，节约使用"的方针。

　　80年代中期以后，随着计划体制和物资体制改革的深入，国家对出版业的纸张供应指令性计划不断缩小，指导性计划和市场调节不断扩大。在改革的新形势下，我国出版业从依赖国家开始转向市场，逐渐适应了改革的要求。在《国民经济和社会发展第

---

[1] 引自《陈翰伯文集》，商务印书馆，2000年版，第67—74页。

七个五年计划（1986—1990）》后期，纸张供应情况开始稳定，一度还出现了供大于求的买方市场，出版业已能够适应纸张市场的变化，出版纸张供需逐渐实现了计划与市场的调节趋于基本平衡，进入90年代后，我国新闻出版纸张的实际使用量逐年增长的比例更大。从下面所列的统计表中（1950年至1980年每10年一次，1990年起逐年反映），可以充分看出半个世纪以来我国新闻出版用纸情况的巨大变化。

1950—2000年全国新闻出版用纸统计表（单位：万吨）

年份	总计	书籍	课本	图片	报纸	期刊
1950	3.09	0.72	0.66		1.53	0.18
1960	26.00	4.63	7.03		11.80	2.54
1970	20.51	5.11	2.69		11.82	0.89
1980	88.34	24.64	19.37	2.40	33.30	8.63
1990	108.65	29.19	24.08	2.03	42.04	11.31
1991	123.50	36.32	24.83	2.23	47.33	12.79
1992	136.24	37.75	27.02	1.81	54.92	14.74
1993	147.94	37.07	28.46	1.28	66.04	15.09
1994	156.67	36.16	33.08	0.95	71.47	15.01
1995	173.21	39.97	33.96	0.82	82.71	15.75
1996	191.31	44.32	39.87	0.97	90.25	15.99
1997	208.81	43.31	41.78	0.73	105.76	17.23
1998	231.02	44.38	43.01	0.66	124.20	18.77
1999	261.38	46.77	44.83	0.59	146.44	22.75
2000	296.05	42.39	45.74	0.45	183.96	23.51

从1950年至2000年的51年中，我国新闻出版用纸总计

3970.8万吨，其中书籍930.47万吨（占总用纸量24.70%）、课本769.41万吨（占19.38%）、图片（1979年至2000年）45.83万吨（占1.15%）、报纸1791.79万吨（占45.3%）、期刊382.68万吨（占9.64%）。平均每年用纸77.85万吨（1950—1965年平均每年15.3万吨，1966—1976年平均每年33.02万吨，1977—2000年平均每年140.09万吨）。

（2002年2月）

附录

《中国出版史话》序*

吴道弘

见到方厚枢同志一大摞字迹清楚、稿面整洁的《中国出版史话》原稿，我不禁为他研究中国出版史所取得的成果由衷地高兴和钦佩。同时对他要我为本书写序感到不安，这主要是我对出版史涉猎甚浅，何敢言序。老友情真，恭敬不如从命，不能不讲点心里话。

我的职业是编辑，是新中国培养的第一代出版工作者。从年轻到老年一直在出版社工作，已有四十五个年头，也算是出版战线的老兵了。然而十分惭愧，我对于中国出版史的关心和学习则是80年代中期以后的事。说来十分偶然，1991年《新闻出版报》社、中国出版科学研究所等单位组织主持"首届全国出版科学研究论文评奖"活动，我被指定负责评阅出版史论文工作。为了评审工作，除了阅读论文，也与厚枢同志有更多机会交换一些意见。1992年中国编辑学会在北京成立后，下设若干研究小组。我又被指定负责出版史研究工作委员会。由此可见，在出版史研究方面，我是新兵，也许是被"抓壮丁"入伍的新兵。

研究图书与出版，以及与之相关的若干事物或现象的历史，

---

* 本文作者为人民出版社编审；中国出版工作者协会常务理事、副秘书长兼学术工作委员会主任；中国编辑学会副会长兼出版史研究工作委员会主任。

是内容宽广又很精深的学问。我国的目录学、校勘学、文献学与图书馆学等，有悠久的历史，良好的传统和丰富的典籍。西汉以来，有刘向的《别录》，晁公武的《郡斋读书志》，陈振孙的《直斋书录解题》和叶德辉的《书林清话》，以及各种书话等，然而它们并不是从出版史的角度进行图书的研究。自从近代出版业兴起以后，随之而来有印刷史、出版史的研究。严格地说，我国出版史的研究起步较晚、基础还是薄弱的。已经出版的有关资料和著作中，如张静庐辑注的《中国近代出版史料》初编、二编，《中国现代出版史料》甲编、乙编、丙编、丁编，刘国钧著《中国书史简编》等至今仍是有价值的。

20世纪80年代以来，在我国出版科学理论研究的推动和影响下，我国出版史的研究工作进入新的发展时期。研究出版史的重要意义，在认识上大大前进了。作为一门科学的出版史，不仅需要总结和研究出版工作发展的历史，揭示出版工作的规律性；而且必然反映和说明时代与社会的科学、文化、精神文明的情况。出版史无疑是文化史的组成部分，也是社会的文明史。国外出版界、学术界对出版史研究是很重视的。最近15年以来（到1994年为止）我国陆续出版过几部出版史著作和书店史、出版家传记，以及史料、回忆录，如张召奎著《中国出版史概要》（1985年版）、吉少甫主编的《中国出版简史》（1991年版）、宋原放、李白坚著《中国出版史》（1991年版）、张煜明编著《中国出版史》（1994年版）等，现在方厚枢的《中国出版史话》又是一部出版史著作。

厚枢同志从事编辑出版工作长达半个世纪，是当代较早研究我国出版史并有影响的少数研究者之一。他曾是《中国大百科全书·新闻出版卷》出版学科中"中国出版史"分支的主编，后来又主编过《中国出版百科全书》中的"中国出版史",长期负责编辑《中国出版年鉴》。在上述几部书的编辑工作中,我和他有过很好的合作。深知他重视我国出版史料的搜集和研究,几十年如一日。由于他长期在国家出版领导机关工作,曾有机会接触大量的具有权威性的出版资料,其中关于"文化大革命"时期的出版史料,尤为难得。这就使本书有可能从古代一直写到1989年,成为迄今第一部下限至新中国成立40周年的通史性质的出版史。

本书充分反映出作者常年积累史料的深厚功底和刻苦钻研的出色成果。书中关于1949年以后的出版史部分,在史料的权威与丰富方面,叙述的清晰与全面方面,都是首屈一指的。作者曾经写过《新中国出版事业四十年》一文,获得1991年首届全国出版科学研究优秀论文奖。他的不少研究成果在《光明日报》《出版工作》《出版史料》《编辑之夜》等报刊发表后,也曾引起出版界、图书馆界深厚的兴趣,有些文章被一些报刊转载或摘录,并给予好评。

厚枢同志以运用、分析史料见长,他在研究工作中也能够重视前人的见解,充分吸收利用中外专家学者的研究成果。特别对于过去历史上有争议的一些问题(包括学者之间不同的意见),注意兼容介绍,便于读者全面了解。如在本书中关于商代有无简册、纸张和雕版印刷术的发明时间等问题,就同时介绍了学者的不同见解。

作为一本知识性的研究著作,本书采用了史话笔法写出。书中的《中国出版史大事记》,体裁、详略有别,但在内容上与"中国出版史话"部分互有补充,且便于查考,可以满足读者的不同需要。

使我感到有意义的是，作者广泛搜集潜心整理的《中国出版史研究书录》，提供了一份比较完备的出版史研究书目。对于出版史的初学者或是研究者，都是极有参考价值的。此文最初在《出版史料》发表时，有一位研究出版史的老专家称誉为"做了一件功德无量的好事"。而在收入本书时，又经作者作了较多的增补。可以说，有关出版史的书录工作大致已经搜罗无遗了。

同样有意义的是，《从出版统计数字看中国的图书出版》一文，集古今官私出版统计数字为一体，从中可看出几千年来我国出版图书的发展概貌，也有参考价值。

东方出版社近年出版过几本有关编辑出版业务方面的用书，供编辑出版工作者学习与研究之用，本书就是这套书中的一种。我有机会先读了本书原稿，有不少启发和收获。写下以上一些看法，就正于广大读者和作者。并且真诚地希望编辑出版工作者特别是青年编辑能够读一读这本研究性的入门书。编辑实在需要懂得一点出版史。

1995年6月于杭州康宾楼

《中国当代出版史料文丛》序[*]

吴道弘

回顾近二十多年来我国出版科学理论研究的兴起和发展，已经取得了长足的进步，这在我国出版科研史上是有光彩成绩的重要时期。应该说这也反映了我国出版史研究的新面貌和新成就。出版史要叙述出版发展的历史，阐明出版工作和出版物，以及出版家（他们的工作作风和工作方法及其贡献等）在社会经济变化、思想斗争和文化发展中的地位和作用。开展出版史研究离不开对出版史料的收集、整理和研究。就我国出版史研究工作而言，已经做了大量开拓性的研究。新中国头一部大型《中国出版通史》，在中国出版科学研究所的主持下即将编撰完成，介绍了许多有影响的出版社的社史、店史、著名出版家的传记、有价值的研究著作和史料性的著述，其中包括不少省市的出版志、老出版家的回忆录等等。涌现出一批有成就的中青年研究力量。毋庸讳言，我国出版史研究还处于相对冷落的局面，特别对近、现代出版史料的研究，既有研究的空白点和力量分散，又缺乏对若干重大问题的深入讨论，研究者往往由于史料难觅而颇为困顿，以

---

[*] 本文作者为中国出版工作者协会学术工作委员会主任，中国编辑学会顾问，人民出版社原副总编，编审。

致研究课题不够广泛深入,甚至有些论文人云亦云,写不出新意。刘杲同志说:"学术研究离不开资料的搜集和整理,历史研究尤其要靠史料说话。"(1999年3月24日在"编辑史、出版史学术研讨会"上的发言)出版界本身对出版史料的积累、收集和整理工作缺少责任感和使命感,还没有引起普遍的重视。

著名学者胡道静曾经发出感慨,他说:"我国是一个出版事业飞黄发达的大国,又是印刷术最早发明的大国,是雕版印刷术起源的国家,又是活字版印刷的创源地。但是有一点是奇怪的,就是记载这些创造和记述出版事业蓬勃踊跃情况的材料并不活跃,显得很不相称。……更令人惊异的是,我国近、现代的社会变革,经济发展,文化活跃,无一不是由于广泛流传的新兴出版物所引起与促成,而在出版界本身方面,却淡然置之,鲜有对此开天辟地伟业加以记录。"(《中国出版史料》序)20世纪80年代初,头一个《出版史料》刊物在上海出版绝不是偶然的。上海是近代中国的出版中心,积累丰厚的出版资源,出现大批优秀的出版人才。《出版史料》的创刊和后来陆续出版的多卷本《中华人民共和国出版史料》,以及十卷本《中国出版史料》和八卷本《中国当代出版史料》、十卷本《20世纪中国著名编辑出版家研究资料汇辑》等,可以说是重视出版史料整理研究工作的标志。

去年4月间,我在美国有机会多次到伯克莱加州大学东亚图书馆和中国研究所以及史坦福大学东亚图书馆访书,深感我国出版物中的中国出版史方面的书刊,还十分薄弱。跟我国每年出版的书刊总数相比,更显得十分不足了。

如何进一步促进和推动出版史研究工作,首先提出重视出版史料是一个重要的前提。早在20世纪20年代,著名学者梁启超在《中国历史研究法》中就说:"史料为史之组织细胞,史料不具或不确,则无复史之可言。"老出版家王仿子认为:"新中国的出版史料,也应该抢救了。"这是十分及时的忠言。如果我们不重视出版史料的发掘和整理工作(出版史料包含的范围也在不断扩大),不仅会阻滞出版史研究的深入和前进,也会影响到出版科学的学科建设。值得高兴的是,本书收集了新中国成立以来大量的出版资料并进行了深入的研究,内容比较全面、丰富,对读者了解和研究当代中国的出版事业具有重要的史料价值。

作者方厚枢同志是新中国较早从事出版史研究的专家,担任过《中国大百科全书·新闻出版》卷中国出版史分支学科的主编、《中华人民共和国出版史料》副主编,也参与《中国出版史料》等多部史料性出版著述的编辑、注释工作。他的《中国出版史话》一书,曾受到日本研究者的重视,并译成日文出版。

几十年来,厚枢善于发掘、积累和整理出版史料,还有感人的故事。从20世纪60年代开始,他从不间断地搜集了许多有价值的出版资料,有相当部分还只能逐字逐句亲手抄录下来。为了搜集有关出版史研究的书刊信息,他经常利用工作余暇和假日到图书馆、书店穷搜博采,在书架前一站就是几个小时,选择浏览新书内容,摘抄版本信息和内容提要。收入本书的《中国出版史研究书刊题录》,就是在这种情况下产生的。这是一种"上穷碧落下黄泉,动手动脚找东西"(傅斯年语)的工作方法。这些辛苦搜集到的资料经整理发表后,为其他研究者提供了方便,曾被出版史学者宋原放称赞为"做了一件功德无量的好事"。最可贵的是,在"文革"十年动乱的年代,他也没有停止过收集出版资料,曾经多次从被"造反派"当废纸扔弃的纸堆中,抢救出一些有保存价值的当代出版资料。这是一种怎样的情景啊!老出版家王益说过,"收集史料的工作量很大,费时费力费钱"(1989年

11月在"中国近代现代出版史学术讨论会"上的发言),这里见到的还需要勇气和毅力。

厚枢还勤于思考和笔耕,把零散的原始资料经过辨析梳理,陆续写出大量的专题文章,受到海内外有关学者的重视。收入本书的有关"文革"时期出版史的一组文章,更加珍贵难得,特点是史料的真实性和准确性。

我与厚枢是至交,又是出版史研究的同好。读到他的这本文集,不禁使我汗颜,钦佩他在编辑和研究道路上达到的如此佳境。应该说,厚枢的立志、勤奋、坚持、奉献的治学态度,为年轻人作出了表率。我相信本书的出版是对出版史研究的一大贡献,是值得高兴的。

2007年4月4日 灯下

《中国出版史话新编》序[*]

宋应离

方厚枢先生的《中国出版史话新编》历经多年撰写、打磨，即将由河南大学出版社出版。他将书稿寄给我并嘱我为书作序，我顿时颇感困惑与不安。一来方先生今年83岁高龄，长我7岁，是一位在出版界德高望重的长辈；二来方先生是我国出版史研究卓有成就的出版史家。我本人虽从事编辑出版工作三十余年，但对出版史说不上有什么研究，至多是一个出版史研究和出版史料收集的爱好者。鉴于此，甚感力不能及，我婉辞再三，但仍推辞不掉。

我和方先生相识于1996年。那时，为了适应编辑出版专业硕士研究生教学工作的需要，我和袁喜生、刘小敏同志曾先后编纂《中国当代出版史料》《20世纪中国著名编辑家研究资料汇辑》，在编纂过程中遇到了许多困惑和难题。我们就多次登门求教于方先生，他总是热情接待，不吝指教，我们从中受益匪浅。此后，多年来我们和方先生之间电话不断、书信频繁，建立了相互信任、相互理解的深厚友谊。基于这样的情况，老友情真意切，我只好不揣浅陋，对本书的出版及方先生的治学精神写一点

---

[*] 本文作者为河南大学出版社原社长、教授，河南大学新闻与传播学院兼职研究员，编辑学硕士研究生导师。

自己的印象和感想。

第一，对出版史的研究起步早是方先生留给我的第一个印象。

我国是一个文化发达、出版历史悠久的泱泱大国。但由于种种原因，记述研究出版历史规律的著作却甚少。新中国成立后，情况有所改变，出版史的研究被人们逐渐认识并重视起来，开始出现了新的研究成果。1953年，张静庐先生经多年努力辑注的《中国近代出版史料初稿》出版。继此，一套回顾近代以来一百多年中国出版状况的大型资料图书8册，历时7年至1959年终于出齐。这部出自出版界老前辈之手的大型资料图书可谓出版史料丛书的开山之作，发凡起例之功不可磨灭。受其启发，方先生早在1962年就萌发了研究我国出版史特别是当代出版史的强烈愿望。后来他结合工作，注意从多方面像磁铁吸铁和海绵吸水一样，多方寻觅收集出版史料，以"沙里淘金"的精神，去伪存真，去粗取精，经过消化、吸收，历时18年的努力，于1980年试写了《中国出版简史（初稿）》，先在《出版工作》上连载，经过多年补充修改，1996年以《中国出版史话》为书名，由东方出版社出版。此书一出版，就受到广泛赞誉。有关专家称此书"是迄今所见第一部下限至建国40周年的通史性质的出版史"。本书不仅在国内赢得好评，2002年11月，日本一家出版机构新曜社将其翻译为日文出版。该书在《译后记》中称："本书内容涉及从殷商到现代中国三千年的历史，书中为读者列出了必要的文献、出版统计，年表完备，对于我们外国人来说，是一本非常好的入门书。"

《中国出版史话》的出版为方先生出版史的研究奠定了坚实的基础，也为他通向出版史研究铺平了一条坦途。在长达近50

年漫长岁月中,他的研究领域始终锁定在中国出版史特别是当代出版史这个中心点上,借助出版史研究这个平台,出版了一系列出版史的研究成果。可以无愧地说,他是新中国成立之后,我国出版史研究起步较早的先行者之一,也是在这一领域成就卓著的出版史家之一。

第二,追求真是方先生治学给我留下的第二个印象。

方先生为人低调,不肆张扬;而做学问则一丝不苟,求真攀高。他常说,研究工作的"起点要低,但研究的成果要向高标准看齐"。出版史的研究离不开出版史料的收集整理。在史料的收集中,他认为要发挥"存史、资政、团结、育人"的作用,写史、收集史料必须坚持求真求实的原则。他很赞成老出版家王益提出的评价史料的标准:"史料的价值,贵在真实。真实的史料才有价值,不真实的史料一钱不值。真实性、准确性、可靠性,是衡量史料价值的标准。"收入本书中有关"文革"中出版方面的一系列文章,由于他于"文革"10年中,先后在"毛主席著作出版办公室""国务院出版口""国家出版局"等单位工作,这一特殊的经历,使他有机会收集了许多"文革"中有关出版工作的第一手资料,经研究而写成系列文章。这些文章的内容,大都是作者亲历、亲见、亲闻的具体事实,资料翔实真切,给人一种零距离的现场真实感,受到读者和专家的好评。如《当代中国出版史上特殊的一页——"文革"期间"毛主席著作出版办公室"始末纪实》一文发表后,有专家评论说:"……文化大革命,是中国历史上少有的特殊时期……这段时期的出版历史,世人知道得很少,有关这段'动乱'时期出版史料的发表和研究的文章几乎还是一片空白……因此了解这段历史情况的人已经是很少很少的了。《"毛主席著作出版办公室"始末纪实》一文的作者,可以说是现仍健在的从头到底参加这工作的一位先生。他根据当时的笔记本、记录材料和一些历史文献撰写了这篇文章,其中许多事情都是第一手资料,都是鲜为人知的,弥足珍贵。"这一评论是符合实际的。

研究"文革"这段出版历史,现实性强,敏感问题多,但方先生坚持求真,他的许多系列文章结集后,经中央权威研究部门审定,认为"记叙的史实比较准确","具有重要的史料价值"。

学术研究中的求真是一个不断探索的过程,必须抱着认真、严谨、尊重事实的科学态度,从反复比较鉴别中才能达到求真和有所创新。如他在撰写《中国出版史话》涉及中国最早的书籍时,以往《史记·孔子世家》中说"孔子晚而喜《易》……读《易》韦编三绝",不少专家将"韦"释为"熟牛皮绳",方先生根据古文字学家商承祚的研究,认为"韦编"的"韦"为"纬"的初字,应读为横线的纬,不读兽皮的韦。"韦编"即"纬编",就是竹简上的横编。因此,将"韦编"说成用熟牛皮绳编是一种误解。这都是经过反复比较之后得出的新的看法。

方先生在学术研究中遇到拿不准的问题,总是经过自己深入思考后和有关专家商量。2000年初,他承担了宋原放主编的《中国出版史料》中现代部分和补卷中部分史料的辑注工作,当中收有一篇文章,涉及个别语句的出处问题。文中有"处则充栋宇,出则汗牛马(余嘉锡先生语)"一句。他感到引文出处有疑,经查证史料后给作者写信说:"这两句话源出于唐柳宗元《柳先生集》九:唐故给事中皇太子侍读陆文通先生墓志内……'其书为,处则充栋宇,出则汗牛马'。因此,是否可将'(余嘉锡先生语)'一句删去。稿中另有个别处,亦请阅后改正。"这位作者回信感谢说:"您订正之处极是,如果我们的编辑都能如您这般认真，中国的图书质量一定会大大提高。"由此，方先生的认真求实的精神可见一斑。

第三，方先生治学方面留给我的第三个印象是功夫深。

一般说来，对于从事学术研究的人，自幼就受到系统的正规教育，从小学、中学到大学毕业，具有相当专业基础知识，经过长期努力，在某一领域卓有建树。然而也有另外一种情况，从小无缘受到正规教育，但通过自己的艰苦努力，认真学习，走入学术殿堂，同样能取得令人可喜的成就。方先生就是这样一个突出代表。

他少年时期，因家境贫寒，初中只念了两年多书就辍学了。1943年16岁的他，经人介绍到商务印书馆南京分馆当练习生。他深知自己文化水平低，底子薄，在工作之余，就如饥似渴地读书学习，阅读了一大批文史类图书，自学了高中、大学的文史类教科书，等于上了一所"没有围墙的大学"。这为他以后长达几十年的出版工作和研究工作奠定了扎实的基础，也练就了他做学问的深功夫。他在几十年的治学生涯中正是凭着他的真功夫，从一个练习生，成长为一个编审、中国出版科学研究所的副所长，一路走来，才取得了一个又一个成绩。方先生在这方面有几点是令我佩服的。

他对出版史的研究及出版史料的收集抱有浓厚的兴趣和热心。在别人看来出版史研究是个冷门，又是个没什么经济效益的差事，但他却认为这是发展繁荣出版事业的需要。所以几十年他乐此不疲，几乎把全部心思融入其中，一直不停步地进行精心研究，并卓有成效。

在治学态度上，他耐得住寂寞，力戒浮躁，有一种不怕坐冷板凳的耐心。他开始研究出版史时，一无复印机，二无电脑查询资料，全靠手勤、脑勤、腿勤，用"笨"方法一个个字抄写资料，有些资料是从废纸堆里拣出来的。他对资料随时留意收集积累。有时为了收集到相关资料，在图书馆、书店查阅资料一站就是几小时，但他总是乐在其中。

在治学的道路上，他有一种自强不息、耕耘不止的恒心。方先生已进入耄耋之年，且健康欠佳，但他珍惜时光从不歇步，表现出一种惊人的耐力。他老有所学，老有所为，在治学的道路上始终保持着旺盛持久的后续力。真正做到了生命不息，研究不止。不愧为一位令人仰慕的著名出版史家。

《中国出版史话新编》这部60多万字的著作共收52篇出版史料和资料，其中绝大部分是他已出版的《中国出版史话》和《中国当代出版史料文丛》两本文集中没有收的，少量是在报刊上发表的文章经过补充、修改完善形成的，还有少量文章是近年来新写尚未正式在报刊上发表的。本书虽不是严格意义上的一部中国出版通史，但它对我国古代特别是对当代各个时期的出版活动及重要史实，在文中都有所记述，可以说勾画了中国出版通史的大的轮廓。书后的几篇附录价值尤高。它的出版必将对广大读者有所启发，对中国出版史的研究起到一定的促进作用。

在本书即将出版之际，我感想良多，写了上述几点，如有不妥，请专家批评指正。

2010年8月于河南大学